Luitwin Bies

Klassenkampf an der Saar 1919–1935

Die KPD im Saargebiet im Ringen um die soziale und nationale Befreiung des Volkes

VMB

Verlag
Marxistische Blätter
Frankfurt am Main 1978

CIP-Kurztitelaufnahme der Deutschen Bibliothek

Bies, Luitwin
Klassenkampf an der Saar 1919–1935 (neunzehnhundertneunzehn bis neunzehnhundertfünfunddreißig): d. KPD im Saargebiet im Ringen um d. soziale u. nationale Befreiung d. Volkes. – Frankfurt am Main: Verlag Marxistische Blätter, 1978.
Marxistische Paperbacks; 84
ISBN 3-88012-540-6

Heddernheimer Landstraße 78a, 6000 Frankfurt am Main 50

Druck: Plambeck & Co Druck und Verlag GmbH, 4040 Neuss
Umschlaggestaltung: Max Bartholl
ISBN 3-88012-540-6
MP 84

Inhalt

Vorwort

Auf den Seiten dieses Buches wird die Geschichte einer Parteiorganisation der Kommunistischen Partei Deutschlands geschrieben. Sie kämpfte in den Jahren, von denen hier hauptsächlich berichtet wird — zwischen 1920 und 1935, in anderthalb Jahrzehnten also —, als Teil der Gesamtpartei im Deutschen Reich und mit ihr als ein Glied in der III., der Kommunistischen Internationale. Wie die Parteien dieses revolutionären Bundes richtete sich ihre Tätigkeit und ihr Ringen in erster Linie gegen das imperialistische Kapital, deren Widersprüche den menschenmordenden Ersten Weltkrieg (1914—1918) hervorgebracht hatten. In seinem Verlauf entwikkelten sich im Kampf gegen Imperialismus und Krieg, für Frieden und Sozialismus die politischen Kräfte und Organisationen, welche die internationale Arbeiterbewegung aus dem ideologisch-politischen Sumpf der Augusttage 1914 herauszuführen begannen und dem weltrevolutionären Prozeß mit der Gründung der Kommunistischen Parteien und der Komintern einen neuen geschichtlichen Ausgangspunkt schufen.

Die Geschichte der KPD/Saar war von ihren ersten Tagen an Bestandteil dieser Entwicklung. Wer in ihren Reihen stand, von dem kann gesagt werden, daß er ein Fundament mitschuf, das in allen Wechselfällen des Kassenkampfes standgehalten hat. Weder die grausamen Verfolgungen während der Jahre der faschistischen Diktatur, die — wie Hitler immer wieder sagte — den Marxismus mit Stumpf und Stiel ausrotten sollten, noch die Verfolgungen der fünfziger und sechziger Jahre, die keinem anderen Ziel galten, konnten das Werk der Beginner zunichte machen.

Die KPD/Saar hat in den Jahren zwischen 1920 und 1935 unter den generellen Bedingungen des Klassenkampfes in der ersten Phase der allgemeinen Krise des Kapitalismus gekämpft: ihr stand in Gestalt der imperialistischen Großbourgeoisie eine in der Praxis der Ausbeutung und der Ausübung der politischen Macht erfahrene, im Einsatz ihrer Mittel nicht wählerische Klasse gegenüber. Die revolutionäre Neuformierung des Proletariats wurde mit den Mitteln des Terrors, der Demagogie und der Korruption bekämpft, wobei die Institutionen des bürgerlichen Staates, der Parteien des Kapitals und die ihre Positionen zäh verteidigenden Reformisten stets objektiv und nicht selten auch in subjektiver Übereinkunft zusammenwirkten. Was dieser antikommunistischen Allianz das Leben eines Revolutionärs zählte, davon zeugt die Ermordung Karl Liebknechts und Rosa Luxemburgs, Leo Jogiches und Tausenden von Kämpfern durch die konterrevolutionäre Soldateska Anfang 1919.

Die KPD/Saar fand seit ihrer Gründung aber auch spezifische, ja — verglichen mit der Situation der KPD in der Weimarer Republik — einmalige Bedingungen vor. Sie wirkte in einem besonderen politischen Territorium, das als ein Ergebnis der Niederlage des deutschen Imperialismus im Ersten Weltkrieg entstanden und durch die Politiker der Siegermächte geschaffen worden war. Der Versailler Vertrag von 1919 war die Geburtsurkunde dieses Territoriums, das der französische Imperialismus vor allem wegen seines Kohlereichtums am liebsten dem eigenen Staatsgebiet ganz einverleibt hätte. Dazu jedoch kam es direkt und offen nicht. Das „Saargebiet“ wurde der neugeschaffenen Völkerbundsorganisation unterstellt, die wiederum von den beiden stärksten imperialistischen Mächten Europas, von England und eben von Frankreich, beherrscht wurde. Durch diese Regelung, die bis 1935 existierte, ergaben sich für den politischen Kampf der Kommunisten an der Saar, die sich stets als Teil der KPD-Organisation betrachteten und entsprechend handelten, besondere Bedingungen. Sie standen den teils rivalisierenden, teils — und immer wenn es gegen die Arbeiterklasse ging — sich verbündenden Kräften des deutschen und des französischen Kapitals unmittelbar gegenüber, einem Feind in einer Zwiegestalt. Gegen ihn verfochten sie vom ersten Tage ihres Wirkens an die ökonomischen und politischen, darunter auch die nationalen Interessen der Arbeiter, der Bauern und aller kleinen Leute an der Saar, die groß nur werden konnten, wenn sie in den komplizierten Verhältnissen des Nachkriegs sich richtig zu orientieren, zu entscheiden und zu handeln verstanden. Ebenso zügellos wie raffinierte nationale Demagogie suchte damals jenen Angehörigen des Volkes im Saargebiet vorzuspiegeln, sie alle gehörten gemeinsam mit ihren Ausbeutern in eine einheitlich deutsche — und selbstverständlich eben von den Ausbeutern geführte — nationale Front und der Klassenkampf hätte im höheren — vorgeblich gemeinsamen — Interesse zu ruhen. Demgegenüber verkörperte die Politik der KPD/Saar die Einheit von sozialem und nationalem Kampf, Freiheit von sozialer Ausbeutung und jedweder, wie immer national-eingefärbter politischer Unterdrückung — auf diesem Kurs kämpften die Kommunisten. Ihn hielten sie strikt ein, als 1933 im Deutschen Reich der faschistischen NSDAP die Staatsmacht ausgeliefert wurde. Damals begann der Kampf der KPD/Saar, der einzigen kommunistischen Parteiorganisation, die noch legal wirken konnte, um eine antifaschistische Lösung an der Saar. Dieser Kampf war nicht erfolgreich, denn die Nazis, die anderen bürgerlichen Parteien und Organisationen, die Kirchen und weitere soziale und politische Kräfte setzten den Anschluß des Saargebiets an das faschistische Reich durch. Im Widerstand gegen die Eingliederung der Arbeiter, Bauern und Bürger an der Saar in das mörderische Naziregime aber bestand die KPD/Saar eine ihrer schwersten Bewährungsproben in Ehren. Zwischen Januar 1933 und Januar 1935 sammelte sie, namentlich als sich seit Mitte 1934 eine Einheitsfront mit der sozialdemokratischen Parteiorganisation im antifaschistischen Kampf herauszubilden begann, Erfahrungen von bleibendem Wert. Die jüngeren Generationen müssen diese Seiten der Geschichte, die in der bürgerlichen Geschichtsschreibung mit Vorliebe verschwiegen oder entstellt werden, kennenlernen. Diese Schrift ist ein erster Versuch, die Geschichte einer territorialen Parteiorganisation zu schreiben. Er soll zugleich als ein Ruf an diejenigen verstanden werden, die mehr wissen oder Ergänzungen beitragen können.

Am schweren Anfang eines weiten Weges ...

Man schrieb den 1. Oktober 1919. In der Republik von Weimar, dem von bürgerlichen und rechtssozialdemokratischen Kräften geschaffenen kapitalistischen Staat, kämpfte die junge Kommunistische Partei Deutschlands seit Monaten faktisch in der Illegalität. Da fanden sich in St. Ingbert Arbeiter zusammen und gründeten die erste kommunistische Ortsgruppe im von französischen Truppen besetzten Saargebiet. Sie schufen der revolutionären proletarischen Bewegung auch in dem vom Deutschen Reich abgetrennten Gebiet einen neuen Ausgangspunkt. Es entstand die Keimzelle einer Bezirksorganisation der KPD. Die Tat von St. Ingbert war eine von vielen, welche der Gründung der revolutionären Partei an der Jahreswende 1918/19 teils vorausgingen, teils folgten. Zuerst konnte die unter Führung von Karl Liebknecht und Rosa Luxemburg gegründete Partei dort festen Fuß fassen, wo schon während des imperialistischen Krieges Spartakus-Organisationen illegal existiert hatten. Die Partei gewann, von einer wütenden Konterrevolution verfolgt und unterdrückt, in den Groß- und Industriestädten Deutschlands unausgesetzt an Einfluß. Sie drang auch in mittlere und kleine Städte, schließlich in Ortschaften vor. Wer sich in den kampfbewegten Monaten des Jahres 1919 mit Gleichgesinnten „wieder bei Marx unter seinem Banner" traf, der hatte einen mitunter argen Weg der Erkenntnis und einen opferreichen Kampf für die Interessen des Proletariats hinter sich. Es waren vorwiegend Arbeiter aus der Unabhängigen Sozialdemokratischen Partei Deutschlands (USPD), die in den Reihen der konsequenten Gegner des imperialistischen Krieges gestanden und in der Novemberrevolution für eine neue Gesellschaft gekämpft hatten, die nun — nachdem sie im ersten Ansturm nicht hatten siegen können — immer klarer erkannten, daß die deutsche Arbeiterklasse die revolutionäre Organisation sich erst schaffen mußte, um in den gegenwärtigen und künftigen historischen Auseinandersetzungen mit dem Kapital erfolgreich zu sein.

Spartakisten standen auch an der Spitze der Parteiorganisation in Schnappach. Überliefert sind die Namen von Franz Fuhrmeister und Peter Deffland, von Hermann Kreckmann und Mathias Schneider. Von Kreckmann wissen wir, daß er während des Krieges mit Karl Liebknecht zusammengetroffen war und daß diese Begegnung seine eigene Entscheidung und Entwicklung mitgeprägt hatte. Schneider war später als Redakteur in der kommunistischen „Arbeiter-Zeitung" in Saarbrücken tätig und half, sie zu einem wirksamen Instrument des Klassenkampfes entwickeln. Unter den Kommunisten an der Saar lebte bis 1977 — hochbetagt — einer der Gründer der Parteiorganisation. Franz Fuhrmeister war der Pate der

Ortsgruppe der Jungen Pioniere in der Stadt, in der er einst die rote Fahne mit Hammer und Sichel erhob.

Dem einmal gegebenen Beispiel folgten alsbald Revolutionäre in anderen Städten und Gemeinden des Saargebiets. Kommunistische Ortsgruppen entstanden in Dillingen, Saarbrücken, Sulzbach, Dudweiler, Völklingen, Wiebelskirchen, Neunkirchen, Ludweiler, Homburg und St. Wendel. Im April 1922, eineinhalb Jahre nach der Pioniertat von Schnappach, konnten im Saargebiet bereits dreißig Ortsgruppen der KPD gezählt werden. Wer bedenkt, daß jede von ihnen in schweren Auseinandersetzungen mit der Ideologie des Opportunismus und Zentrismus entstand, wer weiß, daß die Gründer der kommunistischen Partei als angebliche Spalter der Arbeiterbewegung diffamiert wurden, der wird Ergebnis und Tempo dieses Prozesses richtig beurteilen.

Der Kommunismus, die revolutionäre Auffassung von der Entwicklung der Gesellschaft, hatte sich geistig und organisatorisch nicht nur gegen offene und verkappte reformistische Ideen durchzusetzen. Gegen den Kommunismus standen alle bürgerlichen Parteien, die sich — meist mit veränderten Firmenschildern — neubildeten. Gegen ihn machten die Führungen der Kirchen Front. In ihm sahen die „einheimischen" deutschen Ausbeuter ebenso ihren Hauptfeind wie die Kapitalisten Frankreichs.

Im Saargebiet wie überall im Deutschen Reich bildete die Wiedergeburt der revolutionären Partei, nachdem sich die rechten Führer der Sozialdemokratie mit Kapital und Konterrevolution verbündet hatten, den entscheidenden und zukunftsträchtigen Schritt. Indem Arbeiter in Städten und Gemeinden an der Saar, ungeachtet aller Verfolgungen, ihren Klassenkampferfahrungen und ihrem geschärften sozialen und politischen Gewissen folgten, vollbrachten sie ein bleibendes Werk. In ihren Entschlüssen und Handlungen verkörperte sich die Unbesiegbarkeit der revolutionären Idee des Kommunismus.

Der Vertrag von Versailles und die Entstehung des besonderen Territoriums „Saargebiet"

Die Kommunisten, die sich 1919 und in den frühen zwanziger Jahren in St. Ingbert, Saarbrücken, Völklingen, Neunkirchen u. a. Städten und Gemeinden in der Nähe der deutsch-französischen Grenze zusammenschlossen, handelten in einem besonderen politischen Territorium, das nicht mehr Teil des Deutschen Reiches war. Es entstand im Januar 1920, als der Friedensvertrag zwischen Deutschland und den Siegermächten des Ersten Weltkrieges in Kraft trat, der wenige Monate zuvor — am 28. Juni 1919 —

im Auftrage der Reichsregierung von deren Außenminister, dem Sozialdemokraten Hermann Müller, und deren Verkehrsminister, dem Zentrumspolitiker Johannes Bell, in Versailles hatte akzeptiert und unterzeichnet werden müssen. Dieser Vertrag, an dessen Fixierung die deutschen Politiker nicht beteiligt waren, war das Diktat der siegenden imperialistischen Mächtekoalition an die unterlegenen deutschen Imperialisten. Durch ihn wurde der viereinhalb Jahre währende Weltkrieg beendet und zugleich ein Ausgangspunkt für neue politische Konflikte, Konfrontationen und sogar Kriege geschaffen. Denn dieser Vertrag, was immer seine Verfasser von ihm behaupteten, diente nicht dem Frieden. Er war aus dem Geist und den Interessen jener Kräfte geschrieben, die den militärischen Erfolg restlos ausbeuten und das deutsche Monopolkapital und seinen Staat dauernd niederhalten wollten.

Das deutsche Großkapital, seine Politiker und Parteien hatten keinen Grund, sich über die rücksichtslose Härte der Friedensbedingungen zu beklagen. Als sie 1918 der jungen Sowjetmacht in Brest-Litowsk im Vorgefühl eines totalen militärischen Sieges ihre Bedingungen aufzwangen, handelten sie aus der gleichen räuberischen Gesinnung und Absicht heraus, die nun die herrschenden Kreise Großbritanniens, Frankreichs und Italiens leiteten. Dem imperialistischen Raubkrieg folgte — so dessen Charakter noch einmal bestätigend — der imperialistische Raubfrieden, von dem W. I. Lenin 1919 schrieb, daß er „selbst den Einfältigen und Blinden, selbst der Masse der Kurzsichtigen gezeigt (habe), daß die Entente ein ebenso blutiger und schmutziger imperialistischer Räuber war und geblieben ist wie Deutschland".[1] Am Ende des Weltkrieges war ein verändertes militärisches Kräfteverhältnis geschaffen, das nun in ein neues ökonomisches und politisches Kräfteverhältnis umgeprägt wurde, auf dessen Beständigkeit die Sieger peinlich bedacht waren.

Das „Geraufe um die Beute" fand stets mit einem Blick auf jene grundlegend neue historische Tatsache statt, welche die Oktoberrevolution 1917 geschaffen hatte. Die Existenz des jungen Sowjetrußland, dessen Lebenskraft und Lebensperspektiven die führenden Kreise aller imperialistischen Mächte anfänglich weit unterschätzten, ließ die Politiker der Siegerstaaten mitbedenken, daß im Deutschen Reich nicht erneut Zustände heraufbeschworen werden sollten, die soeben durch die Niederschlagung der Novemberrevolution überwunden schienen. Das Deutsche Reich sollte ein kapitalistischer Staat bleiben, denn in dieser sozialen Verfassung ließ es sich nach der Meinung der Politiker der Siegermächte am vollständigsten ausbeuten. Dieses Reich war so auch auf die Eindämmung und Paralysierung des Einflusses der Großen Sozialistischen Oktoberrevolution und gegebenenfalls auf die Vernichtung der Sowjetunion orientiert.

1 W. I. Lenin, Werke, Bd. 29, Berlin 1961, S. 491.

Daher wurden der Regierung des Weimarer Staates militärische Mittel für den Kampf gegen die Volksmassen im eigenen Lande belassen und ein Hunderttausend-Mann-Heer zugestanden, dessen Ausrüstung und Bewaffnung seiner Bestimmung als Bürgerkriegsgarde entsprach. Ansonsten aber präsentierten die Monopolkapitalisten der Siegermächte dem Besiegten eine Leporello-Liste: Politische Bestimmungen, die das Aktionsfeld des deutschen Imperialismus in Europa einschränkten, militärische Forderungen auf weitgehende Abrüstung und dauernde Verbote des Besitzes von Waffen und Kriegsgerät, Beschränkungen der Souveränität des Deutschen Reiches, Verlangen nach ökonomischer und moralischer Wiedergutmachung, den Verlust der überseeischen Kolonien und die Abtretung von Gebietsteilen zugunsten Frankreichs, Belgiens, Polens und Dänemarks. Für den Fall, daß sich das Deutsche Reich der Erfüllung des Vertrages widersetzen würde, wurden Sanktionen angedroht, u. a. der erneute Einsatz der überlegenen militärischen Gewalt der Siegermächte.

Die ökonomische Einbuße des deutschen Monopolkapitals war beträchtlich. Ein Achtel des Territoriums — verglichen mit dem Stand von 1910 und ohne Berücksichtigung des kolonialen Gebiets — ging verloren; in ihm wohnte ein Zehntel der Reichsbevölkerung. Diese Gebietsabtrennungen trafen die Schwerindustrie in besonderem Maße. Mit dem 1871 annektierten Elsaß-Lothringen, das wieder zu Frankreich gelangte, und den reichen Rohstoffvorkommen und Industrieanlagen Ostoberschlesiens, die dem polnischen Staat einverleibt wurden, gingen 75 Prozent der Eisenerz- und 20 Prozent der Steinkohleförderung sowie 26 Prozent der Roheisenproduktion und 30 Prozent der Stahl- und Walzwerkserzeugung verloren.[2]

Ein Teil des ökonomischen und demographischen Potentials, das dem deutschen Imperialismus von den Siegern entrissen wurde, befand sich in jenem Territorium, das zum Saargebiet zusammengeschlossen und als besonderes politisches Gebilde dem Völkerbund als sogenanntes Mandatsgebiet unterstellt wurde. Es war aus Teilen des Deutschen Reiches konstruiert worden, die bis dahin teils zum Land Preußen und teils zum Land Bayern gehört hatten. Dieses Gebilde entsprang letztlich und vor allem dem Streben der französischen Monopolbourgeoisie, einen möglichst großen Teil der deutschen Schwerindustrie durch Gebietsannektionen an sich zu bringen. Auf diese Weise sollte nicht nur der Rivale ostwärts des Rheins ökonomisch und rüstungswirtschaftlich geschwächt werden, sondern Frankreich zu einer Weltmacht par excellence aufsteigen. Die Pläne schlossen selbst das rheinisch-westfälische Industriezentrum ein, ihre Verfechter bissen sich aber schließlich an der Forderung fest, die an der Saar gelegenen Kohlegruben und Industriewerke zu erhalten, um auf diese Weise der Erz-

2 Vgl. Geschichte der deutschen Arbeiterbewegung (GddA.) in: acht Bänden, Bd. 3, Berlin/DDR, 1966, S. 230.

basis Frankreichs den dauernden Besitz hochwertiger Kohlevorkommen hinzuzufügen. Um welchen Preis gehandelt wurde, macht eine Zahl deutlich: Im Jahre 1913 betrug die Förderung im Saarkohlebergbau 13 216 300 t (bei einer Gesamtförderung in den Grenzen des Deutschen Reiches von 190 109 400 t).[3]

Aber Frankreichs herrschende Kreise scheiterten auch mit der Absicht, das Territorium längs des kleinen Nebenflusses der Mosel an sich zu bringen. Dieser Mißerfolg resultierte vor allem aus den Interessengegensätzen der Siegermächte selbst, wachte doch namentlich England darüber, daß der militärische Weltkriegsverbündete nicht übermächtig wurde. Es kam — wie in ähnlichen Fällen auch — zu einem Kompromiß, der bereits am 10. April 1919 ausgehandelt war. Die französischen Schwerindustriellen und die mit ihnen verbündeten Kräfte des Militarismus erhielten den Zugriff zu den Kohlegruben der Saar lediglich mit der Bestimmung, daß sie die dort gelegenen Reichtümer, die in das Eigentum des Siegerstaates übergingen, zunächst für 15 Jahre ausbeuten dürften. Für diese Dauer wurde das Saargebiet politisch dem neugeschaffenen Völkerbund unterstellt, der alle Hoheitsrechte des Territoriums wahrzunehmen und zu diesem Zweck eine Regierung (sie erhielt die offizielle Bezeichnung „Regierungskommission") zu bilden hatte. Die französischen Imperialisten waren nicht vollständig, aber doch im wesentlichen, und nicht dauernd, aber doch für eine beträchtliche Zeitspanne an ihr Ziel gelangt.

Die Einwohnerschaft an der Saar war Objekt dieses Handels der Siegermächte. Der deutsche Imperialismus hatte es mit seiner Aggressionspolitik dahin gebracht, daß etwa eine dreiviertel Million Menschen, vorwiegend Bergleute, Hüttenarbeiter, Kleinbauern, meist in ärmlichen und primitiven Verhältnissen lebend, seit Anfang 1920 unter ein Regime gelangte, dessen Hauptfunktion darin bestand, den Sieg des französischen Imperialismus auszunutzen und die saarländische Arbeiterschaft zugunsten des französischen Kapitals auszubeuten.

Die besondere Form, in welcher die Schwerindustriellen Frankreichs ihre Hand auf die Reichtümer des Saargebiets legten, wurde mit dem Hinweis auf die „Wiedergutmachung von Kriegsschäden, die Deutschland schuldet"[4], motiviert und moralisch gerechtfertigt. Doch bedeutete diese Version nur eine dürftige Tarnung der wahren Absichten. Die Werktätigen Frankreichs, deren Kohleversorgung angeblich gesichert werden sollte, waren die letzten, die in den Genuß der französischen Beute gelangten. Auf ihnen lasteten die Opfer und die Kosten des imperialistischen Krieges nicht weniger schwer als auf ihren deutschen Klassenbrüdern. Vor allem

[3] Statistisches Jahrbuch für das Deutsche Reich, 32. Jg. 1913, Berlin 1913, S. 96.

[4] Friedensvertrag von Versailles, in: Handbuch der Verträge 1871–1964, Berlin/DDR 1968, S. 192.

aber betrachteten die führenden Politiker der französischen Bourgeoisie die 1919 getroffenen und 1920 in Kraft tretende Lösung nur als eine Art Einstieg in das Saargebiet, dem die dauerhafte Etablierung folgen sollte. Dazu sollte dem französischen Imperialismus zum einen der Umstand verhelfen, daß Frankreich gemeinsam mit England den das Saargebiet verwaltenden Völkerbund beherrschte. Zum anderen entstanden mit der Schaffung einer französischen Grubenverwaltung und mit anderen Formen des ökonomischen Eindringens Chancen, zu einer Politik der dauerhaften Tatsachen überzugehen.

Es lag auf der Linie dieser Bestrebungen, daß die neuen Herren des Saargebiets augenblicklich versuchten, alle politischen, ökonomischen und geistigen Beziehungen der Einwohnerschaft zum Weimarer Staat zu unterbrechen. Dazu gehörte auch die Lostrennung der politischen und gewerkschaftlichen Organisationen und Verbände von denen des Reichs. Da das Gefüge der Parteien im Saarland während der Novemberrevolution und im Verlauf des Jahres 1919 aber in Verbindung mit der Reichsentwicklung entstanden war und dieses Gefüge die jeweiligen Interessen der Klassen und Klassenfraktionen insgesamt widerspiegelte, blieben die einmal geschaffenen Organisationen erhalten. Formal erhielten die saarländischen Parteien und Verbände die Genehmigung, öffentlich zu wirken, zwar von der Regierungskommission des Völkerbundes, die in Saarbrücken Sitz nahm. De facto blieben ihre Beziehungen politisch und organisatorisch zu den meist in Berlin eingerichteten zentralen Leitungen eng. Auch darin drückte sich aus, daß die historischen Bindungen der Bevölkerung an die deutsche Nation fest waren und die sozialen Klassen und Schichten ihre jeweiligen Interessen und Ziele künftig wieder im deutschen Nationalverband zu verfechten gedachten. Alle Parteien und Organisationen des Saargebiets — aus freilich ganz unterschiedlichen, gegensätzlichen und unversöhnlichen Gründen — sahen den 1919 konstruierten Saarstatus als zeitweilig an. Sie gingen davon aus, daß die nach fünfzehn Jahren in Aussicht gestellte — also 1935 fällige — Abstimmung zugunsten der Angliederung an das Deutsche Reich ausfallen werde. Eine kleine francophile politische Gruppierung — der „Saarbund" — gewann nie nennenswerten Einfluß.

Die Kommunisten und der Friedensvertrag

Die einzigen, die im Weimarer Staat das moralische Recht besaßen, den Versailler Friedensvertrag zu verwerfen, waren die deutschen Linken, die sich an der Jahreswende 1918/1919 zur Kommunistischen Partei Deutschlands zusammengeschlossen hatten oder noch auf dem revolutionären Flügel der Unabhängigen Sozialdemokratischen Partei standen. Sie hatten den Krieg vor seinem Ausbruch bekämpft, waren während des Krieges unter den Bedingungen des Zuchthausregimes mutig als antiimperialistische Kriegsgegner hervorgetreten und wollten dem Völkermord mit der Waffe der Revolution ein Ende machen. Die Linken, allen voran die Spartakisten, hatten das Diktat des deutschen Imperialismus von Brest-Litowsk gegenüber der jungen Sowjetmacht in Rußland gebrandmarkt, sie traten aus dem gleichen Geist gegen das Diktat von Versailles auf.

In den im Mai 1919 von der Zentrale der KPD verbreiteten „Leitsätzen für den Frieden“[1] gab die revolutionäre Partei der deutschen Arbeiterklasse allen Versuchen der deutschen Monopolbourgeoisie, die Volksmassen gegen den eben veröffentlichten Vertragstext nationalistisch und chauvinistisch aufzuwiegeln und sie von den Klassenfragen des Kampfes abzulenken, eine eindeutige Absage. Zu diesem Zeitpunkt hatten alle bürgerlichen Parteien und die rechte Führung der Sozialdemokratie sich zu einer wüsten Hetzkampagne gegen den Friedensschluß vereinigt. Emphatisch und zugleich ohnmächtig rief der sozialdemokratische Ministerpräsident Philipp Scheidemann aus: „Welche Hand müßte nicht verdorren, die sich und uns diese Fesseln legt?“[2] Und der Zentrumspolitiker und Präsident der Nationalversammlung, Konstantin Fehrenbach, drohte am Ende einer Kundgebung, welche die Abgeordneten des konstituierenden Parlaments in der Aula der Berliner Universität veranstalteten: „Auch in Zukunft werden deutsche Frauen Kinder gebären, und die Kinder ... werden mit dem Willen erzogen werden, die Sklavenketten zu brechen und die Schmach abzuwaschen.“[3]

In den kommunistischen „Leitsätzen“ wurde demgegenüber nüchtern und treffend gesagt, daß die Lage für die Regierung des deutschen Imperialismus absolut ausweglos sei, „sie mag sich anstellen, wie sie will“.[4] Einen Ausweg für das Volk, erklärte die Zentrale der KPD, könne nur der „Sturz dieser Regierung und der Bourgeoisieherrschaft überhaupt“ bieten. Wenn in Deutschland die Diktatur des Proletariats errichtet und Anschluß

1 GddA., Bd. 3, S. 557–579.

2 Die deutsche Nationalversammlung im Jahre 1919, Protokolle, Bd. 4, Berlin o. J., S. 2646.

3 Ebenda, S. 2716.

4 GddA., Bd. 3, S. 558.

an die Weltrevolution gefunden würde, dann erst böten sich auch neue Aussichten für das Leben der Volksmassen im Nachkrieg, denn gegenüber einer Räteregierung könnten die Friedensbedingungen „nicht dieselben sein wie gegenüber der verkrachten Bourgeoisie und ihren verkrachten und verächtlichen Bedienten".[5] Die KPD blieb zu allen folgenden Kämpfen bei dem 1919 bezogenen Standpunkt: sie lehnte auch unter dem stärksten Druck nationalistisch-chauvinistischer Kräfte jede Konzession an imperialistische Revisionsversuche ab. Mit der Losung, daß der Hauptfeind der deutschen Arbeiterklasse und des gesamten Volkes im eigenen Lande stünde, trat sie gegen alle Versuche auf, den Werktätigen ein falsches Feindbild zu suggerieren, die Klassenfronten zu verwischen und eine neue Burgfriedensgemeinschaft zu schaffen.

Als sich die revolutionären Energien des deutschen Proletariats zu erschöpfen begannen — folglich also die Möglichkeit, das Friedensdiktat auf revolutionärem Wege zu bekämpfen, sich verringerte — richtete die KPD ihre Kräfte darauf, die deutsche Monopolbourgeoisie zu hindern, nach den Kriegslasten nun auch die Nachkriegslasten (einschließlich der aus dem Vertrag erwachsenden) auf die Massen zu wälzen. Die Kriegsverursacher, die Kriegsgewinnler — die Reichen sollen zahlen, forderten die Kommunisten, die sich der anschwellenden nationalistischen Hetze entgegenstellten. Tatsächlich arbeitete der gesamte Propagandaapparat der herrschenden Klasse in Deutschland, derjenige der Parteien, der Verbände und des Staates, abgestimmt daran, durch die Anti-Versailles-Hetze die Volksmassen in Deutschland von den inneren Ursachen ihres sozialen Elends abzulenken und sie gleichzeitig und langfristig auf den Revanchekrieg einzustimmen. In dieser immer aufs neue hochgeheizten Atmosphäre verteidigte die KPD als Teil der 1919 gegründeten Kommunistischen Internationale das Prinzip des proletarischen Internationalismus. Dies war auch für ihre Stellung zum Saarstatut von grundlegender Bedeutung. Im Saargebiet traten die Kommunisten von Anfang an jeder blindwütigen antifranzösischen Verhetzung, jedem Chauvinismus entschlossen entgegen. Sie betrachteten die nationale Problematik, welche durch das Friedensdiktat verschärft oder neugeschaffen worden war, als einen Teil des gesamten Kampfes der Arbeiterklasse und der Volksmassen um soziale und nationale Befreiung. In den Mittelpunkt stellten die Kommunisten die Frage, wie unter den neuen objektiven Kampfbedingungen die Tages- und Zukunftsinteressen des Proletariats und seiner Verbündeten verfochten werden konnten. Das schloß den Kampf um die sozialen und demokratischen Interessen der werktätigen Saarbevölkerung unter den Bedingungen des Saarstatuts ein.

Die Kommunistische Partei Deutschlands hatte sich 1919 im gesamten Reichsgebiet unter extrem schwierigen Verhältnissen formiert. Ihre Kämp-

[5] Ebenda.

fer wurden auf den Tod verfolgt; ihre führenden Funktionäre von gedungenen Subjekten der Reaktion ermordet. Ihre Zeitungen unterlagen einer Kette von Verboten. Zu dem Druck offen repressiver Gewalt traten der ideologische Verruf und die geistige Pression hinzu. Von den extrem reaktionären faschistischen Politikern der Bourgeoisie bis zu den rechten sozialdemokratischen Führern reichte die Front derjenigen, welche die deutschen Kommunisten als angebliche Organisatoren des sozialen Chaos und als Verräter an den nationalen Belangen diffamierten und verfolgten. Besonders schwer hatten es naturgemäß die Revolutionäre in jenen Landesteilen, die — wie das Saarland — von besonderen Vertragsfolgen betroffen wurden und in denen die Reaktion nahezu ideale Bedingungen für die geistige und praktische Massenverführung vorfand. Im Saargebiet standen die wenigen Kommunisten vom Beginn ihres Wirkens an in scharfer Gegnerschaft zur einheimischen „nationalen" Bourgeoisie und namentlich zu jenen Schwerindustriellen, die am Kriege immens verdient hatten und sich nun anschickten, die veränderte Lage für die Profitmaximierung zu nutzen. Zugleich hatten sich die saarländischen Kommunisten mit den Absichten, Folgen und Zielen der Politik der französischen Bourgeoisie auseinanderzusetzen. Das trug ihnen doppelte Verfolgung ein, bewahrheitete sich doch am Zusammengehen der deutschen und der französischen Ausbeuter gegen die KPD/Saar einmal mehr, daß die Erhaltung der Arbeiterklasse als ausgebeutete, unterjochte, beherrschte Klasse ein internationales Interesse der Kapitalisten bildete.

Beschreibung eines politischen Homunkulus

In der mittelalterlichen Sagenwelt existiert als ein auf künstliche Weise, mit alchimistischen Mitteln hervorgebrachtes menschenähnliches Gebilde: der Homunkulus. In Anlehnung daran läßt sich das Saargebiet ein politischer Homunkulus nennen. Er war — wie gezeigt — zwischen Krieg und Frieden in der alchimistischen Küche imperialistischer Diplomatie geformt worden. Im Text des Versailler Vertrages wurden längere Passagen benötigt, um auch nur die Grenzen des Territoriums gegenüber Frankreich und Deutschland zu bestimmen, das dem Völkerbund unterstellt wurde.

Welche objektiven Bedingungen fand die revolutionäre Arbeiterbewegung in den einstigen Teilen des preußischen Regierungsbezirks Trier und der bayerischen Pfalz vor, die zunächst — da ein Name sich fest noch nicht eingebürgert hatte — unter dem Begriff „Saarbeckengebiet" zusammengefaßt wurden? Der abgetretene Teil des Deutschen Reiches mußte einerseits zu den industriell hochentwickelten Gegenden gezählt werden und gehörte andererseits zu den ärmsten Landstrichen. Von den insgesamt 770 030 Einwohnern des Saargebiets waren nach einer Zählung des Jahres 1927 342 059 erwerbstätig. Mehr als die Hälfte dieser berufstätigen Bevölkerung, 155 904 Einwohner, arbeitete in Industrie und Handwerk. Von diesen wiederum gehörte nahezu die Hälfte, 73 206 Menschen, zum Industriezweig Bergbau, dessen Betriebe sich nahezu ausschließlich im Eigentum des Landes Preußen befunden hatten.[1] Der Steinkohlenbergbau und die Hüttenindustrie bildeten das wirtschaftliche Herz des Saargebiets und gaben dem Leben der Menschen weitgehend das Gepräge. Sie hatten den Landstrich überhaupt erst weithin bekanntgemacht und verbanden ihn nach dem Osten, in das Reichsgebiet, mit dem rheinisch-westfälischen Industriezentrum und nach Westen hin mit dem jenseits der Grenze gelegenen lothringischen Erz- und Hüttenrevier. Dies letzte hatte zur Folge, daß viele Menschen, und namentlich saarländische Arbeiter, frühzeitig ihre Blicke über die Grenze richteten, sich für Frankreichs Geschichte und das Leben und den Kampf ihrer Klassengenossen interessierten. Dennoch: ein im proletarischen Sinne aufgeklärtes, fortgeschrittenes Gebiet ließ sich der Landstrich an der Saar trotz seiner industriellen Entwicklung bis zum Ende des Weltkrieges nicht erkennen. Wollte man Land und Bewohner mit anderen Gegenden des Deutschen Reiches vergleichen, so kam nicht in erster Linie das Ruhrgebiet in Betracht. Nach seiner ökonomisch-sozialen Gesamtstruktur ähnelte es vielmehr den mitteldeutschen Bergbauregionen des Erzgebirges, wo ebenfalls Steinkohle und seltene Erze gefördert wurden. Mit diesem Territorium hatte das Saargebiet nicht nur die Konzentration der Industrie und des Proletariats, sondern auch die eigentümliche Mischung von proletarischer und ländlicher Bevölkerung gemeinsam. Unter den Kohlekumpeln und Industriearbeitern an der Saar befanden sich viele, die neben ihrer Haupterwerbsquelle eine kleine Landwirtschaft betrieben und von den Ergebnissen des Feldbaus ein paar Stück Vieh ernährten. Dies prägte sich noch 1927 in der Struktur der Landwirtschaft deutlich aus, waren doch fast 44 000 landwirtschaftliche Betriebe — von insgesamt 56 937 — nicht größer als 2 ha, folglich nur als Nebenerwerb überhaupt existenzfähig.[2] In der Tat gaben bei der erwähnten statistischen Erhebung auch rund 30 000 Erwerbstätige des Saarlandes (d. h. jeder Zehnte überhaupt!) die Landwirtschaft als ihren Nebenberuf an. Ein Teil der Ländereien besaß das Ausmaß eines größeren Gartens, der — intensiv bewirtschaftet — eine Zukost für die Besitzer hergab und Kleintierhaltung ermöglichte.

1 Bericht des Statistischen Amtes des Saargebietes, 6. Heft 1928, Saarbrücken, S. 22, Volks-Berufs- und Betriebszählung vom 19. Juli 1927, Band II: Berufszählung, Saarbrücken 1931, S. 19, 118 f.

2 Volks-Berufs- und Betriebszählung a. o. o., Band III, S. 8, Band II, S. 20.

Ganz plastisch tritt die charakteristische halbproletarische Struktur von Teilen des Saargebiets aus einer Statistik hervor, die 1925 in den ehemaligen Fiskalgruben Preußens angefertigt wurde. Von einer Gesamtbelegschaft von 69 575 Arbeitern und Angestellten gaben 22 801 an, Hauseigentümer zu sein, und 12 162 bezeichneten sich als Landeigentümer. Diese Belegschaft besaß 10 462 Rinder, 17 522 Ziegen und 10 421 Schweine in individueller Haltung.[3]

Die ökonomische Bedeutung dieses Halbproletariertums liegt auf der Hand. Sie war die Grundlage dafür, daß die staatlichen und privaten Eigentümer der Kohlebergwerke und der Saarindustrie die Arbeiter besonders kräftig ausbeuten und ihnen Löhne unterhalb des Existenzminimums zahlen konnten. Was die Proletarier und ihre Familien zur Reproduktion ihrer an die Kapitalisten verkauften Arbeitskraft brauchten, erarbeiteten sie und ihre Familien sich morgens und abends und an den kurzen Wochenenden zu einem Teil auf dem Feld. Auf diesen Tatbestand weist auch ein Vergleich der Durchschnittslöhne, die vor dem Ersten Weltkrieg in verschiedenen Kohlerevieren gezahlt wurden.

Durchschnittlicher Schichtlohn in RM im Jahre 1912[4]

	Art der Arbeit		
Gebiet	Bergarbeiter unter Tage	anderer Arbeiter unter Tage	Arbeiter über Tage
Staatswerke Saarbrücken	4,83	3,91	3,64
Aachen	5,56	4,47	4,00
Oberbergrevier Dortmund	6,02	4,31	4,15

Die Angaben, die als repräsentativ gelten können, beweisen ohne Ausnahme, daß die Schichtlöhne der Saarbergarbeiter die niedrigsten waren und zum Teil ganz erheblich unter denen anderer Bergbaureviere lagen.

Die spezielle soziale Struktur der saarländischen Bergarbeiterschaft stellte auch ein erhebliches Hemmnis für ihre ideologische Entwicklung und ihre politische Erhebung zur Klasse dar. Die politische und selbst die gewerkschaftliche Arbeiterbewegung faßten im Saargebiet erst spät Fuß. Lange Zeit vermochten die Besitzer der Hüttenwerke des Saarlandes, die

3 Das Saargebiet, seine Struktur, seine Probleme, Hrsg. Prof. Dr. Kloevekorn, Saarbrücken 1929, S. 208.

4 Statistisches Jahrbuch für das Deutsche Reich, 31. Jg. 1912, Berlin 1912, S. 79.

Familien Stumm und Röchling, die Ausbeutungsverhältnisse patriarchalisch zu verbrämen und ihre Arbeiter zu hindern, sich gewerkschaftlich zusammenzuschließen. So auch im königlich-preußischen Bergbau, wo Ausbeutung, Terror und Verfolgung zur Bildung und später zur Spaltung und Auflösung des Rechtsschutzvereins unter Nikolaus Warken führten und Geheimrat Hilger den Besuch gewerkschaftlicher Versammlungen mit Berufsverboten verfolgte.

Schon im Jahre 1877 kam es zur Bildung einer Vereinigung aller Unternehmer des Gebietes, einschließlich der königlichen Bergwerksdirektion und der königlichen Eisenbahndirektion zu Saarbrücken, deren Ziel es war, jegliche sozialdemokratische Äußerung zu verfolgen.[5]

Der Einfluß der Kirchen, insbesondere der katholischen, die von den bischöflichen Zentren im preußischen Trier und im bayerischen Speyer aus wirkten, trug dazu bei, die Entwicklung des Klassenkampfes zu verzögern und zu dämpfen. Der katholische Fachverein der Bergarbeiter verstand sich als eine Organisation, welche die Klasseninteressen im Sinne der päpstlichen Soziallehre ausgleichen und versöhnen wollte. All diese Tatsachen zusammengenommen erklären, warum es der deutschen Sozialdemokratie erst nach der Aufhebung des Sozialistengesetzes im Jahre 1890 gelang, im Saargebiet einen festen Anhängerstamm zu formieren und ihr Einfluß — etwa verglichen mit dem Ruhrgebiet — bis in die Jahre vor dem Weltkrieg gering blieb. Demgegenüber hatten die Kapitalisten einen organisationspolitischen Vorsprung: seit 1901 existierte ein einheitlicher Verband der Saarindustriellen.

Die KPD/Saar hatte im Kampf um die Gewinnung der Arbeiterklasse die Tatsachen und Traditionen zu berücksichtigen, welche die Saararbeiterschaft mit der Entwicklung der Klasse im Reich verband, und sie durfte gleichzeitig Besonderheiten des geschichtlichen Prozesses nicht ignorieren. Wie überall war die geistig-politische Auseinandersetzung mit dem Opportunismus und Zentrismus zu führen, um revolutionärem Denken und Handeln die Bahn frei zu machen. Dabei besaßen die Kommunisten an der Saar den Vorteil, daß ihnen direkt nicht derart starke sozialdemokratische Organisationen gegenüberstanden, wie sie in anderen Landesteilen des Reiches sich herausgebildet hatten. Dieser Vorteil wurde aber reichlich durch die starke katholisch-kirchliche Bindung von vielen Proletariern, besonders auch Bergarbeitern, durch die Zerstreutheit der Wohngegenden, durch die ablenkende und kräftezehrenden landwirtschaftlichen Nebenerwerbe aufgewogen. Die hauptsächliche nationale Bedingung aber, durch welche die Klassenkämpfe an der Saar erschwert und kompliziert wurden,

[5] Vgl. Julius Schwarz, Das Saargebiet, sein Bergbau und seine Sozialpolitik, Kämpfe der Bergarbeiter und des Verbandes der Bergarbeiter, Saarbrücken 1926.

bildete das besondere politische Regime des Völkerbundes, dessen Organe im französischen Kapitalsinteresse agierten.

Die Etablierung des Völkerbund-Regimes und die KPD/Saar

Der rasche, unblutige und relativ leicht errungene Sieg im November 1918 über die Monarchie und die Durchsetzung bürgerlich-demokratischer und sozialer Rechte — so Koalitions-, Presse- und Versammlungsfreiheit, das allgemeine Wahlrecht auch für Frauen, den Achtstundentag, Einführung des Tarifrechts — hatte auch an der Saar die politischen Machtverhältnisse zu verändern begonnen, als am 23. November 1918 französische Truppen in Saarbrücken und Saarlouis einzogen. Das geschah in der Absicht, das Territorium dauernd in Besitz zu nehmen. Augenblicklich erließen die Inhaber der militärischen Gewalt Befehle, um die revolutionäre Bewegung der Massen zu unterdrücken und ihr das, was sie errungen hatte, wieder zu entreißen. Um die staatliche Macht fest in französische Hände zu bringen, wurden die Arbeiter-und-Soldaten-Räte aufgelöst. Dieses Vorgehen fand die vollständige Billigung der deutschen Kapitalisten im Saarland. Mehr noch: der Großindustrielle Hermann Röchling richtete an die Organe der französischen Besatzungsmacht die direkte Aufforderung, die Stadt Völklingen, in der seine eigenen ausgedehnten industriellen Anlagen sich befanden, vom Arbeiter-und-Soldatenrat zu befreien.[1] Ähnlich verhielten sich kommunale Behörden. Als am 29. November bewaffnete Revolutionäre in der Gemeinde Dudweiler die Polizisten der Ortschaft entwaffneten und den Bürgermeister absetzten, nahm die Gemeindeobrigkeit den „Putsch“ zum Anlaß, um bei Stellen der französischen Besatzungsmacht im benachbarten Saarbrücken um Schutz zu ersuchen und ihr zu ermöglichen, ihre Geschäfte fortzuführen.[2] Beide Ereignisse zeigen stellvertretend für andere, daß die Herren des Kapitals und die Inhaber der Staatsmacht bereit waren, mit den französischen Militaristen gegen die Revolution zu kooperieren. Von nationaler Gemeinsamkeit, wie sie bald darauf von der Bourgeoisie angerufen wurde, war da nichts zu spüren. Als es der imperialistischen Reaktion im Deutschen Reich Anfang 1919 gelang, die Novemberrevolution mit den Mitteln des weißen Terrors niederzuschlagen, konnte die Arbeiterklasse doch einige wichtige demokratische und soziale Errungenschaften ihrer Kämpfe behaupten. Dazu gehörte auch der Achtstundentag. Im besetzten Saarland wurde die Begrenzung des Ausbeutungsprozesses auf täglich acht Stunden, sofort zu einem der

1 Theodor Balk, Hier spricht die Saar, Zürich 1934, S. 17 f.

2 Vgl. in: Saarbrücker Volkszeitung und Völklinger Nachrichten, jeweils die Ausgaben der Monate November und Dezember 1918.

umstrittensten Probleme. Mit dem Hinweis auf die gestörte Kohleversorgung Frankreichs verlangten die Besatzungsbehörden, den Achtstundentag im Bergbau abzuschaffen. Hinter dieser Haltung stand mehr als nur das Interesse, die Saarkohlenvorkommen maximal auszubeuten. Die französische Bourgeoisie, die sich im eigenen Lande der politischen und sozialen Forderungen der Arbeiter zu erwehren hatte, wollte deutschen Arbeitern nicht zugestehen, was sie den Proletariern Frankreichs verwehrte.

Schließlich mußte sich in offener Auseinandersetzung entscheiden, wieviel die Saararbeiterschaft gegen ein Militärregime, das sich nach wie vor des Kriegsrechts bediente, verteidigen konnte. Am 26. März 1919 traten die Bergarbeiter in den Streik für die Behauptung des Achtstundentages. Sie begannen eine der Aktionen, die nach Inhalt und Ziel in die lange Reihe der ökonomischen und politischen Abwehrkämpfe gehörte, mit denen die deutsche Arbeiterklasse sich dem Versuch des Kapitals widersetzte, die Vorkriegsrechte der Bourgeoisie zurückzugewinnen. Augenblicklich bedienten sich die französischen Imperialisten des militärischen Knüppels, den sie in Gestalt des französischen Militärs besaß. Der Streik wurde zu einem gegen Frankreich gerichteten feindlichen Akt und als gesetzwidrig erklärt. Verhandlungen wurden abgelehnt, die Belegschaften gewaltsam herbeigetrieben, zahlreiche Bergleute verhaftet und 21 von ihnen von einem französischen Kriegsgericht zu Gefängnisstrafen von 2 bis 5 Jahren verurteilt.[3] Arbeitern, die für den Streik eintraten, drohte obendrein die Ausweisung aus dem besetzten Territorium in das Reichsgebiet, was die Trennung von Familie, oft von dem kleinen Häuschen und der Nebenwirtschaft und, wegen der hohen Arbeitslosigkeit in vielen Gegenden Deutschlands, einen Schritt ins Ungewisse bedeutete. Unter dem Druck der brachialen Gewalt französischer Besatzungsbehörden, brach die Streikfront zusammen, der es auch an einer entschlossenen Führung mangelte.

Schon die März-Erfahrungen der saarländischen Bergarbeiter zeigten, wie kompliziert es sein würde, die proletarischen Interessen unter den Bedingungen militärischer Besetzung zu verfechten. Außerparlamentarische Aktionen ließen sich von seiten der französischen Behörden augenblicklich zu Vertragsverletzungen erklären und unter diesem Vorwand bekämpfen. Ein parlamentarischer Kampfboden, so begrenzte Möglichkeiten der Interessenvertretung er auch bieten mochte, sollte der Bevölkerung des Saargebiets nach dem Willen der Siegermächte nicht zugestanden werden. Die vom Völkerbund eingesetzte Regierung war, ganz im Sinne des Zwecks, dem sie zu dienen hatte, als diktatorisches Regime gedacht — eine Konstruktion, die im krassen Widerspruch zu dem Anspruch der Kabinette in

[3] Das Saargebiet unter der Herrschaft des Waffenstillstandsabkommens und des Vertrages von Versailles, Berlin 1921, S. 46 f.

Paris und London stand, in Europa die Hüter der Demokratie zu sein. Alle legislativen, exekutiven Befugnisse und die oberste Jurisdiktion lagen bei der fünfköpfigen Regierung, welche sich aus einem Franzosen, einem nichtfranzösischen Saarländer und drei weiteren Politikern zusammensetzte, die weder Deutsche noch Franzosen sein durften. Die extrem reaktionäre Position, von der das Saarregiment ausging, wurde insbesondere an der Bestimmung deutlich, wonach alle Gesetze und Verordnungen wieder in Kraft gesetzt wurden, die am 11. November 1918 galten. Was die Revolution an neuem Recht codifiziert oder de facto geschaffen hatten, wurde liquidiert. Lediglich für den Fall, daß sich im Interesse des Völkerbundregimes Gesetzesänderungen notwendig machen würden, sollten sich Vertreter der Bevölkerung überhaupt äußern können. Vorerst blieb unentschieden, wer als Vertreter angesehen und auf welche Weise dessen Meinung von den Regierenden eingeholt werden würde.

Es war offensichtlich, daß die Verfasser des Saarstatus sich an kolonialen Herrschaftspraktiken orientiert hatten. Während es die französischen Kolonialisten aber in ihren afrikanischen Besitzungen mit in Stämme gegliederten, politisch noch unorganisierten und leicht zu beherrschenden Analphabeten zu tun hatten, konnten sie im Saargebiet die Existenz der organisierten Arbeiterklasse doch nicht völlig ignorieren. So wurde immerhin bestimmt, die Regierung sollte Arbeitsbedingungen einschließlich der Arbeitszeit erst festsetzen, nachdem sie „die Wünsche der örtlichen Arbeiterverbände" zur Kenntnis genommen hatte.[4] Ganz generell schwebte den Konstrukteuren der besonderen Verfassung des Saargebiets vor, die Bevölkerung — nach dem kolonialen Vorbild der gesonderten und möglichst verfeindeten Stämme — in Gemeinden und Betrieben voneinander abzutrennen. Ausdrücklich hieß es, Wahlrecht dürfe „für keine anderen als für die örtlichen Vertretungen ausgeübt werden".[5]

Faktisch blieb der Saareinwohnerschaft zunächst nur ein Weg, ihren Willen zu artikulieren: die Petition an die Völkerbundversammlung und deren ständige Organe in Genf. Die bürgerlichen Parteien, Unternehmerverbände, rechte Führer der SPD und der Gewerkschaften nutzten diese Gelegenheit auch bald und legten ihre Interessen in Denk- und Bittschriften dar. Diese Methode, welche Entscheidungen der Saarbrücker Regierung indirekt beeinflussen sollte, war geeignet, in der Saarbevölkerung Illusionen über ihre eigene Lage und die Möglichkeiten zu schaffen, sie zu wandeln. Die KPD/Saar machte daher von vornherein deutlich, daß Appelle an den Völkerbund nur wirksam sein könnten, wenn sie mit Aktionen der Massen im Saargebiet selbst kombiniert würden. Als die Führung der KPD/Saar Anfang 1922 gemeinsam mit Funktionären der Unabhängigen Sozialdemokratischen Partei und der Gewerkschaften eine Denkschrift

[4] Reichsgesetzblatt, Jg. 1919, Nr. 140, S. 791.
[5] Ebenda, S. 793.

ausarbeitete, in der die Lage der Arbeiter nach der teilweisen Einführung der französischen Währung dargestellt und Veränderungen verlangt wurden, schrieb die „Arbeiter-Zeitung" gleichzeitig, daß weder der Völkerbund noch irgendeine kapitalistische Regierung Forderungen der Arbeiterklasse erfüllen werde, wenn hinter ihnen nicht „der einheitliche Wille des Proletariats steht, der alles, aber auch alles aufzubieten gewillt ist, um für diese Forderungen zu kämpfen".[6] Kombination von außerparlamentarischem Massenkampf mit parlamentarischen Aktionen lautete die Losung der saarländischen Kommunisten. Sie schloß ihre Teilnahme am Kampf für eine zentrale parlamentarische Körperschaft ein.

Die Kommunisten und der Kampf um ein Saarparlament

Als die Völkerbundsregierung Anfang 1920 das offene Besatzungsregime ablöste, konnte sie sich weiter auf die französischen Bajonette stützen. Frankreichs Truppen blieben an der Saar stationiert. Sie wurden erst 1930 abgezogen, als das Militär der Siegermächte auch die letzten französisch-besetzten Reichsgebiete räumte.

In wessen Hauptinteresse in Saarbrücken regiert wurde, machte der Völkerbund auch dadurch deutlich, daß er einen Franzosen, den Staatsrat Victor Rault, an die Spitze der Regierung setzte. Als weitere Regierungsmitglieder standen ihm ein belgischer Major, ein dänischer Graf und ein kanadischer Politiker zur Seite. Als saarländischer Teilnehmer war Alfred von Boch bestimmt worden, den bald Jacob Hector ablöste. Der zentrale bürokratische Apparat der Saarregierung wurde zu einem erheblichen Teil aus Franzosen gebildet. Obwohl alle nichtdeutschen Mitglieder aus bürgerlich-parlamentarisch regierten Staaten kamen, mißachteten sie die gewählten lokalen Körperschaften des Saarterritoriums zunächst ganz. Mehr noch: die Saarbrücker Völkerbunds-Instanzen begannen bald zu versuchen, selbst das kommunale Selbstverwaltungsrecht zu beschneiden, um auch deren gesamtes Vorgehen dem einen Ziel, der maximalen Ausbeutung des Landes, unterzuordnen. Der Bestimmung des Versailler Vertrages, derzufolge „Vertreter der Bevölkerung" zu Meinungsäußerungen heranzuziehen waren, wurde nicht einmal formal genügt. Erst im August 1920 empfand die Regierung den Druck des Weimarer Staates und der saarländischen Bevölkerung als derart stark, daß sie für die ehemals preußischen Landesteile die Kreistage und in den einst bayerischen die Bezirkstage sowie die Saarbrücker Stadtverordnetenversammlung als „gewählte Vertreter" im Sinne des Versailler Diktats nominierte. Bei dieser folgenlosen Erklärung

6 Arbeiter-Zeitung, Saarbrücken, 1. Jg., 12. 1. 1922 (künftig: AZ).

blieb es. Alle wichtigen Entscheidungen traf die Regierung nach wie vor selbstherrlich, so daß die mißachteten „Vertreter“ schließlich bekanntgaben, nicht länger als pseudodemokratisches Feigenblatt für die Diktatur des Völkerbundregimes dienen zu wollen.

Vor die Frage gestellt, es auf eine totale Konfrontation ankommen zu lassen oder einzulenken, entschieden sich die Völkerbundskommissare für das Zugeständnis eines Saarparlaments, das den Namen Landesrat erhielt. Diese Instanz, die durch allgemeine Wahlen zustande kommen sollte, war mit wenig tatsächlichen Rechten ausgestattet und übertraf noch die weitgehende Rechtlosigkeit des kaiserlichen Reichstags. Versammeln durfte sich der Landesrat nur, wenn ihn der Präsident der Regierung zusammenrief, und dann hatte er eine Tagesordnung abzuwickeln, die ihm vorgeschrieben wurde. Wandte er sich dennoch darüber hinausgehenden Verhandlungen zu, formulierte nicht vorgesehene Anträge oder verabschiedete unwillkommene Entschließungen, so galten sie von vornherein als unwirksam und konnten obendrein durch Regierungsbeschluß ausdrücklich für ungültig erklärt werden. Der Landesrat durfte weder die Regierung interpellieren, noch Anträge an sie stellen, von ihr weder Rechenschaft fordern, noch über den Etat beschließen. Er war — alles in allem — zugestanden worden, um der Diktatur des Völkerbundsregimes die Blöße besser zu bedecken, als das mittels der örtlichen Vertreter gelungen war, die am Ende eine Art Obstruktion betrieben hatten.

So wenig die Kommunisten an der Saar für diese Farce auf eine demokratische Vertretung gekämpft hatten, sahen sie doch, daß aus den zu erwartenden Diskussionen und parlamentarischen Kämpfen dieses Gremiums für die Einwohnerschaft nicht nur Täuschung hervorgehen könnte. Wenn auch aus dem Wirken des Landesrates für die Lage der Arbeiter keine „noch so geringfügige Besserung“ erwachsen werde, so würde ein wie immer beschnittenes Saarparlament doch alle Politiker des Territoriums zwingen, quasi grellbeleuchteter Bühne Farbe zu bekennen. Daher schrieb die kommunistische Zeitung: „Aber all die Parteien, die heute aus nationalistischer Opposition die Maßnahmen der Regierungskommission bekämpfen, werden ... den großen Massen ihren wahren Charakter enthüllen. Das ist es, was wir Kommunisten von der Einführung eines Saarparlaments erwarten: eine Klärung der politischen Situation, die im Interesse der kommenden Massenbewegungen der Saararbeiterschaft notwendig ist.“[1]

Nachdem die Regierung am 24. März 1922 die Wahl eines Landesrates angekündigt hatte, versuchte die KPD/Saar zunächst gemeinsam mit den anderen Arbeiterparteien die Erweiterung seiner Rechte zu erkämpfen. Es stand im Einklang mit den Erfahrungen, welche die Gesamtpartei im Reichsgebiet gemacht hatte, daß die saarländischen Kommunisten den

[1] AZ vom 25. 3. 1922.

demokratischen Kampf zugleich mit dem Bestreben verbanden, eine Aktionseinheitsbewegung der Proletarier ins Leben zu rufen. Anfänglich schien es auch, als ob in der Abwehr gegen die verordnete „Maulkorbkammer" die Aktionseinheit kommunistischer, unabhängiger und sozialdemokratischer Arbeiter geschaffen werden könnte. Aber die rechten Führer der SPD trieben ein doppeltes und falsches Spiel. In Illusionen über den Völkerbund befangen, auf bürgerlich-parlamentarisches Taktieren nun schon traditionell festgelegt und antikommunistisch verblendet, beteiligten sie sich, ungeachtet eines mit den Kommunisten vereinbarten Abkommens, gemeinsam mit den bürgerlichen Parteien an einer Petitionsbewegung. Ausgerechnet mit dem Großindustriellen Hermann Röchling ließ sich der saarländische SPD-Vorsitzende Valentin Schäfer an den Genfer Völkerbundsitz schicken, damit dort der — wie sich bald herausstellte: vergebliche — Versuch gemacht würde, für den Landesrat umfangreichere Befugnisse herauszuhandeln. Schritte wie diese Reise nach Genf waren nicht nur aussichtslos, sondern zugleich geeignet, die klassenversöhnlerische nationalistische Linie der Bourgeoisie gegenüber der Linie des proletarischen Klassenkampfes durchzusetzen. Demgegenüber schrieb die „Arbeiter-Zeitung" am 1. Juni 1922: „. . . Der Kampf um das Saarparlament ist für die Arbeiterklasse ein Stück Klassenkampf. Zwar kann der Kampf um das Parlament niemals Ziel sein. Das Parlament ist nur eine Etappe auf dem Wege der Emanzipation der Arbeiterklasse. — In diesem Kampfe um die Befreiung muß die Arbeiterklasse jedes sich bietende Mittel benutzen. Und besonders dem fortgeschrittensten und aufgeklärtesten Teil der Arbeiterklasse fällt die Aufgabe zu, selbst die kärglichsten Einrichtungen des kapitalistischen Staates, wie Parlamente usw., auszunutzen, um der Arbeiterklasse die wirklichen Zusammenhänge der kapitalistischen Gesellschaftsordnung zu zeigen, und die Illusionen, die sich noch ein großer Teil der Arbeiterklasse macht, zu zerstören . . .

Die Aufgabe, die hier der Kommunistischen Partei gestellt wird, ist durchaus keine leichte, sie wird noch erschwert durch die Eigenart des von der Saarregierung geschaffenen Landesrates, der durchaus keinen Anspruch auf den Namen ‚Parlament' erheben kann. Jedoch darf die Arbeiterschaft die Bedeutung des Landesrates nicht unterschätzen. Praktisch haben selbst demokratische Parlamente für die Arbeiterschaft keinen Wert, solange es die Arbeiterschaft nicht versteht, die Parlamente für den Klassenkampf auszunutzen . . . es muß darum gehen, daß die Vertreter der Arbeiterschaft in den bürgerlichen Parlamenten der bürgerlichen Gesellschaft die Maske vom Gesicht reißen und ihre Heucheleien der gesamten Arbeiterschaft aufzeigen, und das kann auch in dem saarländischen Landesrat geschehen." Aus dieser Haltung der KPD folgte, daß sie sich jeder sektiererischen Ablehnung des parlamentarischen Kampfes widersetzte und mit allen Kräften am Wahlkampf zum ersten Landesrat beteiligte.

Nur etwas mehr als 54 Prozent der Wahlberechtigten gingen am 25. Juni 1922 an die Urnen, um über die Verteilung der insgesamt 30 Sitze im Saarparlament zu entscheiden. Für die junge Bezirksorganisation der KPD war es ein sichtbarer Erfolg, daß sie mit 14 532 Stimmen 2 Sitze im Landesrat erringen und damit die Stimme der revolutionären Arbeiterschaft zu Gehör bringen konnte.[2]

Auf die übrigen Parteien verteilten sich die Stimm- und Abgeordnetenanteile wie folgt:[3]

Partei bzw. Wahlvereinigung	Stimmen	Sitze
Zentrum	99 252	16
Liberale Volkspartei	24 829	4
Vereinigung Hausbesitz u. Landwirtschaft	16 063	2
Deutsche Demokratische Partei	7 539	1
SPD	29 107	5

Für eine Mieterschutzliste, eine Kriegsopferliste und die Unabhängige Sozialdemokratische Partei, die nur noch als Restorganisation existierte, denn die Masse ihrer Mitglieder- und Anhängerschaft hatte sich der KPD angeschlossen, wurden so wenig Stimmen abgegeben, daß sie für einen Sitz im Landesrat nicht ausreichten. Insgesamt zeugte das Ergebnis des 25. Juni von dem noch starken Einfluß der bürgerlichen Parteien auf breite kleinbürgerliche und proletarische Bevölkerungsschichten. Überragend war vor allem die Stellung der katholischen Partei, die im Landesrat die absolute Mehrheit errungen hatte und damit eine unvergleichlich stärkere Stellung besaß als die Gesamtpartei im Reichsgebiet. Ihr Erfolg war in hohem Maße auf die direkten Hilfsdienste der katholischen Geistlichkeit zurückzuführen, die es den Gläubigen auch bei allen späteren Wahlen zur Pflicht machte, für die Zentrumskandidaten zu stimmen. Allerdings muß bei der Analyse des Ergebnisses der ersten Landesratswahl mitbedacht werden, daß sich in ihm die Stimmung der Bevölkerung nicht unverfälscht ausdrückte. Die hohe Zahl der Saareinwohner, die nicht zur Wahl ging, wies auf das Potential an politisch indifferenten, unentschlossenen und unentschiedenen Werktätigen hin, um deren Mobilisierung in den Klassenauseinandersetzungen erst noch gerungen wurde.

Im Juli 1922 trat der Landesrat zu seiner ersten Sitzung zusammen und — wie es die KPD vorausgesagt hatte — mußten die bürgerlichen Parteien und die rechten Führer der SPD nun deutlicher politische Flagge zeigen. In verbalen Abstufungen erklärten sich alle bürgerlichen Fraktionen und auch die sozialdemokratische Führerschaft bereit, mit der Regierung des

[2] Bericht des Statistischen Amtes des Saargebietes, 11. Heft, 1933, Saarbrücken, S. 388.
[3] Ebenda

Völkerbundes zusammenzuarbeiten. Das taten namentlich der Fraktionsvorsitzende Franz Levacher für das Zentrum, Wilhelm Schmelzer für die Liberale Volkspartei, die wegen der Mitgliedschaft und des Einflusses, den der Saargroßindustrielle besaß, auch treffend Röchling-Partei genannt wurde, und Oskar Scheuer für die Deutschen Demokraten. So handelten die bürgerlichen Parteien, deren Politiker im Reichsgebiet zusammenwirkten und sich dort bereits mehrfach zu Bürgerblock-Regierungen vereinigt hatten, auch im Saargebiet gemeinsam. Hier kehrten sie alle den deutschnationalen Standpunkt dermaßen heraus, daß sie faktisch gemeinsam den Platz der gleichnamigen (Deutschnationalen Volks-) Partei besetzten. Während diese DNVP den Versailler Vertrag und dessen Folgeabmachungen strikt ablehnte, entschlossen sich sämtliche anderen bürgerlichen Parteien dazu, seine Bedingungen mangels einer realistischen Alternative zunächst zu erfüllen. Sie gingen darauf aus, allmählich das ökonomisch-politische Kräfteverhältnis zu verändern, die Widersprüche zwischen den Siegermächten und der Sowjetunion sowie die Gegensätze unter den Versailler Vertragspartnern auszunutzen und auf lange Frist eine vollständige Korrektur der Ergebnisse des Weltkrieges anzustreben.

Auch die bürgerlichen Saarparteien operierten in der gleichen Richtung. Sie zeigten sich zu einer begrenzten Zusammenarbeit mit den kapitalistischen Interessenvertretern in der Regierung bereit, konnten sie dadurch doch die augenblicklichen und künftigen Interessen der deutschen Bourgeoisie, der saarländischen und der reichsdeutschen, am ehesten wahren. Diese tatsächliche Gemeinsamkeit suchten die bürgerlichen Politiker in allen Jahren bis 1935 freilich hinter einem Nebelvorhang aus Nationalismus und Chauvinismus zu verstecken. Obendrein konnten sie mitunter sozialdemagogische Manöver riskieren und Verständnis für die Lage der Massen heucheln, denn sie wurden, da sie selbst die Regierung anders als im Reichsgebiet nicht stellen konnten und mußten, nie in die Lage versetzt, ihren Worten auch wirklich Taten folgen zu lassen. So war der taktische Spielraum der bürgerlichen Parteien und ihrer Politiker im Saargebiet besonders groß und die Aufgabe der Kommunisten ebenso schwierig.

Was über die bürgerlichen Parteien gesagt wurde, galt ähnlich auch für die rechten Führer der SPD im Saargebiet. Wie die Friedrich Ebert, Philipp Scheidemann, Gustav Bauer und Gustav Noske im Reichsgebiet in der Zentral- und in den Länderregierungen zusammenarbeiteten, so verhielten sich auch die Bezirksfunktionäre im Saargebiet. Walter Sender, der für die sozialdemokratische Fraktion bei der Eröffnung des Landesrats sprach, legte zwar gegen den Versailler Vertrag wiederum „feierlichen Protest" ein, aber nur um sogleich auch die rechtssozialdemokratische Bereitschaft zu versichern, mit der Regierung auf dem gegebenen Boden zusammenzuarbeiten. Als ob es im Sommer 1922 nach zweieinhalb Jahren Völkerbundsregiment darüber noch eine Frage hätte geben können, erklärte Sender über die Haltung seiner Fraktion: „Sie wartet zunächst die Handlungen der Regierung ab und kündet ihr bei Mißachtung der erhobenen Forderungen und einseitiger kapitalistischer Klassenregierung schärfsten Kampf an."[4] Hier schaute aus jedem Wort die Illusion, als könnte es eine Regierung von Genfer Gnaden geben, die in irgendeinem saarländischen Gesamtinteresse zu handeln imstande wäre.

Wesentlich war, daß die Eröffnungssitzung des Landesrates deutlich machte, daß die bürgerlichen Parteien untereinander und gemeinsam mit der SPD/Saar kooperationsfähig und -willig waren. Dazu trug vor allem ihre antirevolutionäre und insbesondere antikommunistische Grundhaltung bei. Die Tatsache, daß die rechten Führer der SPD im Reich, alle historischen Erfahrungen mißachtend, die Politik der Klassenzusammenarbeit beibehielten und insbesondere im Land Preußen (mit einer nur kurzen Unterbrechung bis 1932 eine Koalitionsregierung von SPD, Zentrum und Demokratischer Partei bestand), wirkte auch auf die Entfaltung der sozialen und politischen Auseinandersetzungen im Saarterritorium hemmend ein. Hier vereinfachte sich die bürgerliche Parteienszene noch, als 1924 sich Demokraten und Liberale Volksparteiler zusammenschlossen und die Deutsch-saarländische Volkspartei (Röchling-)Partei bildeten.

Das Programm der KPD und das Konzept ihrer Saar-Organisation

Die Kommunisten an der Saar ließen vom ersten Tage ihres Hervortretens an keinen Zweifel daran, daß sie sich als Teil der Kommunistischen Partei Deutschlands fühlten und im Einklang mit den Entscheidungen der Parteitage und des Zentralkomitees der KPD handelten. Grundlage ihrer Strategie und Taktik war das Programm, das vom Gründungsparteitag an der Jahreswende 1918/19 angenommen und dessen revolutionärer Inhalt und leidenschaftliche Sprache maßgeblich durch die großen deutschen und internationalen Arbeiterführer Rosa Luxemburg und Karl Liebknecht mitbestimmt worden war. Dieses Programm der KPD fußte auf der wissenschaftlichen Theorie des Marxismus. In allen grundlegenden Fragen, die Gesellschaft, Staat und Revolution betrafen, gab es Antworten, die auf der Höhe des theoretischen Denkens der Zeit lagen, in das Erfahrungen jahrzehntelanger Kämpfe eingegangen waren. Klar war das Bekenntnis zur Diktatur des Proletariats ausgesprochen, uneingeschränkt die Parteinahme

[4] Senders Rede ist wieder abgedruckt bei Maria Zenner, Parteien und Politik im Saargebiet unter dem Völkerbundsregime 1920–1935, Saarbrücken 1966, S. 339–341.

für die junge russische Sowjetmacht formuliert worden. Der Sturz des deutschen Imperialismus und Militarismus und die Aufrichtung des Sozialismus markierte die KPD als ihre unverrückbaren Ziele. Das programmatische Gründungsdokument der KPD enthielt auch wichtige Antworten auf die Frage nach den Teil- und Tagesforderungen, mit denen die Kommunisten die Interessen der Arbeiter und der anderen werktätigen Klassen und Schichten verfochten — Forderungen, die sich im revolutionären Denken und Handeln nicht verselbständigten, sondern als Bestandteil des Kampfes angesehen wurden, der dem humanistischen Ziel der Arbeiterbewegung galt. Für die Kommunisten an der Saar lag auf der Hand, daß sie nur als eine Abteilung der Gesamtpartei ihre Ziele durchsetzen konnten und gleichzeitig — für eine gewisse Zeit — relativ selbständig zu handeln hatten. Unter den Bedingungen militärischer Besatzung konnte es sich für sie nicht darum handeln, das revolutionäre Endziel in dem besonderen Territorium Saargebiet zu verwirklichen. Zuerst galt es, die Massen im Kampf um ihre sozialen und nationalen Interessen zu sammeln, zu formieren, zu schulen, um eines — noch nicht bestimmten Tages wieder ungehindert in der Gesamtpartei für das Endziel der Bewegung, den Sturz der kapitalistischen Ausbeuterordnung zu wirken. Der unmittelbare Gegner der Kommunisten an der Saar waren die einheimischen und die französischen Kapitalisten und ihre Staatsmacht, die Regierungskommission des Völkerbundes, deren Organe und französische Hilfstruppen. Die kommunistische Arbeit mußte damit beginnen, den werktätigen Massen das Bewußtsein ihrer durch den Versailler Vertrag modifizierten sozialen und politischen Situation zu vermitteln und ihnen zu helfen, sich frei von nationalistischer Verblendung zu orientieren. Dazu galt es, jede Gelegenheit auszunutzen und sich des Instrumentarismus zu bedienen, über das die junge Bezirksorganisation gebot. Als Tribüne, von der aus die KPD/Saar ihre programmatische Konzeption propagierte, nutzte sie auch die Möglichkeiten, die sie durch ihre kleine Fraktion im Landesrat besaß. Als Johann Helfgen, ein Bergmann aus Dudweiler, mit ihm war als zweiter Abgeordneter der Redakteur Philipp Reinhard[1] gewählt worden — am 19. Juli 1922 in der ersten Sitzung des Landesrates das Wort nahm, hob er den internationalistischen Charakter des kommunistischen Kampfes an der Saar hervor. Er charakterisierte als den Feind der werktätigen Klassen ebenso die französische Saargrubenverwaltung wie die „nationalen" Konzerne der Röchling und Wolff-Stumm.[2] Helfgen gab zugleich eine treffende Kennzeichnung der Rolle der Regierung: „Die Regierungskommission ist auf Grund des Versailler Machtfriedens durch den Völkerbund, einer

1 Helfgen und Reinhard gaben ihre kommunistische Haltung später auf und verließen die KPD.

2 Stenographische Berichte des Landesrates des Saargebietes vom 19. 7. 1922 bis 16. 12. 1922, Band I, S. 1–343; Landesarchiv: St. Nr. Z 25, S. 27–30.

Vertretung kapitalistischer Staaten, als Sachwalterin über das Saargebiet eingesetzt worden ... In Erfüllung dieser Aufgabe muß die Regierungskommission gegen die Interessen der arbeitenden Klasse, die den größten Teil der Bevölkerung des Saargebiets ausmacht, naturnotwendig verstoßen."[3] Diese Tatsache, so erklärte der KPD-Abgeordnete, resultiere nicht aus ihrem nationalen Wesen, sondern sei „Ausfluß ihres Klassencharakters".[4] Damit war deutlich ausgesprochen, daß die saarländischen Werktätigen von dieser Regierung nichts zu erwarten hatten, was sie ihr nicht kämpfend abtrotzen würden. Gleichzeitig warnte Helfgen davor, auf den Landesrat übertriebene Hoffnungen zu setzen, er sei eine „Parlamentskomödie" und stelle den Versuch dar, „die werktätige Bevölkerung des Saargebiets über den wahren Charakter der Regierungskommission zu täuschen".[5] Dennoch nutzte die KPD/Saar die Parlamentstribüne für die Entfaltung des Klassenkampfes aus. Sie propagierte in acht Forderungen ein Mindestprogramm der werktätigen Saarbevölkerung, das sich freilich nur durchführen lasse, „wenn die gesamte Arbeiterschaft des Saargebiets sich mit allem Nachdruck hinter dieselben stellt".[6] Mit den sozialen Interessen der Werktätigen des Saargebiets verteidigte die KPD/Saar die grundlegende Forderung, die nationale Vergewaltigung der Einwohner dieses Gebiets zu beenden. Dabei grenzte sie sich in jeder Phase ihres Kampfes von bürgerlichen und rechtssozialdemokratischen Losungen ab, welche die Einheitsduselei mit den Kapitalisten förderten. Sie entlarvte die Phrasen vom „nationalistischen Gemeinschaftsgefühl" als den permanenten Versuch, von der Ausbeutung und Niederhaltung der Massen abzulenken. Schon 1922 schrieb die kommunistische „Arbeiter-Zeitung": „Im Saargebiet verstehen es die Kapitalisten oft sehr geschickt, ihre eigenen Interessen scheinbar in den Hintergrund zu stellen und dafür einige Punkte, an denen auch die Arbeiterklasse Interesse hat, in den Vordergrund zu stellen."[7] Eine besondere Meisterschaft bei der Anwendung dieser Taktik erreichte der Völklinger Konzernherr Hermann Röchling, der 1933 einer der engsten Berater Hitlers bei der Verwirklichung der „Heim-ins-Reich"-Politik wurde. Der absichtsvollen Heimattümelei, dem Kult des „deutschen Bodens", der hintergründigen „Pflege deutscher Sitte und Kultur" — womit immer der Boden der Reichen, die bürgerlichen Sitten und die kapitalistische Kultur gemeint waren — trat die KPD/Saar ebenso entgegen wie der verlogenen Berufung auf wohlklingende pazifistische und Freiheitslosungen. In ihrem Kampf um die Rückgliederung des Saargebiets an das Reich berief sich die KPD/Saar auf das demokratische Selbstbestimmungsrecht der Völker, wie

[3] Ebenda.
[4] Ebenda.
[5] Ebenda.
[6] Ebenda.
[7] AZ vom 1. 6. 1922.

es in Lenins Schriften begründet und in der Praxis des jungen Sowjetstaates verwirklicht wurde. Es war in den Reihen der saarländischen Kommunisten verpönt, über die Rückgliederung zu sprechen, ohne die Klassenfrage zu stellen und den Massen bewußt zu machen, daß die Rückkehr zum Deutschen Reich gefordert wurde, um die „Kampfkraft der Arbeiterklasse“ zu steigern und den deutschen Imperialismus zu beseitigen. Jede Art von politischer „Bettgemeinschaft mit Röchling“, wie der spätere Politische Leiter der KPD-Bezirke Saar, Philipp Daub, es einmal formulierte,[8] um die allnationale Duselei zu brandmarken, wurde als ein Abirren von demokratischen und sozialistischen Weg der Lösung der nationalen Problematik verstanden und verurteilt. Auch als sich in den späteren zwanziger Jahren ein Ausgleich der deutsch-französischen Kapitalsinteressen anzubahnen schien und die rechten SPD-Führer sogleich „Hoffnungsblüten“ aufgehen sahen, blieb die KPD unbeirrt dabei, daß die Mobilisierung der Massen „gegen die Kolonialregierung, gegen die deutsch-französische Ausbeutung“ die einzige Form des Kampfes für die Rückgliederung sei, welche den Interessen der Werktätigen entsprach.[9] Angesichts der Programmatik der KPD und des daraus abgeleiteten Konzeptes ihrer saarländischen Bezirksorganisation haben es die zeitgenössischen bürgerlichen Historiker schwer, auf diesem Felde ihren Beitrag zur antikommunistischen Regierungspolitik der BRD zu leisten. Kann Maria Zenner schon nicht bestreiten, daß die Politik der KPD im Saargebiet „der Stimmung in der Arbeiterschaft“ entsprach — einer Politik, von der sie auch zugeben muß, daß sie die Arbeiterinteressen radikal „aber doch (?) sinnvoll“ wahrnahm[10], so möchte sie doch den Eindruck erwecken, dieser Kurs sei nicht Ausfluß einer realistischen sozialen und nationalen Gesamtstrategie der KPD gewesen, sondern „eine lokale Angelegenheit“ und eine „Konzeption ... mit ganz eigentümlichen Zügen“.[11] Der politische Zweck dieser These ist ebenso evident wie infam. Der Kampf der KPD/Saar in den Jahren des Völkerbundsregimes soll als ein Produkt des geschichtlichen Zufalls erscheinen, von dem aus sich keinerlei Aussagen darüber treffen lassen, daß die Kommunisten immer und überall — wie Marx und Engels es bereits im „Kommunistischen Manifest“ gesagt und gefordert hatten — nicht irgendwelche Sonderinteressen, sondern die Belange und Ziele der ganzen Arbeiterklasse und aller werktätigen Klassen und Schichten vertreten. Findet ihr, so setzt M. Zenner ihren Lesern auseinander, in der Geschichte des kommunistischen Kampfes im Saargebiet irgend etwas, was in die bundesrepublikanischen Klischees über den Kommunismus nicht hineinpaßt, so beruhigt Euch: Es ist nur eine Ausnahme. Damit glaubt die

[8] Ebenda vom 11./12. 8. 1929.
[9] Ebenda.
[10] Maria Zenner, a. a. O., S. 195 bzw. 197.
[11] Ebenda, S. 199, 194.

Autorin indessen, ihr Scherflein antikommunistischen Tributs noch nicht vollständig entrichtet zu haben. Sie möchte die Programmatik der Kommunisten zu einer „radikalen Antwort auf die Saarverhältnisse" abwerten und als „eine radikale Übersteigerung der saarländischen Positionen" (der bürgerlichen und rechtssozialdemokratischen Führer) hinstellen, widerspricht sich aber an anderer Stelle selbst, wenn sie von der KPD sagt, sie „ordnete sich in die allgemeine Richtung der russischen Politik ein".[12] Die abgeschmackte These, die darauf hinausläuft, die kommunistische Politik zur Agententätigkeit für eine fremde Macht abzustempeln, überläßt es nun dem Leser selbst, sich einen Vers darauf zu machen, ob die KPD/Saar eine extrem-nationalistische Politik oder eine „russische" betrieben habe. Noch schwerer tut sich M. Zenner, wenn sie von der konkreten Politik der Kommunisten handelt. Sie kann nicht leugnen, daß die Saarbrücker Regierung eine Politik gegen die Werktätigen trieb, spricht aber, wenn kommunistische Angriffe auf unsoziale Maßnahmen und Verordnungen der Regierungskommission erwähnt werden, von „Hetze". Sie kann nicht völlig bestreiten, daß die Kommunisten eigene brauchbare und praktikable Gesetzesanträge im Landesrat einbrachten, daß sie allen Gesetzesvorlagen anderer Parteien zustimmten, die auch nur teilweise eine Besserung der Lage der Arbeiter verhießen und daß die Arbeiter folglich den Eindruck hatten, daß die KPD/Saar durch ihr Wirken im Saarparlament und in den Gewerkschaften für die Hebung der tatsächlichen Situation der Proletarier eintraten,[13] aber sie resümiert: „die Kommunisten besaßen auf Grund (!. d. Verf.) ihrer prinzipiellen oppositionellen Haltung gegenüber Regierung und Völkerbund keinen Einfluß auf die Gestaltung der saarländischen Gesetzgebung und leisteten keinen sachlichen Beitrag zur Lösung der saarländischen Fragen".[14] Von der ersten grundsätzlichen Erklärung der KPD im Landesrat am 19. Juli 1922 bis zur letzten Sitzung am 28. Dezember 1934 zeichneten sich die Kommunisten auch dort im Parlament sowohl durch entschiedene, prinzipielle Wahrnehmung der nationalen Interessen der Saarbevölkerung aus, wie durch konkret-konstruktive Interessenvertretung für die Arbeiterklasse auf sozialem, wirtschaftlichem und kulturellem Gebiet und für die Durchsetzung von demokratischen Rechten.

Dazu war auch die klassenmäßige, polemische Auseinandersetzung mit Röchling, mit der Regierungskommission, mit der Zentrumspartei und dem Kurs der reformistischen SPD- und Gewerkschaftsführer — im Interesse der Organisierung und Mobilisierung des Kampfes der Arbeiterklasse notwendig. Landesratsmitglieder der KPD im Saargebiet waren: J. Helfgen,

[12] Ebenda, S. 201, 195.
[13] Ebenda, S. 195/196.
[14] Ebenda, S. 200.

Ph. Reinhard, A. Weiß, F. Eifler, K. Heckler, Ph. Daub, P. Lorenz, A. Hey, H. Detjen, H. Sommer, W. Frisch, L. Herrmann, H. Pink, J. L'Hoste.[15]

Auch die Behauptung von der angeblich selbstverschuldeten Außenseiterrolle der Kommunisten ist nicht aus wissenschaftlicher Geschichtsanalyse hervorgegangen, sondern die Rückprojektion eines zeitgenössischen Klischees in die Geschichte. Denn die Kommunisten schlossen sich nicht durch ihre Prinzipien aus der Politik aus, sondern umgekehrt: ihre Gegner trachteten danach, die KPD eben dieser demokratischen und antikapitalistischen Prinzipien wegen von jeder Mitbestimmung auszuschließen, wobei auch die rechtssozialdemokratischen Antikommunisten nach Kräften mithalfen.

Der Weg zu den Massen

Nachdem sich in den revolutionären Kämpfen bei Kriegsende und in den Klassenauseinandersetzungen des Nachkriegs in vielen Staaten revolutionäre Parteien der Arbeiterklasse gebildet hatten, stand vor ihnen die Aufgabe, sich zur führenden Organisation der Proletarier ihrer jeweiligen Länder zu entwickeln, den Weg zu den Massen zu suchen und — frei von jedweder sektiererischen Enge — entschlossen zu beschreiten. Das erfordert ideologische, politische und organisatorische Arbeit. Im Saargebiet existierten 1922 bereits 30 Ortsgruppen der KPD, die in Kreisen zusammengefaßt waren. Der Tätigkeit der Leitungen auf Kreisebene kam für den weiteren Ausbau der Parteiorganisation besondere Bedeutung zu. Darüber schrieb die „Arbeiterzeitung" am 21. April 1922: „Im Interesse einer intensiveren kommunistischen Durcharbeitung des Saargebiets soll in der Zukunft mehr als bisher das organisatorische Schwergewicht auf die Kreise gelegt werden." Die tägliche Agitation der Partei, in der die Werbung für die kommunistische Presse einen besonderen Platz einnahm, die Formulierung eines kommunistischen Standpunktes zu den vielfältigen kommunalen Fragen — dies und viele andere Aufgaben, nicht zuletzt die Durchsetzung eines verläßlichen Systems der Parteikassierung, ohne das die KPD/Saar nicht operationsfähig war — verlangte von den Funktionären und Mit-

[15] Vgl. dazu: Stenographische Berichte des Landesrates. J. Helfgen und Ph. Reinhard gehörten später zur KPO, Reinhard danach zur „Deutschen Front" und nach 1945 zur SPS und SPD. A. Weiß gehörte 1928 zwar auch zur KPO, betätigte sich aber aktiv im antifaschistischen Kampf. Er starb in den USA. F. Pfordt, L. Herrmann und J. L'Hoste trennten sich später von der KPD. Pfordt spielte nach 1945 eine führende Rolle im MRS. W. Frisch wurde von den Faschisten ermordet. F. Eifler, H. Detjen, Hans Pink starben als verdiente Parteiveteranen im Saarland, Ph. Daub und H. Sommer in der DDR.

gliedern der kleinen Parteiorganisation ausdauernde und opfervolle Arbeit, die sich zunächst nicht immer in sichtbaren Erfolgen niederschlug. Schwierigkeiten mußten gemeistert werden, die vor allem aus der Tatsache erwuchsen, daß die revolutionäre Arbeiterbewegung im Saargebiet jung war, es ihr an revolutionärer Erfahrung, an Funktionären und verantwortlichen Parteiarbeitern für die unterschiedlichsten Aufgabengebiete noch mangelte. Auch der Parteitag des Bezirks Mittelrhein (zu dem die Saarorganisation damals gehörte), der im Oktober 1922 in Trier stattfand, bezeichnete es als die nächste Aufgabe, die Organisation zu festigen und in der praktischen Arbeit Kader heranzubilden.[1] Auf diesem Weg kam die KPD/Saar voran, wie der Unterbezirksparteitag am 1./2. März 1924 in Neunkirchen bezeugte. Zu diesem Zeitpunkt gab es im Saargebiet bereits 76 Ortsgruppen, von denen 113 Delegierte entsandt wurden. Vom Wachstum des Einflusses der Partei unter der Jugend zeugte die Anwesenheit von 16 Delegierten des Kommunistischen Jugendverbandes (KJVD). Auch kommunistische Frauen gehörten zu den Delegierten des Parteitages.[2] Die Fortschritte, die in der ersten Hälfte der zwanziger Jahre und später im Saargebiet erreicht wurden, entsprangen nicht zuletzt der permanenten Unterstützung der kommunistischen Organisation durch das Zentralkomitee der KPD in Berlin und durch andere Leitungen und Organisationen des Reichsgebiets. Aus dem Reich kamen, um nur die Namen weithin bekannter Funktionäre der KPD zu nennen, u. a. Walter Stoecker, Wilhelm Pieck, Franz Dahlem, Helene Overlach, Martha Arendsee, Fritz Heckert, Ernst Schneller, August Kreuzburg, Sepp Götz, Sepp Schlaffer, Paul Bertz, Paul Merker, Paul Hornig in das Saargebiet, um bei der politischen Arbeit zu helfen. Sie sprachen auf Versammlungen, beteiligten sich als Lektoren an Schulungen und wirkten anleitend mit, wenn es darum ging, die Entwicklung der saarländischen Organisation zu beurteilen, Dokumente auszuarbeiten oder Stellungnahmen zu grundsätzlichen Fragen zu verfassen. Dem Aufstieg der KPD/Saar kam aber vor allem der Kampf im Reichsgebiet insgesamt zugute. Das galt für den Erfahrungsschatz, den die Gesamtpartei während der revolutionären Nachkriegskrise und der Periode der relativen Stabilisierung gewann. Mit der KPD wuchs auch ihre Teilorganisation jenseits der Staatsgrenzen ideologisch und politisch, wozu die notwendigen Auseinandersetzungen mit sektiererischen oder opportunistischen, vereinzelt auch mit nationalistischen Abweichungen von der wissenschaftlichen Position des Marxismus beitrugen. Indirekt wirkte jede grundlegende Aktion des Klassenkampfes aus Deutschland in das Saargebiet hinein. Gelang es im Reichsgebiet, demokratische und soziale Rechte gegen die andrängenden sozialreaktionären Kräfte zu verteidigen, die dem Proletariat die Ergebnisse der Novemberrevolution möglichst bald und mög-

1 AZ vom 7. 10. 1922.
2 Ebenda vom 4. 3. 1924.

lichst vollständig entwinden wollten, so erwuchs daraus auch Auftrieb für die Kämpfe der Saararbeiter. Und umgekehrt: Niederlagen der Arbeiterklasse auf dem Territorium des Deutschen Reiches ermutigten stets auch die französische und deutsche Bourgeoisie im Saarland, aggressiver gegen die sozialen und demokratischen Rechte aller Werktätigen vorzugehen. Dieser unauflösliche Zusammenhang zeigte sich besonders deutlich während der aufs äußerste zugespitzten Situation des nationalen und internationalen Klassenkampfes an der Jahreswende 1922/23. Die einen abenteuerlichen politischen Kurs steuernde Reichsregierung unter dem HAPAG-Direktor Cuno verschleppte in provozierender Absicht die Reparationszahlungen. Das nahmen die französische und — in deren Schlepptau — die belgische Regierung zum Anlaß, Streitkräfte in das bis dahin von den Siegermächten militärisch unbesetzte Ruhrgebiet zu entsenden. „Sie wollten damit ein langerstrebtes Ziel imperialistischer Kreise ihrer Länder, die Beherrschung dieses industriellen Zentrums Deutschlands, durchsetzen. Es entstand die ernsteste internationale Krise in den Beziehungen der kapitalistischen Länder seit Kriegsende. Einflußreiche Kräfte des deutschen Monopolkapitals nutzten diese Situation, um mit zügelloser chauvinistischer und nationalistischer Hetze von den inneren Ursachen des Massenelends abzulenken.“[3] Die im Januar 1923 entstandene Situation mußte, angesichts der militärischen Besetzung des Saargebiets, die Klassen und Schichten im abgetrennten Teil des Reichsgebiets politisch besonders mobilisieren.

Es zeugte von der gewachsenen Reife der kommunistischen Bewegung in Europa, daß ihre Parteien in Deutschland und in Frankreich sich augenblicklich den Versuchen entgegenstellten, die Völker erneut gegeneinander aufzuhetzen. Die KPD reagierte, ihre Schritte mit den Genossen der KPF abstimmend, auf den militärischen Einmarsch mit Aktionen, die unter der Losung standen: „Schlagt Poincaré und Cuno an der Ruhr und an der Spree!“ Versammlungen, Kundgebungen, Demonstrationen und Streiks fanden diesseits und jenseits des Rheins im Zeichen des Kampfes gegen das internationale Kapital statt und waren von der Erkenntnis getragen, daß der Hauptfeind jeweils im eigenen Lande zu bekämpfen sei. Plastisch zeigte sich, wieviel die europäische Arbeiterklasse durch die Entstehung der Kommunistischen Internationale gewonnen hatte. Anders als in den ersten Tagen im August 1914 konnten die rechten Führer der Sozialdemokratie nirgendwo die Szene beherrschen. Die saarländischen Arbeiter unterstützen den Kampf im Reichsgebiet am 15. Januar 1923 durch einen Proteststreik, der nicht nur im Zeichen der Solidarität stand, sondern auch eine konkrete Kampfansage gegen das ausplündernde französische Kapital und dessen Instrument, die Saargrubenverwaltung, bedeutete. In der Tat

3 Klassenkampf, Tradition, Sozialismus, Berlin/DDR, 1974, S. 404.

setzte sich in der französischen Politik gegenüber dem Saargebiet mehr und mehr die Tendenz durch, in den 15 Jahren bis zur Abstimmung aus dem Territorium ökonomisch herauszuholen, was irgend zu bekommen war. Diese Politik bedeutete faktisch das indirekte Eingeständnis, daß die französische Bourgeoisie hier dauerhaft nicht würde Fuß fassen können. Und auch darin zeigte sich, daß die Kapitalistenklasse Frankreichs längst ihre fortschrittliche geschichtliche Rolle verloren hatte. Als der Kapitalismus jung und aufstrebend war, konnte die weitgehend deutsche Bevölkerung des Elsaß und Lothringens durch die bürgerlichen Freiheiten, welche ihr aus der Zugehörigkeit zum französischen Staat zuwuchsen, für Frankreich eingenommen werden. Ihr Anschluß an den französischen Nationalstaat bedeutete damals den Eintritt in die fortgeschrittene historische Periode und das Verlassen der Feudalzeit. Mehr als 125 Jahre später hatte Frankreichs herrschende Klasse nichts zu bieten außer einer brutalen Politik der ökonomischen Ausbeutung, die durch Maßnahmen der politischen Drangsalierung und Unterdrückung politisch abgesichert wurde.

Als Folge dieser Politik verschlechterte sich namentlich die Lage der Saarbergarbeiter zusehends. Als die Saargrubenverwaltung 1923 erneut Verhandlungen ablehnte und eine — angesichts der inflationären Entwicklung des französischen Franken — dringend notwendige höhere Entlohnung ablehnte, begann am 4./5. Februar 1923 ein machtvoller Streik. Die Entschlossenheit und Zähigkeit, mit der ihn die Saarbergarbeiter führten, war auch durch die beispielhaften Kämpfe der Arbeiterklasse im Deutschen Reich und in Frankreich beeinflußt. 72 000 Werktätige des Bergbaus, rund 99 Prozent aller Arbeiter, Angestellten und Beamten, standen 100 Tage lang im Ausstand für höhere Löhne, eine Teuerungszulage und die Einhaltung der Sicherheitsbestimmungen. Über die ökonomischen Forderungen hinaus verlangten die Streikenden die Abschaffung der semikolonialen Herrschaftsmethoden und die Zurücknahme deutschfeindlicher Anordnungen der Regierung. Wie gegen frühere Streiks griff die Grubenverwaltung zu Repressalien. Entlassungen und die Androhung, die Streikenden zu Schadenersatzpflicht zu zwingen, sollte die Belegschaften zur Rückkehr an die Arbeitsplätze veranlassen. Die Streikfront war dadurch nicht aufzubrechen. Auch die Gründung einer — „Saarbund“ genannten — Streikbrecher-Organisation brachten den französischen Grubenherren keinen Erfolg. Diesmal versagten selbst die militärischen Mittel.

Die Kommunisten leisteten in den Wochen und Monaten des Streiks eine unermüdliche Arbeit, um die Standhaftigkeit der Kämpfenden zu stärken und gleichzeitig das schwere Los, das sie und ihre Familien auf sich genommen hatten, wenigstens teilweise zu erleichtern. Hilfsmaßnahmen der vielfältigsten Art wurden durch die Mobilisierung der nichtstreikenden Arbeiter in die Wege geleitet. In Ludweiler zeigte sich, welche Bedeutung in solchen außerparlamentarischen Kämpfen Positionen besaßen, die vorher durch parlamentarische Auseinandersetzungen gewonnen worden waren. Da Kommunisten im Gemeinderat dieses Bergarbeiterortes die Mehrheit besaßen, waren sie in der Lage, für die streikenden Bergarbeiter Notstandsarbeiten auszuschreiben.[4]

Die Bergleute fuhren am 15. Mai 1923 erst wieder ein, nachdem die Grubenverwaltung ihnen Teilzugeständnisse gemacht hatte. Dazu war sie gezwungen, da sich der Streik der Saarbergleute in Verbindung mit ökonomischen Kämpfen in Frankreich weitreichend auszuwirken und die Profite in anderen Industriezweigen zu schmälern oder zu gefährden begann. Kohleknappheit in der lothringischen Hüttenindustrie hatte dazu geführt, daß Feierschichten eingelegt werden mußten. Der große Streik der Saarbergarbeiter bewies, daß die einheitlich handelnden Betriebsbelegschaften des Saarbergbaus, politisch entschlossen geführt und von den Werktätigen anderer Industriezweige unterstützt, nicht geschlagen werden konnten.

Obwohl die Bergleute der Saar im Frühjahr 1923 gesiegt hatten, war der errungene materielle Erfolg nicht übermäßig groß. Das hatte eine doppelte Ursache. Einmal erwiesen sich die rechten sozialdemokratischen Führer, die an der Spitze der saarländischen Gewerkschaften standen, rasch als verhandlungsbereit und lenkten ein, sobald das Kapital auch nur Minimalangebote unterbreitete. Darin drückte sich das Bestreben dieser Reformisten aus, schärfere Kämpfe zwischen Kapital und Arbeit nach Möglichkeit überhaupt zu vermeiden. Diese Haltung wurde demagogisch immer wieder mit dem Argument begründet, der Arbeiterklasse sollten keine unnötigen Opfer aufgebürdet werden. In Wirklichkeit sahen die rechten Führer nur zu gut, daß zugespitzte Auseinandersetzungen viele Arbeiter über das nur-ökonomisch orientierte Klassenbewußtsein hinausführten, ihnen zu tieferen Einsichten in die sozialen Zusammenhänge verhalfen und revolutionäre Überzeugungen entstehen ließen. Das war freilich kein spontaner Prozeß. Die Kommunisten verstanden es auch im Saargebiet immer besser, die ökonomischen Kämpfe zu benutzen, um Arbeiter zu einem vollständigeren Verständnis ihrer Lage und zum revolutionären Standpunkt zu führen. Zum anderen — darin lag die zweite Ursache der relativen Begrenztheit des errungenen Erfolges — raubten Preissteigerungen und der inflationäre Sturz des Franken den Arbeitern bald wieder einen Teil ihrer Bruttolöhne.

Angesichts der Tatsache, daß die rechtssozialdemokratischen und christlichen Gewerkschaften selbst die ökonomischen Kämpfe der Arbeiterklasse, wenn es ihnen nicht gelang, sie überhaupt zu verhindern, zumeist isoliert führten, kam der kommunistischen Aufklärung der Arbeitermassen über die Unteilbarkeit ihres historischen Schicksals besondere Bedeutung zu.

[4] H. Merkel, Der große Bergarbeiterstreik 1923, in: Neue Zeit, Heimat- und Volkskalender, 1956, S. 60.

Grundlegende Arbeiterforderungen, wie die nach dem Achtstundentag, waren nur gemeinsam zu behaupten. Das erfuhren die Saararbeiter, die diese Errungenschaft der Novemberrevolution im gesamten französisch besetzten Territorium hatten verteidigen können, sehr bald durch neue Angriffe der deutschen und französischen Bourgeoisie. Als sich die kapitalistischen Wirtschaften schleppend aus den Folgen des Krieges erhoben hatten und eine Periode relativer Stabilität einsetzte, begannen auch die Herren der saarländischen Stahlwerke in Völklingen und Neunkirchen, durch arbeiterfeindliche Rationalisierungsmaßnahmen Arbeitsplätze zu liquidieren, die dritten Schichten einzusparen und so Raum für die Ausdehnung des Arbeitstages zu schaffen. Die kommunistische „Arbeiter-Zeitung" enthüllte nicht nur die gemeinsame Strategie der Hüttenindustriellen des Saargebiets, sondern appellierte auch an die Bergleute, nun den Metallarbeitern zur Seite zu stehen und dadurch ihre eigenen Interessen und Belange zu verteidigen. „Glaubt nur ja nicht", warnten die Kommunisten, „daß das Grubenkapital euch in Ruhe läßt. Verlieren die Metallarbeiter, dann wird man auch im Bergbau einen Vorstoß unternehmen. Dann wird sich auch eure an sich traurige Lage noch weit mehr verschlechtern."[5]

Der Weg zu den Massen führte unweigerlich über die Teilnahme der Kommunisten an den verschiedensten Formen des ökonomischen, politischen und ideologischen Kampfes. Das hatten die kommunistischen Kader bald gelernt. Die Überwindung sektiererischer Auffassungen in der Gesamtpartei, aus denen 1925 das Zentralkomitee mit Ernst Thälmann als Parteivorsitzender entstand, besaß auch für den weiteren erfolgreichen Vormarsch des Kommunismus an der Saar hohe Bedeutung. Die Wahlen zu den parlamentarischen Körperschaften in Gemeinden, Städten und Kreisen sowie zum Landesparlament legten vom Voranschreiten der Partei zu einem immer größeren Masseneinfluß unwiderlegbare Zeugnisse ab. Hatte die Partei bei der ersten Landratswahl 1922 bereits 14 532 Stimmen erhalten und 2 Mandate gewinnen können, so erreichte sie bei den folgenden Wahlen 1924 und 1925 jeweils 5 Mandate. Auch die territorialen und lokalen Ergebnisse der Abstimmungen bestätigen den Aufstieg. Bei den Gemeinderatswahlen des Jahres 1926 vereinigte die Partei 28 648 Stimmen auf sich und konnte 215 Mandate in den Gemeinderäten gewinnen. Im gleichen Jahr wurden bei den Kreistagswahlen 31 380 Stimmen errungen, die 20 Mandaten entsprachen. Drei Jahre später votierten bei den Gemeinderatswahlen 32 050 Stimmberechtigte für die KPD und bei den Kreistagswahlen waren es 33 935.[6] In einigen Gemeinden entschied sich die Mehrheit aller Einwohner für die Kommunisten, was ihnen u. a. in Dudweiler und Ludweiler zur Besetzung der Bürgermeistereien verhalf.

5 AZ, Nr. 118, 18./19. 5. 1924.
6 Vgl. die Übersichten im Anhang.

Im Saargebiet war die KPD zur wählerstärksten Partei nach dem Zentrum geworden und hatte die reformistische Arbeiterpartei an Masseneinfluß bei weitem überholt. Das war vor allem das Resultat einer konsequenten Arbeiterpolitik in den Betrieben, in den Gewerkschaftsorganisationen, in den verschiedensten politischen und „unpolitischen" Vereinen und in den Kommunen. In den Industriewerken hatten die Kommunisten begonnen, Betriebszellen zu bilden, ohne daß — wie die „Arbeiter-Zeitung" Anfang 1926 schrieb[7] — dabei bereits alle Möglichkeiten ausgeschöpft waren. Kommunisten als Mitglieder und Vorsitzende von Arbeiterausschüssen vermochten der Partei durch ihre beharrliche und selbstlose Arbeit neue Anhänger und Mitglieder zu gewinnen. Große Verdienste erwarben sich jene Parteimitglieder, die in der Parteipresse arbeiteten und den Aufbau der kommunistischen Massenorganisationen wie Rote Hilfe (RH), Internationale Arbeiter-Hilfe (IAH), Roter Frontkämpfer-Bund (RFB), Kommunistischer Jugendverband (KJVD), voranbrachten.

Ideologischer Klassenkampf — die Rolle der „Arbeiter-Zeitung"

Jeder Schritt nach vorn war für die KPD/Saar wie für die Kommunisten in der Gesamtpartei nur im Kampf gegen die bürgerliche und revisionistische Ideologie möglich. Im Saargebiet kam es besonders auf die geistige Auseinandersetzung mit dem Opportunismus, den unterschiedlichsten Spielarten des Nationalismus und dem politischen Klerikalismus an. Ohne beharrliche Aufklärung war weder eine Trennung der Anhänger der katholischen Soziallehre und der christlichen Gewerkschaften vom Zentrum noch die Lösung der sozialdemokratischen Anhänger vom Einfluß ihrer rechten Führer und ihre Einreihung in die revolutionäre Arbeiterfront denkbar. Die ideologische Arbeit erforderte ebensosehr Prinzipienfestigkeit wie Feinfühligkeit und verlangte, „zwischen den verräterischen Führern und den irrenden Anhängern zu unterscheiden".[1]

Die ideologische Offensive der Partei nach außen setzte die Schulung der Kommunisten oder — wie es in einer Entschließung der Ortsgruppe Schnappach aus dem Jahre 1925 hieß — „die marxistisch-leninistische Durchbildung der Parteimitgliedschaft" voraus.[2] Die Rolle der Arbeiterklasse und ihrer revolutionären Partei, die kommunistische Strategie und Taktik, das Verhältnis des demokratischen zum sozialistischen Kampf, die Stellung zur Sozialdemokratie, Probleme der Einheitsfrontpolitik, die natio-

[7] AZ, Nr. 42, 20. 2. 1926.
[1] AZ, Nr. 34, 9. 2. 1928.
[2] AZ, Nr. 207, 10. 9. 1925.

nale Frage — diese und andere Themen beschäftigten die Kommunisten nicht nur auf speziellen Schulungen, sondern in den alltäglichen Versammlungen, auf Konferenzen und während anderer Zusammenkünfte. Da es naturgemäß an gründlich ausgebildeten marxistischen Propagandisten mangelte, mußten viele Kommunisten, was sie eben erst gelernt hatten, sogleich als Lehrer weitergeben. Trotz aller Anstrengungen und Fortschritte, trotz aufreibender Kleinarbeit, legte die KPD/Saar strenge Maßstäbe an die Qualifizierung der neugewonnenen Kader an und sparte nicht mit kritischen Bemerkungen über das marxistische Bildungsniveau ihrer Funktionäre und Mitglieder.[3]

Schon 1922 war es der KPD/Saar gelungen, eine eigene Buchhandlung zu eröffnen, die das Zentrum eines Vertriebssystems marxistischer Literatur darstellte, in dem viele ehrenamtliche Obleute mitwirkten.[4] Ab 1926 erschien „Rotes Banner, Mitteilungsblatt für alle Parteiarbeiter des Saargebietes".[5] Anfang der dreißiger Jahre konnte die Bezirksleitung beginnen, unter dem Namen „Bolschewik" ein eigenes Funktionärsorgan herauszugeben.[6] Großen Gewinn zog die saarländische Bezirksorganisation aus der Möglichkeit, Funktionäre auf die Zentrale Schule der KPD nach Berlin-Fichtenau, die den Namen Rosa Luxemburgs trug, entsenden zu können. Von den Teilnehmern, die dort zu marxistischen Schulungen weilten, sind die Namen Elli Sicks sowie Paul Eisenschneiders und Josef Wagners, der sein Leben im Kampf gegen den Faschismus gab, überliefert. Andere Funktionäre der KPD/Saar delegierte das ZK der KPD an die internationale Leninschule nach Moskau, wo Kommunisten aus vielen Staaten der Erde lernten. Dort nahmen u. a. Erich Honecker, Otto Niebergall, Karl Merkel, Heinrich Konrath und Paul Kärcher an Lehrgängen teil.

Unter allen Möglichkeiten und Instrumenten, über welche die KPD/Saar im ideologisch-politischen Kampf gebot, war die „Arbeiter-Zeitung" das wichtigste. Ihre erste Ausgabe erschien am 2. Januar 1922, ihre letzten wurden 1935 illegal gedruckt, nachdem sich die faschistischen Machthaber im Saargebiet breitzumachen begannen. Existenzsorgen gab es für die Presse der KPD/Saar bereits im Gründungsjahr der „Arbeiter-Zeitung". Ihrem Erscheinen begegnete die saarländische Reaktion zunächst nicht mit dem offenen Mittel des Verbots, sondern mit dem heimtückischen des ökonomischen und technischen Boykotts. Es fand sich keine Druckerei, die bereit war, das KPD-Organ herzustellen. Indessen scheiterte der Versuch, das gedruckte Wort der revolutionären Arbeiterpartei auf diese einfache, auf der vermeintlich absoluten Monopolstellung des kapitalistischen Eigentums

3 AZ, Nr. 34, 9. 2. 1928.

4 AZ, Nr. 169, 12. 8. 1922.

5 IML-ZPA: I 3/24/16, I 3/24/34.

6 Dem Vf. lagen nur zwei Nummern der Jahrgänge 1933 (Nr. 3, 3. Jahrgang) und 1934 vor.

fußende Weise loszuwerden. Die saarländischen Kommunisten ließen ihre Zeitung zeitweilig in Metz drucken, antworteten schließlich mit der Gründung einer eigenen Verlagsgenossenschaft und sicherten durch den Kauf einer Rotationsmaschine den Druck der Zeitung. Sie wurde so von Anfang an durch Gelder der Parteimitgliedschaft gesichert. Und nur durch den Einsatz der Parteimitgliedschaft konnte sie sich auch gegen die bürgerliche, rechtssozialdemokratische und christliche Presse durchsetzen.

Kommunistische Pressearbeit war und blieb in der KPD/Saar eine Aufgabe nicht nur der wenigen hauptamtlichen Redakteure, Setzer und Drukker. Inhalt, Werbung, Vertrieb gehörten zu den Parteiaufträgen der Kommunisten. Zunächst galt es zu gewährleisten, daß die „Arbeiter-Zeitung" in die Lage kam, lebensnah aus Städten, Gemeinden und Betrieben zu berichten. „Jeder Kommunist ein Berichterstatter seiner Zeitung", lautete daher eine Losung[7], mit der die KPD/Saar den Aufbau eines Netzes von Volkskorrespondenten anstrebte, die ungeschminkt über die Arbeit, das Leben, die Probleme und Sorgen der Werktätigen berichteten. Wer für die kommunistische Presse schrieb, lernte zugleich seine eigenen Argumente zu überprüfen und zu schärfen, die Fragen anderer genauer zu bewerten und zu beantworten. Schließlich war, sollten alle Anstrengungen sinnvoll sein, die Gewinnung von Lesern und die Werbung von Abonnenten das wichtigste. Es liege „im eigenen Interesse jedes Arbeiters", schrieb die kommunistische saarländische Zeitung, „wenn er die bürgerlichen Zeitungen aus seinem Hause hinauswirft und an deren Stelle die Arbeiter-Zeitung liest".[8] Dieser Schritt vom opportunistischen oder klerikalen Blatt oder der von Röchling beherrschten „Saarbrücker Zeitung" zur kommunistischen Presse, betraf freilich nicht nur die männlichen Arbeiter. Offen schrieb die „Arbeiter-Zeitung" 1930 während einer Werbekampagne, daß auch die Frauen von der Partei und ihrer Presse erreicht werden müßten; der Weg in die Proletarierwohnung führe für die kommunistische Zeitung über ihre Gewinnung. Erst wenn sie gelungen sei, „können wir damit rechnen, einen ständigen Abonnenten gewonnen zu haben".[9]

Aus dieser Anleitung für die Werber der „Arbeiter-Zeitung" geht hervor, daß sich die Kommunisten an der Saar die Pressearbeit nicht leicht machten. Gerade deshalb vermochten sie es, gegen etablierte bürgerliche, klerikale, opportunistische Zeitungen und Heimatblätter anzukommen. Im Sinne jener Anforderungen, die Lenin an die Parteipresse gestellt hatte, machten sie die „Arbeiter-Zeitung" zu einem Bindeglied zwischen der KPD und vielen Arbeitern und Angehörigen anderer Schichten im Saarland. Sie diente der Verbreitung kommunistischer Ideen, der politischen Erziehung

[7] AZ vom 4. 4. 1922.
[8] So in ihrer ersten Ausgabe vom 2. 1. 1922.
[9] AZ, Nr. 4, 5./6. 1. 1930.

der Mitglieder, der Gewinnung politischer Bundesgenossen und half zugleich, den Kampf praktisch zu organisieren.

Von der wachsenden Reife der kommunistischen Bezirksorganisation des Saargebiets legte auch die Tatsache Zeugnis ab, daß die Partei nicht nur zu den grundsätzlichen ideologischen Fragen des Klassenkampfes und der nationalen Frage Stellung bezog, sondern auch Teilfragen der geistigen Auseinandersetzung ihre Aufmerksamkeit schenkte. Eine dieser Fragen betraf die saarländische Schulpolitik.

Die KPD/Saar trat nicht nur für die materiellen Interessen ein, indem sie die Lehr- und Lernmittelfreiheit für die Kinder der werktätigen Klassen forderte, die Kinderspeisung an den Schulen verlangte und sich für kostenlose Beförderungsmittel einsetzte, die Kinder aus weiter abgelegenen Wohngegenden zu den Schulgebäuden bringen sollten. Nicht weniger ernst nahm die kommunistische Partei den Kampf für die Erweiterung der demokratischen Rechte der Eltern und der Schüler. Die Forderung nach Elternräten und Schülerausschüssen mit faktischen Befugnissen, die den Charakter der bürgerlichen Schule freilich nicht wandeln konnten, war dennoch geeignet, die Herrschaft der staatlichen und kirchlichen Institutionen im saarländischen Schulwesen einzuschränken. Insbesondere wandte sich die KPD/Saar gegen die zwangsweise Konfessionsschule mit obligatorischem Religionsunterricht für alle Schüler.

Ein spezielles Problem saarländischer Schulpolitik ergab sich aus dem Völkerbundsmandat in französischem Interesse. Durch das Saarstatut war dem französischen Staat ausdrücklich das Recht eingeräumt worden, „jederzeit Volksschulen und technische Schulen als Nebenbetriebe der Bergwerke zum Gebrauch für das Personal und die Kinder des Personals zu gründen“. An diesen Schulen durfte der Unterricht nicht nur in französischer Sprache erteilt, sondern auch das Unterrichtsprogramm und das Lehrkollegium durch französische Behörden bestimmt werden.

Die KPD/Saar ging zunächst davon aus, daß dieser Schultyp gegenüber dem im Saargebiet traditionellen einen Vorteil besaß: niemand war gezwungen, den Religionsunterricht zu besuchen. Dieser Vorteil aber wurde, wie die Kommunisten bald erkannten, durch den dominierenden Nachteil aufgehoben, daß diese sogenannten Dominalschulen nichts anderes darstellten „als die pädagogische Waffe zur Beeinflussung und Eroberung der heranwachsenden Generation im Interesse und zu Nutzen der fremdländischen Ausdehnungs- und Eroberungsbestrebungen“.[10] Wie in allen ähnlichen Fällen auch hütete sich die KPD/Saar davor, in den nationalistischen Chor der bürgerlichen Franzosenfeindlichkeit zu geraten. Sie hob hervor, daß das Klassenwesen der deutschen wie der französischen Schulen das gleiche sei und hier wie dort die „Ideologie der Heiligkeit des Privat-

[10] AZ, Nr. 146, 23. 7. 1931.

eigentums und des Profits“[11] verbreitet werde. Folglich müsse der Kampf gegen die Dominialschule mit dem Eintreten für eine demokratische Veränderung des saarländischen Schulwesens überhaupt verbunden werden. Wie das Beispiel der Stellungnahme der KPD/Saar zur Schulfrage zeigt, verstand die junge Bezirksorganisation es immer besser, sich auch in komplizierten Teilfragen des Klassenkampfes richtig zu orientieren und den proletarischen Kurs zu steuern.

Um die Verbreiterung der organisatorischen Basis

Auf den Unterbezirks- bzw. Bezirksparteitagen der KPD/Saar, die in der Periode der relativen Stabilisierung des Kapitalismus (1924—1928) regelmäßig in den Jahren 1925, 1926, 1927 und — am Vorabend der großen Krise — 1929 stattfanden, befaßten sich die Kommunisten immer wieder und auf Grund neuer und geschärfter Erfahrung mit dem Problem, Massen zu gewinnen und zu organisieren.[1] Alle Erfahrungen lehrten, daß der Weg aus einer opportunistischen oder klerikal geleiteten Organisation in die KPD weit und kompliziert war und nur Prinzipienfestigkeit, Beharrlichkeit, Geduld und Einfühlsamkeit zu dem Ziel führten, die kommunistischen Reihen zu stärken. Für christlich-gläubige Arbeiter bedeutete die Hinwendung zur revolutionären Anschauung der Welt nicht nur den faktischen (nicht unbedingt auch den organisatorischen) Bruch mit der Kirche, sondern das Ausbrechen aus einer langen lastenden Familientradition. Das rief oft auch schwierige persönliche Probleme hervor. Angesichts des überragenden Einflusses, den das Zentrum und die christlichen Gewerkschaften noch Anfang der zwanziger Jahre besaßen — konnten sie doch dem deutschen Kapitalismus eine Massenbasis stellen, die mehr als die Hälfte der saarländischen Einwohnerschaft umfaßte —, kam es insbesondere darauf an, die katholische Partei, die „Blut und Fleisch vom reichsdeutschen Zentrum“[2] war, als Interessenverfechterin der Bourgeoisie bloßzustellen und jedem christlichen Arbeiter zu zeigen, „daß er vom Zentrum nichts zu erwarten hat“.[3]

11 AZ, Nr. 144, 21. 7. 1931.

1 Vgl. die Berichte über den Unterbezirksparteitag, Juli 1925 in „Arbeiter-Zeitung“, 7.–13. 7. 1925, sowie die Bezirksparteitage vom Oktober 1925 (Ausgaben vom 8. und 12. 1. 1926), Januar 1927 (27. 1. 1927), März 1929 (Ausgaben vom 14. bis 20. 3. 1929) und vom Mai 1930 (Ausgaben vom 17. und vom 18./19. 5. 1930).

2 Vgl. AZ, Nr. 3, 4. 1. 1930.

3 Ebenda, Die Bindung der Zentrumspartei an die Politik der Regierungskommission hatte sich auch dadurch verstärkt, daß der Zentrumspolitiker B. Koßmann deren Mitglied geworden war.

Um den eigenen Einfluß auf die Arbeiter zu erhöhen und diesen zugleich den Weg zur kommunistischen Bewegung zu erleichtern, umgab sich die KPD/Saar mit einem Netz von Organisationen, die sich speziell an bestimmte Gruppen und Schichten der werktätigen Klassen wandten. Vor allem lenkten die saarländischen Kommunisten ihre Aufmerksamkeit auf die politische Arbeit unter der Jugend, die nach grundlegenden sozialen Lösungen suchte und mit den klassenversöhnlerischen Organisationen der Opportunisten und Klerikalen nicht in dem Maße verbunden war wie viele Angehörige der älteren Generation.

Die erste Ortsgruppe des Kommunistischen Jugendverbandes (KJVD) im Saargebiet wurde bereits 1920 in Dillingen gegründet.[4] Zwei Jahre später besaß die kommunistische Jugendorganisation bereits so viele Stützpunkte im Saarland, daß eine offizielle Gründungskonferenz am 8. Januar 1922 in Saarbrücken stattfinden konnte. An ihr nahmen auch Kommunisten teil, die von Ortsgruppen entsandt worden waren, die selbst noch über keine eigenen Jugendgruppen verfügten.[5] Schon bald spielte die marxistische Schulung der Jungkommunisten eine besondere Rolle. Im Mai 1922 befaßte sich eine dreitägige Konferenz mit Fragen der Geschichte der Arbeiterjugendbewegung und der Jugendinternationale, der bildungs- und organisationspolitischen Arbeit, der Stellungnahme zu wirtschaftlichen Kämpfen und dem Inhalt und den Methoden der Auseinandersetzung mit gegnerischen Jugendorganisationen.[6] Veranstaltungen, die in den Jahren 1922/23 in Völklingen, Elversberg, Dudweiler, wo trotz Verbot Pfingsten 1922 ein Jugendtag des KJVD stattfand, Wiebelskirchen und Burbach stattfanden, bezeugen die rege Aktivität der Jungkommunisten in der Gründungsphase des Verbandes.[7] Er wuchs von 480 eingeschriebenen Mitgliedern, die 1922 gezählt wurden, auf 1 560 Jungkommunisten am Jahresende 1923 an.[8] Diese rasche Entwicklung war zu einem Teil der kommunistischen Arbeit während des großen Bergarbeiterstreiks entsprungen, in dessen Auseinandersetzungen junge Bergarbeiter gelernt hatten, welche politische Kraft ihr Interesse konsequent vertrat. Der Zustrom neuer Mitglieder stellte den KJVD/Saar zugleich vor die Aufgabe, die Neugewonnenen gründlich zu schulen und ihnen zu helfen, das Gedankengut kritisch zu überwinden, das sie als Folge der Beeinflussung durch die kapitalistische Schule und die Kirchen mit sich herumschleppten. Der KJVD/Saar war am Ende der Periode der relativen Stabilisierung zu einer gefestigten kommunistischen Organisation geworden, die im Saargebiet Tausende junger Menschen, vorwiegend aus der Arbeiterklasse zu formieren vermochte. Das bewiesen die

4 AZ, Nr. 298 (268), 30. 11. 1925.
5 Ebenda vom 7. 1. 1922.
6 Ebenda, Nr. 69, 10. 4. 1922.
7 Vgl. die Berichte in der AZ vom 6. 1. 1924, 5. und 8. 4. 1924, 30. 11. 1925.
8 Ebenda vom 30. 11. 1925, 11. 12. 1925.

Jugendtage in Dudweiler in den Jahren 1928 und 1929. Dieser Einfluß gründete sich zu einem beträchtlichen Teil auf die anhaltende Verfechtung der unmittelbaren sozialen und demokratischen Interessen der Jugendlichen. Der KJVD verlangte die Herabsetzung des Wahlalters auf 18 Jahre. Er setzte sich für die vollständige Versammlungs- und Vereinigungsfreiheit der revolutionären Jugend- und Kinderorganisationen ein, denen gerade jene klerikalen und proklerikalistischen Kräfte Hindernisse entgegenzutürmen suchten, die selbst weltanschauliche Fragen bereits über dem Taufbecken zu entscheiden pflegten und die später die Schuljugend zwangsweise in die Religionsstunden brachten. Die kommunistische Jugendorganisation trat zugleich allen Bestrebungen entgegen, die Jugend in den Volks- und Berufsschulen sowie in den kapitalistischen Betrieben ideologisch und praktisch zu militarisieren.[9] Es gab keine Frage des Lebens der Jugend und der Kinder, die in der Tätigkeit des KJVD unbeachtet blieb. Das betraf die Arbeitsbedingungen in den Betrieben, die Berufsausbildung und das Lehrlingswesen, die jugendlichen Erwerbslosen und das geistige und materielle Elend vieler Arbeiterkinder.[10] Die Geschichte des KJVD ist ein Ausdruck für jugendlichen Enthusiasmus und Engagement für die Sache der Revolution. Aus der kommunistischen Jugendorganisation des Saarlandes gingen nicht wenige Funktionäre hervor, die sich bereits frühzeitig Verdienste um die Ausbreitung der kommunistischen Politik erwarben, später im Kampf gegen den Faschismus standhaft blieben und ihr ganzes Leben in den Dienst der Interessen und Rechte des Volkes stellten. Zu ihnen gehörten die früheren Bezirksleiter des KJVD Mety Schneider, der später kommunistischer Redakteur und Schriftsteller wurde, Otto Niebergall, der bis in die letzten Tage seines Lebens (er starb 1977) politisch wirkte und zuletzt die Geschichtskommission der DKP leitete, und Oskar Müller, der nach der Befreiung vom Hitlerfaschismus an der Spitze der einheitlichen Bergbau-Gewerkschaft im Saarland stand, von den französischen Behörden ausgewiesen wurde und bis zu seinem Tode im Jahre 1953 im Parteivorstand der KPD arbeitete. Zu den unermüdlichen Jugendfunktionären jener Jahre gehörte auch Fritz Nickolay, der als Emigrant in der französischen Widerstandsbewegung gegen den Faschismus kämpfte und nach dessen Zerschlagung ins Saargebiet zurückkehrte, wo er Vorsitzender des Landesverbandes der KPD wurde, und ebenso Erich Honecker, der als Neunzehnjähriger im Jahre 1931 zunächst die Agitations- und Propagandaarbeit im KJVD/Saar übernahm und noch im gleichen Jahr der Politische Leiter der Bezirksorganisation wurde.

9 Vgl. den Aufruf der Bezirksleitung des KJVD/Saar „Heraus zu den Kommunalwahlen“ in der AZ vom 16. 11. 1929.

10 Zu den detaillierten Forderungen des Wahlaufrufs von 1929 gehörten solche für die Besserung der Lage der Arbeiterkinder, die unterteilt waren in solche zum Schutz der Gesundheit, zur Erziehung und Bildung, zum Kampf gegen Kinderarbeit und Kinderelend und für die Rechte der Arbeiterkinder.

Die Kämpfe der Novemberrevolution 1918 und während der revolutionären Nachkriegskrise, in denen der Faschismus als eine neuartige politische Waffe der Monopolbourgeoisie gegen die Arbeiterklasse zum erstenmal hervortrat, prägten den Kommunisten die Erfahrung ein, daß sie zur Sicherung ihrer politischen Arbeit und ihrer Kader eine eigene Schutzorganisation benötigten, wollten sie den brutalen bewaffneten Angriffen der Reaktion nicht wehrlos ausgeliefert sein. So entstanden im Reichsgebiet 1924 die ersten Formationen des Roten Frontkämpferbundes (RFB), der eine — unter anderen — Organisationen der proletarischen Massenarbeit war. Der RFB stellte sich nicht nur dem deutschnational geführten offen reaktionärem Stahlhelmbund der Frontsoldaten entgegen, sondern grenzte sich auch entschieden von dessen liberal und sozial gefärbtem Konkurrenzverband, dem Reichsbanner Schwarz-Rot-Gold, ab.[11] Diese Organisation, die vorgab, die Republik gegen rechts und links schützen zu müssen, und später im Kampf gegen den Hitlerfaschismus ihre Untauglichkeit bewies, war ein Kind sozialdemokratischer Kompromiß- und Koalitionsbereitschaft mit jenen bürgerlichen Parteien, die sich zeitweilig auf die bürgerlich-parlamentarischen Zustände eingestellt hatten. Im Saargebiet bildeten sich die ersten Formationen des RFB 1925. Ein Jahr darauf demonstrierten in Saarbrücken bei einem ersten Treffen aller roten Frontkämpfer 1 500 uniformierte Angehörige der proletarischen Wehrorganisation.[12] Im September 1926, ein Jahr nach den Anfängen des RFB, existierten 23 Ortsgruppen, von denen manche 100 und mehr Mitglieder zählten.[13] Otto Niebergall und Karl Merkel, der 1937 sein Leben in den Reihen der Internationalen Brigaden für Spaniens Freiheit ließ, halfen mit anderen Kommunisten, den RFB/Saar zu einer wirkungsvollen Organisation aufzubauen, deren Gautreffen wuchtige Demonstrationen der Einsatz- und Kampfbereitschaft des revolutionären Proletariats darstellten. Unter dem Vorwand, die Republik gegen die Kommunisten verteidigen zu müssen, verbot die Reichsregierung 1929 die rote Wehrorganisation, während sie gleichzeitig die faschistischen paramilitärischen Verbände ungehindert ihr konterrevolutionäres Unwesen treiben ließ. Dieser Schritt ermutigte auch die Machthaber im Saargebiet, die kommunistische Organisation verstärkt zu verfolgen. 1930 fand — es war insgesamt bereits das fünfte — ein Gautreffen des RFB in Neunkirchen statt, zu dem sich 10 000 Mitglieder und sympathisierende Demonstranten einfanden.[14]

Später als im Reichsgebiet formierte sich im Saargebiet die Solidaritätsorganisation „Rote Hilfe“ (RH), die ins Leben gerufen wurde, um diejenigen

11 Vgl. den Beitrag Otto Niebergalls; „Reichsbanner oder Roter Frontkämpferbund“, in: AZ, Nr. 310, 14. 12. 1925.

12 Ebenda, Nr. 180 und 182, 7. und 10. 8. 1926.

13 Ebenda, Nr. 211, 13. 9. 1926.

14 Ebenda, Nr. 132, 11. 6. 1930.

revolutionären Kämpfer und ihre Familien zu unterstützen, die von der bürgerlichen Klassenjustiz verfolgt, abgeurteilt und eingekerkert worden waren. Als sich 1928 die Mitglieder der RH zu ihrer ersten Bezirkskonferenz versammelten, entsandten von 31 bestehenden Ortsgruppen 25 ihre Delegierten, zu denen auch 17 parteilose Mitglieder gehörten.[15] Eng verbunden mit der RH wirkte die saarländische Organisation der Internationalen Arbeiter-Hilfe (IAH), die über die Grenzen der Staaten hinweg half, die Not der Arbeiterklasse zu lindern.

Ein spezielles Arbeitsfeld jener Jahre bildete die Sorge um die Kriegsopfer und deren Hinterbliebene sowie um die Opfer des kapitalistischen Ausbeutungsprozesses. Namentlich um die Kriegsopfer entfaltete die nationalistische Demagogie einen widerlichen, nichtsdestoweniger aber kleinbürgerliche Kräfte betörenden Heroenkult und Heldenmythos. Auf diese Weise sollte der heranwachsenden Generation dargestellt werden, wie süß es sei, für das „Vaterland" zu sterben oder sich verkrüppeln zu lassen. Der Internationale Bund der Opfer des Krieges und der Arbeit, dessen Deutsche Sektion auch im Saargebiet einen Stützpunkt besaß, trat dieser ideologischen Verklärung des Krieges entgegen, kümmerte sich um die Renten- und Versorgungsansprüche der Betroffenen, was angesichts der komplizierten Rentenrechtslage, die im Saargebiet seit der Abtrennung entstanden war, besondere Sachkenntnis und Hartnäckigkeit in der Auseinandersetzung mit der kapitalistischen Bürokratie verlangte.[16] Die Kommunisten Franz Braß, Emma Jakob und Peter Ludt erwarben sich dabei besondere Verdienste.

Vor schwierige Probleme sahen sich die Kommunisten auch in der politischen Arbeit unter den Frauen gestellt. Ein Teil von ihnen war erst durch Krieg und Inflation aus patriarchalischen Verhältnissen in den kapitalistischen Arbeitsprozeß hineingerissen und direkt Ausbeutungsobjekt geworden. Nicht wenige Frauen arbeiteten im Haushalt und auf den landwirtschaftlichen Nebenwirtschaften und waren folglich von den Zentren ökonomischer und politischer Auseinandersetzungen relativ isoliert, wohl aber von allen Ergebnissen der Kämpfe mitbetroffen. Der ideologische Inhalt der kommunistischen Frauenarbeit war in jenen Jahren maßgeblich durch die Erkenntnis mitbestimmt, daß die werktätigen Frauen unter dem imperialistischen Völkermord und seinen Folgen besonders gelitten hatten. Nicht zufällig standen daher die Fragen des Kampfes um Krieg oder Frieden und die Abwehr einer neuen Weltkriegsgefahr im Zentrum der Tätigkeit unter den Arbeiterfrauen. Das Ringen um den gleichen Lohn für die gleiche Arbeit, gegen die Geißel des Paragraphen 218, der Frauen zwang,

[15] Ebenda, Nr. 168, 21. 7. 1928.

[16] Vgl. den Bericht von Emma Jacob und Hans Pink, im Besitz d. Vf., sowie „Der Rentenempfänger, Kampforgan des Internationalen Bundes der Opfer des Krieges und der Arbeit", Sondernummer, O. O., o. D.

Kinder zu gebären, die sie nicht oder nicht ausreichend ernähren konnten, stand im Zentrum vieler Aktivitäten, mit denen die KPD/Saar die Arbeiterfrauen in den politischen Kampf einzubeziehen suchte.[17] Das setzte ihre Befreiung von sozialen und religiösen Vorurteilen voraus. Probleme kommunistischer Frauenarbeit beschäftigten daher bereits die frühen Tagungen der KPD, so eine spezielle Konferenz des Bezirks Mittelrhein,[18] die Parteitage des Bezirks und des Unterbezirks und auch besondere Kongresse werktätiger Frauen, die insbesondere während der Weltwirtschaftskrise zusammengerufen wurden.[19] Namentlich in den Solidaritätsaktionen der saarländischen Kommunisten spielten Frauen eine herausragende Rolle. Zu ihnen gehörten u. a. Käthe Detjen, Lilly Hermann, Berta Fuchs, Emma Jakob, Maria Mannbar, Lydia Schlosser, Elli Sick und die Genossinnen Grieser und Geffke.[20]

Die speziellen Organisationen, die von saarländischen Kommunisten aufgebaut und geführt wurden, halfen der KPD ihren Masseneinfluß zu verbreitern, den unterschiedlichsten Bedürfnissen des Klassenkampfes Rechnung zu tragen und die revolutionäre Front zu stärken. Aus diesen Organisationen, besonders aus dem KJVD, gewann die Partei neue Mitglieder. Durch ihren Aufbau, der sich hauptsächlich in den relativ ruhigen Jahren der relativen Stabilisierung vollzog, rüstete sich die KPD/Saar zu neuen Kämpfen, in die sie in den Jahren der Weltwirtschaftskrise und des aufkommenden Faschismus gestellt wurde.

Unter dem Banner des proletarischen Internationalismus

Zu den ideologischen und politischen Grundfragen der kommunistischen Arbeit gehörte im Saargebiet seit der Parteigründung die Haltung zum proletarischen Internationalismus und insbesondere zur Sowjetunion, dem ersten Arbeiter-und-Bauern-Staat. Schon während die kapitalistischen Interventen versuchten, die junge Sowjetmacht mit ihren konterrevolutionären Expeditionskorps zu erwürgen, standen die Kommunisten des Saargebiets in der breiten proletarischen Front, die unter der Losung „Hände

17 Vgl. den Bezirkskongreß werktätiger Frauen 1930, AZ, Nr. 17, 21. 1. 1930.

18 Ebenda, 5. 1. 1922.

19 Berichte zur Frauenarbeit der KPD/Saar am Beginn der Weltwirtschaftskrise; vgl. weiter: „Arbeiter-Zeitung", Nr. 147, 29. 6. 1930; Nr. 178, 5. 8. 1930 sowie in den Ausgaben vom 31. 7. bis 5. 8. 1931, in denen über einen weiteren Frauenkongreß berichtet wird.

20 Die Namen der aktiven Kommunistinnen sind der „Arbeiter-Zeitung" entnommen. Vgl. auch: IML-ZPA, EA 1262 sowie die Stenographischen Berichte des Landesrats.

weg von Sowjetrußland“ focht. Als die Folgen des Weltkrieges, des Bürgerkrieges und schließlich einer Dürrekatastrophe, die weite landwirtschaftliche Gebiete Rußlands heimsuchte, eine grassierende Hungersnot hervorrief, unter der Millionen und aber Millionen litten, schlossen sich die saarländischen Kommunisten der Solidaritätsbewegung an, zu der die Kommunistische Internationale aufgerufen hatte.[1] Von einer Sammlung, die am 2. Januar 1922 durchgeführt wurde, um die Not zu lindern, ist eine Spendensumme in Höhe von 1 300 Mark bekannt. Aktionen wie die geschilderten wurden immer auch damit verknüpft, die Wahrheit über das neue Rußland zu verbreiten. Erlebnisberichte von Kommunisten, die Sowjetrußland gesehen, von Journalisten, die das Land bereist hatten, Lichtbildervorträge, Artikel in der „Arbeiter-Zeitung“ informierten über die geschichtliche Leistung der Werktätigen Sowjetrußlands. Es entwickelten sich briefliche Kontakte zwischen kommunistischen Organisationen im Saargebiet und solchen der KPdSU und des Leninschen Komsomol. Stabile politische Verbindungen entstanden zwischen der Betriebszelle der KPD im Neunkirchener Eisenwerk und Leningrader Arbeitern, zwischen Kommunisten in der Fabrik von Erhardt & Sehmer und Arbeitern im Donezbecken. Delegationen von Proletariern aus dem Saargebiet konnten wie viele andere in den ersten Arbeiter-und-Bauern-Staat fahren und sich mit eigenen Augen von dem schweren Weg überzeugen, der aus der zaristischen Vergangenheit in die sozialistische Zukunft führte. Schon 1921 hatten zwei Saarländer, Oskar Hellbrück aus Dudweiler und Kanzia aus Völklingen, an der Gründung der Roten Gewerkschafts-Internationale in Moskau teilgenommen. 1925 übergab ein „Jungarbeiterdelegierter bei seiner Reise in Moskau als Gastgeschenk das Bild ‚Die eiserne Ferse‘ des Malers Richard Wenzel“, das der Saarbrücker Kaufmann K. Bonem gestiftet hatte.[2] Der Schriftsteller Otto Gotsche hat in seinem Roman „Die Fahne von Kriwoj Rog“ erzählt, wie in den Jahren des Weimarer Staates in das Mansfelder Kupferbergbaurevier als Symbol internationalistischer Verbundenheit eine Fahne sowjetischer kommunistischer Arbeiter gelangte, die von der Familie Brosowski über Verfolgungen und Torturen des Faschismus hinweg bewahrt wurde. Ein Pendant zur Geschichte jener Fahne aus Kriwoj Rog besitzen auch die saarländischen Kommunisten. 1927 erhielten Völklinger Metallarbeiter von sowjetischen Kommunisten in Kolomna eine Fahne zum Geschenk gemacht,[3] auf der die mahnende Inschrift stand: Hört auf Amboß zu sein, werdet endlich Hammer! Proletarier aller Länder, vereinigt Euch! Dieses Banner wurde fortan bei Demonstrationen als ein Zeichen

[1] AZ, Nr. 98, 17. 5. 1922.

[2] Vgl. Brief des Vf. an den Autor des Buches an der Kremlmauer. O. Hellbrück, der in der UdSSR tödlich verunglückt war, wurde an der Kremlmauer beigesetzt. Und: AZ, Nr. 18, 23. 1. 1926.

[3] AZ, Nr. 277, 30. 12. 1927.

unwandelbaren Internationalismus und fester Verbundenheit mit der UdSSR, dem Land der herrschenden Arbeiterklasse, mitgeführt. Als 1935 die faschistischen Machthaber in das Saargebiet einzogen, übergag der Sekretär des Deutschen Metallarbeiterverbandes (DMV), Albin Weiß, das Symbol an Emma Jakob, die es bis zur Befreiung Deutschlands vom Hitlerfaschismus wohl verwahrte.

Unter den internationalistischen Aufgaben der KPD/Saar war die Herstellung eines brüderlichen Verhältnisses der saarländischen zur französischen Arbeiterklasse eine der wichtigsten, zugleich aber auch eine der schwersten. Die nationalistische und chauvinistische Aufhetzung der Massen durch den kaiserlichen deutschen Imperialismus ging auch an Teilen der Arbeiterschaft nicht spurlos vorüber. Die Hochflut antifranzösischer Hetze, die anläßlich des Versailler Vertrages, später im Zusammenhang mit dem Truppeneinmarsch in das Ruhrgebiet 1923 entfacht wurde, verlangte immer aufs neue Anstrengungen, um innerhalb der kommunistischen Reihen jedweden nationalistischen Anflug zu bekämpfen, vor allem aber dem vergiftenden Einfluß auf die Massen des Saarproletariats entgegenzutreten. Dabei konnte die KPD/Saar stets gewiß sein, daß die französischen Kommunisten ihre Möglichkeiten nutzten, um den von der französischen Bourgeoisie verbreiteten Deutschenhaß zu bekämpfen. Die saarländischen Kommunisten hatten daher allen Grund, den Arbeitern in den Bergwerken und Hütten, die immer wieder in Brennpunkten der Klassenauseinandersetzungen auch mit dem französischen Kapital standen, zu erklären, daß die Besatzungssoldaten, obwohl sie Streikbrecher schützten und gegen deutsche Proletarier repressive Maßnahmen ergriffen, dennoch nicht mit den Imperialisten und Militaristen Frankreichs gleichgesetzt und gleichbehandelt werden durften. Kommunistische Beziehungen zwischen den Proletariern in beiden Staaten entwickelten sich über die Grenze hinweg namentlich zu den Organisationen der KPF in Elsaß und in Lothringen. 1930 wurde zwischen den territorialen Organisationen der KPD und der KPF vereinbart, einen „roten Wettbewerb" zu führen, der sich darauf richtete, den Parteien neue Mitglieder zu gewinnen, für ihre Zeitungen weitere Abonnenten zu werben und durch Sammlungen der kommunistischen Arbeiter zusätzliche finanzielle Quellen zu erschließen.[4] Nicht weniger wichtig als die praktischen Ergebnisse dieses Vergleichs war die Tatsache, daß auf diese Weise Arbeiter diesseits und jenseits der Grenzen sich näher kamen und lernten, daß sie auch ganz praktisch vor den gleichen Aufgaben standen: der revolutionären Partei gegen bürgerliche, opportunistische, klerikale und andere Widerstände den Weg zum Wachstum und zum Sieg frei zu machen.

[4] Dazu siehe das Dokument im Anhang.

Gegen Krisenelend und aufkommenden Faschismus

Ende 1929 brach eine zyklische Wirtschaftskrise aus, die rasch alle kapitalistischen Staaten der Welt ergriff. Wie es die wissenschaftlich begründeten Analysen der Komintern — zuletzt die Beschlüsse ihres VI. Weltkongresses im Jahre 1928 — vorhergesagt hatten, erwies sich die Stabilisierung des Kapitalismus als zeitweilig. Sie wurde durch eine verheerende Weltwirtschaftskrise beendet, die in der Geschichte des Kapitalismus beispiellos war. Von dieser Entwicklung hob sich der krisenfreie Aufstieg der sozialistischen Gesellschaft in der UdSSR scharf ab. Die sowjetischen Werktätigen überwanden auf der Grundlage des ersten staatlichen Fünfjahrplans entschlossen die schweren Folgen des Zarismus, des Krieges und Bürgerkrieges und begannen, die materiell-technischen Voraussetzungen und Bedingungen für die sozialistische Gesellschaft zu errichten.

Die Weimarer Republik wurde von der zyklischen Krise in einen Strudel des wirtschaftlichen Chaos und des sozialen Elends hineingerissen. Alle optimistischen Prognosen der reformistischen Gesundbeter des Kapitalismus, die eine dauerhafte Prosperität prophezeit hatten, zerstoben binnen weniger Monate. Arbeitslosigkeit, Kurzarbeit, Kürzungen von Löhnen und Gehältern, drakonische Verschlechterung der Arbeitsbedingungen und deren Folgen wie massenhaftes Elend, Hunger, Verzweiflung, Ausbreitung der typischen Armenkrankheiten wie der Lungentuberkulose, Ansteigen der Selbstmorde auf Grund völliger Verzweiflung oder dauernder Existenzangst waren nicht einfach nur die Folgen eines Ereignisses, das die kapitalistische Gesellschaft mit naturgeschichtlicher Gewalt regelmäßig erzeugt. Die Not des Volkes im Reichsgebiet erwuchs auch aus der extrem aggressiven Innenpolitik der führenden Kreise des deutschen Kapitalismus. Sie wollten nicht nur ihren neugewonnenen Platz auf dem nationalen und internationalen Markt behaupten. Unter den Krisenbedingungen — und sie ausnutzend — verfolgten sie ihren Generalplan weiter, das Kräfteverhältnis schrittweise zu eigenen Gunsten und zu Ungunsten der Siegermächte des Weltkrieges zu verändern. Auf diese Weise gedachten sie, ihrem Ziel näher zu kommen, das Ergebnis der Jahre 1914 bis 1918 grundlegend korrigieren zu können sowie die in der Novemberrevolution 1918 errungenen demokratischen Rechte zu revidieren.

Verheerende Wirkungen besaß die Weltwirtschaftskrise auch für die Wirtschaft und das Leben der Werktätigen an der Saar. Während die Produktion wichtiger Erzeugnisse 1930 nur leicht, aber doch deutlich absank, brachte das folgende Jahr einen scharfen Rückgang, der auch 1932 anhielt. Die Steinkohleförderung sank von 13 579 000 t im Jahre 1929 auf 10 438 000 t im Jahre 1932. Die Rohstahlgewinnung ging von 2 209 000 t auf 1 463 000 t zurück. Stärker noch war der Produktionsrückgang bei Fertigerzeugnissen der Walzwerkindustrie. 1 603 000 t des Jahres 1929 standen 1932 nur noch 994 000 t gegenüber[1]. Der radikale Verfall der Bautätigkeit drückte sich im Absinken der Zementproduktion von 167 000 t auf 93 000 t aus[2].

Steil stieg demgegenüber die Zahl der Erwerbslosen an. Während es auf dem Höhepunkt der Prosperität im Saargebiet im Juli 1928 insgesamt nur 2 590 registrierte Arbeitslose gegeben hatte und die teilweise saisonbedingte Arbeitslosenziffer im Winter 1928/29 knapp 14 000 betrug, setzt 1930 eine Entwicklung ein, die immer mehr Menschen aus der Produktion verdrängte und sie in ärmliche Verhältnisse und ein ungewisses Schicksal stürzte. Ende 1930 waren mehr als 15 000, ein Jahr später mehr als 35 000 und im Dezember 1932 schließlich mehr als 44 000 Arbeiter und Angestellte des Saargebiets ohne Beschäftigung[3]. Während die Bauindustrie im Spätsommer 1932 rund 28 Prozent aller Erwerbslosen stellte, kamen jeweils 15 Prozent aus dem Bergbau und der Eisenindustrie[4]. Zu diesem Zeitpunkt waren 12,7 Prozent aller Erwerbstätigen im Saargebiet arbeitslos. Am Jahresende 1932 erhöhte sich dieser Anteil auf nahezu 14 Prozent[5].

Wie im gesamten Reichsgebiet so wurden auch im Saarland die jugendlichen Werktätigen von den Folgen der Krise besonders hart getroffen. Schulabgänger fanden weder Arbeits- noch Lehrstellen. Junge Proletarier wurden in Massen entlassen, so daß es schon 1931 rund 8000 Jungerwerbslose im Saargebiet gab. Tausende von ihnen erhielten keinerlei Arbeitslosenunterstützung, dazu zählten alle, die zwischen 14 und 16 Jahre alt waren oder in Familien lebten, in denen noch ein erwachsenes Familienmitglied im Arbeitsverhältnis stand. Wie der Lohn ungeachtet der gleichen Arbeitsleistung für Jugendliche generell geringer bemessen war als für die älteren Werktätigen, so wurde ihnen auch eine verkürzte Arbeitslosenunterstützung gezahlt. Und wie die Reichsregierung für Erwerbslose die Pflichtarbeit eingeführt hatte, so tat es auch die Regierungskommission in Saarbrücken, die Arbeitslose zwang, weit unterbezahlte Tätigkeiten auszuüben[6]. Die Weltwirtschaftskrise mit ihren Auswirkungen auf die werktätigen Massen stellte auch die KPD/Saar in neue Kampfbedingungen und vor höhere Aufgaben. Einerseits begannen viele Proletarier, die noch unter

[1] Die Angaben entstammen den Statistischen Jahrbüchern für das Deutsche Reich, hrsg. vom Statistischen Reichsamt, Berlin 1929–1933, S. 45, 61, 63.

[2] Ebenda, S. 57.

[3] Ebenda, S. 131, 142, 150, 170.

[4] Wirtschaft und Statistisk, hrsg. vom Statistischen Reichsamt, Berlin 12. Jg. (1932), S. 675.

[5] Ebenda, S. 21.

[6] Vgl. dazu die Schilderung der Lage der Saarjugend in dem Aufruf der KPD-Bezirksleitung an die Jugend an der Saar vom 1. 7. 1931.

dem Eindruck der sozialdemokratischen Agitation standen und den Versprechungen glaubten, die ihnen christliche Arbeiterführer gemacht hatten, nun gründlicher über den Kapitalismus nachzudenken. Andererseits versuchten reaktionäre Kräfte, unter ihnen auch die saarländischen Faschisten, das Elend der Proletarier und Kleinbürger für ihre Zwecke auszubeuten.

Die kapitalistische Krise und das aus ihr hervorwachsende Elend begünstigten in vielen europäischen Staaten einen Aufschwung der faschistischen Bewegungen. Extrem reaktionäre Kräfte der herrschenden Klassen und Schichten sahen in der faschistischen Ideologie und Politik die geeigneten Kräfte und Instrumente, um ihre Macht zu befestigen, die revolutionäre und reformistische Arbeiterbewegung zu liquidieren, alle demokratischen Einrichtungen des Staates und der Gesellschaft zu beseitigen und an ihre Stelle die offene konterrevolutionäre Diktatur zu setzen. Das Aufkommen des internationalen Faschismus verstärkte augenblicklich auch die vom Imperialismus ausgehende Kriegsgefahr, denn die faschistischen Kräfte verfochten durchweg aggressive, expansionistische außenpolitische Programme, die sich auf die Neuaufteilung Europas und der Welt richteten.

In der Weimarer Republik nahm der Faschismus nationalsozialistischer Prägung unter den Krisenbedingungen rasch an Einfluß zu. Die NSDAP verstand es, Millionen von kleinbürgerlichen Wählern für sich zu gewinnen. Bei vorzeitig anberaumten Reichstagswahlen konnte sie im September 1930 mehr als 6 Millionen Stimmen, das waren 18,3 Prozent aller abgegebenen, auf sich vereinigen. Am Tiefpunkt der Krise, Mitte 1932, hatte sie diese Anteile mehr als verdoppelt. Im Juli 1932 folgten ihr 13,7 Millionen Wähler, die 37,4 Prozent der Stimmen repräsentierten. Die imperialistische Reaktion besaß einen mit nationalistischen und sozialdemagogischen Phrasen und Losungen zusammengebrachten Massenanhang. Ihr eröffnete sich die Möglichkeit, ihre Herrschaft wechselweise auf die von rechtssozialdemokratischen Führern formierten Massen oder auf die von den Naziführern angeführte Gefolgschaft zu stützen. Seit Mitte 1932 wurden verstärkte, zunächst wegen inneren Zwistigkeiten zweitrangiger Natur noch erfolglose Versuche unternommen, die Faschistenführer in das imperialistische Herrschaftssystem direkt einzubeziehen und die bürgerlich-demokratische Regierungsformen ganz durch jene der faschistischen Diktatur zu ersetzen.

Im Saargebiet vermochten die Hitlerfaschisten Ende der zwanziger und zu Beginn der dreißiger Jahre ungleich langsamer Anhänger zu sammeln als im Reichsgebiet. Das hatte konkrete soziale und politische Gründe. Erstens und vor allem standen den Nationalsozialisten hier wie in vergleichbaren Teilgebieten des Reichs in Gestalt der KPD, der SPD und des Zentrums politische Kräfte gleichzeitig gegenüber, die in den Massen fest verwurzelt waren und aus deren Anhängerschaft sich nur schwer Parteigänger des Faschismus herausbrechen ließen. Ähnlich wie im Ruhrgebiet, dem rheinischen Industriezentrum und in Teilen Oberschlesiens stießen die Nazis auch im Saargebiet auf Gegenkräfte mit gefestigten politischen und weltanschaulichen Überzeugungen und damit an Grenzen der Wirksamkeit ihrer Demagogie. Dabei waren die antinazistischen Kräfte nicht gleichwertig; der Grad, in dem sie ihre Anhänger gegen faschistische Einflüsse immunisierten, unterschied sich wesentlich. Während die Kommunisten die faschistischen Politiker als Interessenverfechter des Imperialismus und als die entschiedensten Kriegstreiber entlarvten und zum Massenkampf gegen die aufziehende Gefahr aufriefen, sahen die rechten Führer der SPD und der Gewerkschaften in der Hitlerbewegung lediglich eine aus dem Elend geborene (und folglich mit der abklingenden Krise sich wieder verlierende) Verirrung von Millionen Menschen, was viele Sozialdemokraten fälschlich auf einen automatischen Zerfall der braunen Anhängerschaft hoffen ließ. Die katholische Obrigkeit stellte sich gar der faschistischen Bewegung nur partiell entgegen, kritisierte und verurteilte insbesondere die Rassenlehre und die neuheidnischen Strömungen innerhalb der NSDAP und verbot den Gläubigen ausschließlich aus diesen Gründen die Zugehörigkeit zu den Organisationen der Nazipartei. Nichtsdestoweniger: wo KPD, SPD und Zentrum über traditionellen Einfluß verfügten, hingen die Trauben für die Faschisten besonders hoch, wurde für jedermann sichtbar, daß die NSDAP alles war, nur keine Arbeiterpartei. Schließlich resultierte der geringe Einfluß der Faschisten im Saargebiet auch aus der Politik der faschistischen Leitung in München selbst. Obwohl sich in den frühen zwanziger Jahren saarländische Faschisten dort gemeldet und um Hilfe nachgesucht hatten, zeigten die NSDAP-Führer für die Entwicklung in dem Territorium außerhalb der Reichsgrenzen wenig Interesse. Das stand in krassem Widerspruch zu den lautstarken Behauptungen der Nazipartei, nationale Interessen wie niemand sonst zu vertreten, hatte aber ganz reale Gründe. Die Naziführung, die davon ausging, auf legalem Wege zur Macht zu gelangen, und die 1929/30 diejenigen Kräfte ausschloß, die nach wie vor putschistische Pläne verfolgten, betrachtete ihre nach Millionen zählende Anhängerschaft zunächst hauptsächlich als Stimmvieh, als ein Argument, mit dem sie ihren Führungsanspruch innerhalb der extrem reaktionären, teils verbündeten, teils rivalisierenden Kräfte begründen und durchsetzen konnte. Die nationalsozialistischen Stimmen im Saargebiet zählten unter diesem Gesichtspunkt nicht. So gerieten die wenigen Mitglieder der NSDAP/Saar, die seit 1926 dank einer Entscheidung der Regierungskommission sich legal zusammenschließen konnten, immer wieder in die Lage von Bittstellern, welche die zentrale Führung in München um Material für agitatorische Zwecke und zugkräftige Versammlungsredner bat und ersuchte, angesichts der vielen säumigen Beitragszahler vom „Reichsschatzmeister" der NSDAP nicht zu hart zur Kasse genommen zu werden. Die faschistische Organisation im Saargebiet führte mehrere Jahre lang ein klägliches Dasein und hatte keine Aussicht, die Schwelle der politischen Bedeutungslosigkeit zu überschreiten. Erst bei Krisenbeginn, als die Nazipartei im Reich immer stärker anwuchs und — dank der zunehmenden Förderung durch vorwiegend groß- und monopolkapitalistische Kräfte — über beträchtliche materielle und finanzielle Mittel verfügen konnte, ließ sich die NSDAP-Reichsleitung herbei, den saarländischen Faschisten Hilfe zuteil werden zu lassen. Heinrich Himmler, damals noch für die propagandistische Arbeit in der Münchener Zentrale verantwortlich, veranlaßte bewährte Demagogen, ins Saargebiet zu reisen und auf Versammlungen und Kundgebungen hervorzutreten. Auch diese Unterstützung half indessen der NSDAP/Saar nicht annähernd zu jenem Einfluß, welchen die Mutterpartei im Reich zunehmend erlangte[7]. Wer die Entwicklung des Faschismus nur aus dem territorialen Gesichtswinkel betrachtete, konnte im Saargebiet zu grundlegend falschen Vorstellungen über die Perspektiven der Nazipartei kommen.

Wie die KPD im gesamten Reich der NSDAP als einem besonders gefährlichen Feind der Arbeiterbewegung und aller werktätigen Klassen und Schichten entgegentrat, ihre nationale und soziale Demagogie entlarvte und die Anstrengungen zum Zusammenschluß aller Kräfte gegen Faschismus und Kriegsgefahr verstärkte, so handelte auch ihre Saar-Organisation.

Vor der Parteikonferenz wurde am 9. Oktober 1927 „besonders die ansteigende faschistische Gefahr im Saargebiet" angesprochen[8].

Der Bezirksparteitag, der am 10./11. Mai 1930 in Saarlouis tagte, forderte vor allem die Massenarbeit unter den sozialdemokratischen und christlichen Arbeitern zu verbessern[9]. Als das Zentralkomitee der KPD am 24. August 1930 wenige Wochen vor den Reichstagswahlen in der „Roten Fahne" die Programmerklärung zur nationalen und sozialen Befreiung des deutschen Volkes veröffentlichte, in der das imperialistische Wesen des Faschismus bloßgelegt, namentlich die NSDAP als „Partei der äußersten Reaktion ... der mörderischen faschistischen Diktatur" entlarvt und die Arbeiterklasse zum energischen Abwehrkampf aufgerufen wurde, publizierte auch die „Arbeiter-Zeitung" dieses grundlegende politische Dokument wenige Tage später[10]. Eine kommunistische, vom RFB veranstaltete Kundgebung forderte kurz nach dem Wahlsieg der NSDAP im Reich die „Generalabrechnung mit den Nazis"[11]. Die Losung „Schmiedet die antifaschistische Einheitsfront" drückte fortan die zentrale politische Forderung der

7 „Zur Entwicklung der faschistischen NSDAP im Saargebiet (1926–1929)", hektograf., Saarbrücken 1977.

8 IML-ZPA: I 3/24/27.

9 AZ, Nr. 109 und 113, 13. und 17. 5. 1930.

10 AZ, Nr. 197, 27. 8. 1930.

11 AZ, Nr. 221, 24. 9. 1930.

Kommunisten aus[12]. Der Inhalt dieser Parole umfaßte nicht nur die wehrhafte Verteidigung der Volksinteressen gegen den andrängenden Faschismus, sondern schloß auch die Formierung zum Angriff auf das kapitalistische System als Ganzes und seine Beseitigung durch die proletarische Revolution ein[13].

So klar die Kommunisten an der Saar verstanden, daß die Arbeiterklasse ihre Lage grundlegend nur durch die Auflösung der kapitalistischen Staatsmaschinerie und die Aufrichtung ihrer eigenen Herrschaft wenden konnte, so wenig erwuchs ihnen daraus eine Geringschätzung der Tagesinteressen und -kämpfe der Arbeiterklasse. Bei einer Besprechung im Kölner Hause Otto Wolff, die am 7. November 1929 einen illustren Kreis — neben dem Gastgeber war Hermann Röchling, der Chefredakteur der „Saarbrücker Zeitung", Arnold Nagel, und der Generaldirektor des Neunkirchener Eisenwerks, Tgahrt anwesend — zusammenführte, bestand kein Zweifel darüber, daß es die kommunistische Arbeit war, die einer ganz und gar nach den Wünschen des Kapitals betriebenen Ausbeutungs- und insbesondere Lohnpolitik entgegenwirkte. Mit den Gewerkschaftsführern, so beklagte Otto Wolff, könne man sich „unter vier Augen" über Lohnforderungen einigen, nur seien diese Führer vor ihren Leuten gezwungen, das Gegenteil zu sagen. Chefredakteur Nagel hatte dem beigepflichtet und den Zusammenhang zwischen der kämpferischen Taktik der KPD einerseits und der abwiegelnden Haltung der rechten Gewerkschaftsführer andererseits so dargelegt: die Kommunisten zwängen den an sich verhandlungsbereiten Gewerkschaftsführer, „seine Kampflust zu beweisen", der sich folglich in Auseinandersetzungen mit dem Kapital einlassen müsse, jedoch nur, „um nachher sagen zu können: Seht Ihr, der Widerstand der Arbeitgeber war unüberwindlich"[14]. Diese treffende Charakterisierung der Tatsache, daß viele Kämpfe um die materiellen Tagesinteressen der Arbeiter an der Saar überhaupt nur unter dem Druck der Kommunisten ausgetragen wurden, zugleich aber wegen der Kompromißbereitschaft rechter Gewerkschaftsführer häufig mit geringen Resultaten endeten, veranlaßte Röchling zu der nüchternen Vorhersage, daß man auch künftig „um Streiks und Aussperrung nicht herum" kommen werde. Die „Kunst" der Kapitalisten und ihrer Manager würde aber darin bestehen, „sie seltener zu machen und auf den günstigsten Moment zu verlegen". Nagel betonte das Kapitalsinteresse „an klugen Taktikern (unter den Gewerkschaftsführern — d. Vf.), die ihre Leute am Bändel behalten und doch den Bedürfnissen

[12] Siehe z. B. AZ, Nr. 226, 30. 9. 1930.

[13] Die Zugkraft der kommunistischen Einheitsfrontpolitik wurde in jener Zeit durch ihre enge Verbindung mit dem Kampf um das Endziel der Arbeiterbewegung abgeschwächt. Dazu trug auch die Kennzeichnung der bürgerlichen Arbeiterführer als „Sozialfaschisten" bei. (Vgl. AZ, Nr. 18, 22. 1. 1931).

[14] ZStA Potsdam, Reichswirtschaftsministerium, Nr. 15 132.

der Wirtschaft (! — d. Vf.) am Ende Rechnung tragen". Auch er meinte, daß Kämpfe unvermeidlich sein würden, solange die Kommunisten ihren Einfluß geltend machen könnten[15].

Das hier so ausführlich wiedergegebene Gespräch im Hause Wolff, das am unmittelbaren Vorabend der Krise stattfand, widerlegt die Legende der sozialdemokratischen Geschichtsschreibung, wonach die Kommunisten die angeblich sachkundig geführten Auseinandersetzungen zwischen Kapitalisten und Gewerkschaften nur gestört und deren Ergebnisse beeinträchtigt hätten. Im vertrauten und geschlossenen Kreis gaben sich die Ausbeuter unumwunden über die wirklichen Zusammenhänge Rechenschaft. Wenn scharfe Kämpfe überhaupt ausbrachen, dann war das dem konsequenten antikapitalistischen Kurs der Kommunisten geschuldet. Folglich bildete sich in den Kreisen des Kapitals während der Weltwirtschaftskrise die Vorstellung, die kompromißfertigen Gewerkschaftsführer und damit vor allem sich selbst von den Kommunisten zu „befreien". Der Antikommunismus nahm immer zu und in den Villen der Reichen wurden Pläne für eine Gesellschaft und einen Staat erörtert, in der revolutionären Kräften jeder Boden einer legalen Betätigung entzogen sein würde. Ob in einer derartigen Ordnung disziplinierte Gewerkschaften noch weiterbestehen sollten, war eine unterschiedlich beantwortete Frage, die unter den Kapitalisten zunächst offen gelassen wurde. Solche und ähnliche Überlegungen trugen zu der wachsenden Sympathie und Unterstützung bei, welche die Bourgeoisie und ihre einflußstärksten Kreise dem Faschismus entgegenbrachten, der eine reaktionäre Patent- und Totallösung zugunsten der Profitinteressen und ihrer Wahrnehmung unter den Bedingungen der Rüstungs- und Kriegswirtschaft anbot.

Die rechten Führer der Sozialdemokratie und der Gewerkschaften leugneten diesen grundlegenden und langfristig wirksamen Zusammenhang zwischen Kapitalismus und Faschismus.

Sie hofften auf ein Auseinanderlaufen des Massenanhangs der NSDAP — spätestens am Ende der zyklischen Krise. Von der eigenen Parteimitgliedschaft forderten die rechten sozialdemokratischen Führer, den politischen Kampf gegen „rechts" und „links" zu führen, gegen den Faschismus und Kommunismus. Diese Forderung sollte mit der Unterstellung gerechtfertigt werden, daß die Aktivitäten von NSDAP und KPD im Grunde auf das gleiche Ziel gerichtet seien: Vernichtung der Demokratie und Aufrichtung eines totalitären Regimes. Die These von der angeblichen Gleichheit der Ziele wurde verbreitet, um die Bestrebungen zur Einheitsfront innerhalb der sozialdemokratischen Mitgliedschaft abzublocken.

Theoretisch war sie völlig haltlos. Während die Faschisten die Absicht hatten, den bürgerlich-demokratischen Inhalt der Weimarer Republik zu

[15] Ebenda.

beseitigen und eine gegen die Arbeiterklasse und jegliche Demokratie gerichtete offene Diktatur zu errichten, kämpften die Kommunisten für die Aufrichtung der Herrschaft der Arbeiterklasse, also für die Demokratie der überwältigenden Mehrheit des Volkes.

Nur extrem politischer Formalismus, Spekulation und böse Absicht konnten die Totalitarismus-Doktrin hervorbringen und zwischen diesen beiden gegensätzlichen Bewegungen und ihren entgegengesetzten Zielen ein Gleichheitszeichen setzen.

Die rechten Führer der SPD aber waren in Karl Kautskys Fußstapfen, der im ideologischen Kampf gegen die Oktoberrevolution 1917 — vor allem in seiner Broschüre „Die Diktatur des Proletariats" — die formalistische Gegenüberstellung von Demokratie und Diktatur vorgenommen hatte, schließlich so weit gegangen, jede Gegnerschaft zur bürgerlichen Demokratie als „diktatorisch" zu qualifizieren und zu bestreiten, daß die sozialistische Demokratie die bürgerliche Demokratie nicht etwa gewissermaßen ersatzlos beseitigt, sondern über diese hinausgeht.

Die KPD und die KJ analysierten den Faschismus, charakterisierten vor allem dessen reaktionäres Klassenwesen und kennzeichneten die extrem arbeiter- und demokratiefeindlichen Kräfte des Großkapitals als die sozialen Träger der faschistischen Bewegungen und Diktaturen. Die KPD betonte, daß auch der deutsche Faschismus seine Stärke nicht in erster Linie aus der millionenweise kleinbürgerlichen Gefolgschaft, sondern aus der Förderung durch die imperialistischen Kreise des Kapitals und deren antidemokratischen Interessen und Plänen zog. In einer „Programmerklärung zur nationalen und sozialen Befreiung des deutschen Saarvolkes", die von der Bezirksleitung der KPD/Saar am 20. September 1931 verabschiedet wurde[16], hieß es, daß nicht nur die deutsche Bourgeoisie, sondern auch die der anderen kapitalistischen Staaten „in den nationalfaschistischen Mörderbanden den besten Schutz zur Aufrecherhaltung der ... Ausbeutung des deutschen Proletariats und aller Werktätigen" sehe. Das „Dritte Reich" der Faschisten werde, so sagten die Kommunisten voraus, „in Wirklichkeit schlimmer aussehen ... als das gegenwärtige Elend". In der Erklärung erhob die KPD/Saar auch erneut die Forderung, „daß das Saargebiet zurückgegliedert wird an Deutschland", trat zugleich aber der Illusion entgegen, dieser Schritt würde „die Befreiung der werktätigen Massen des Saargebietes" bedeuten. Darum müßten die Saararbeiter erst noch „Seite an Seite mit dem gesamten revolutionären Proletariat Deutschlands" kämpfen.

Die Forderung nach der Rückkehr des Saargebiets zum Deutschen Reich

[16] Ihr Wortlaut wurde in der Arbeiter-Zeitung vom 20./21. 9. 1931 veröffentlicht. Das Dokument war als eine Ergänzung der Programmerklärung ausgewiesen, welche die Gesamtpartei ein Jahr zuvor publiziert hatte.

wies die KPD/Saar als Verfechter der nationalen Belange der Werktätigen aus, die stets in ihrem objektiven Zusammenhang mit den Fragen der sozialen Befreiung gesehen wurde. Demgegenüber schwächte sich zur gleichen Zeit das bürgerliche Interesse an der Rückgliederung des besonderen Territoriums in das Reich ab. Davon war zwar in den öffentlichen Verlautbarungen der bürgerlichen Parteien nichts zu bemerken, blieb die nationalistische Phrase ihnen doch das tauglichste Instrument, die Ursachen für das Krisenelend zu fälschen und wiederum den Versailler Vertrag und seine Folgen für die soziale Katastrophe verantwortlich zu machen, die in Wahrheit durch die kapitalistische Gesellschaft hervorgebracht war. Intern aber lasen sich die Dinge anders. In der schon erwähnten Gesprächsrunde, die sich im November 1929 bei Otto Wolff traf, hatte der Hausherr unverblümt bemerkt: „Warum wird so auf die Rückgliederung gedrängt? Man leidet nicht unter der Besatzung, die Geschäfte gehen gut ...“. Nicht der Zeitpunkt, sondern die Bedingungen der Eingliederung des Saargebiets in das Deutsche Reich standen im Vordergrund des Interesses der Kapitalisten. Wolff gedachte, bei dieser Gelegenheit die Privatisierung der Saargruben durchzusetzen, auf diese Weise direkten Einfluß auf die Kohlenpreise gewinnen und ein schärferes lohnpolitisches Regime gegenüber der Bergarbeiterschaft einführen zu können. Röchling, der die Dinge aus unmittelbarer Anschauung besser kannte, meinte hingegen, derartige Pläne würden am „Widerstand der Bevölkerung“ scheitern und bemerkte zu den Reprivatisierungsabsichten kühl: „Ich pflege mich mit unerreichbaren Zielen nicht aufzuhalten“.[17]

Alles in allem hatten es die Monopolisten mit der Rückgliederung also nicht eilig. Und als sich zeigte, daß die französische Wirtschaft anfänglich von der Krise weniger in Mitleidenschaft gezogen wurde als die des Deutschen Reiches, verstärkte sich die Gelassenheit und Trägheit dieser Nationalisten noch. Rückkehr ins Reich sollte auch zu einem späteren Zeitpunkt nicht bedeuten, daß die so profitablen Bindungen an die französische Wirtschaft, die zunächst zwangsweise entstanden waren, sich wieder lösten. Der bürgerliche Redakteur und Röchling-Vertraute Nagel trat in streng vertraulichen „Bemerkungen zur Saarfrage“ dafür ein, die künftige Veränderung des Saarstatuts so zu betreiben, daß ein „freundnachbarliches Verhältnis“ mit Frankreich erhalten bliebe. „Wir erleichtern damit unsere Ostpolitik“[18]. Dieser Hinweis offenbarte, daß Nagel in Übereinstimmung mit der Grundlinie der Stresemannschen Außenpolitik eine zeitweilige Befriedigung der Beziehungen im Westen für notwendig hielt, um im Osten — zunächst gegenüber Polen — freie Hand zu bekommen. So war die KPD/Saar angesichts der Haltung der führenden Kreise des Großkapitals im Saargebiet und der auf sie orientierten Politik der rechten SPD-

17 ZStA Potsdam Reichswirtschaftsministerium Nr. 15 132.
18 Ebenda, Bl. 103 ff.

Führer im Recht, wenn sie in der Programmerklärung feststellte: „Es gibt nur eine Partei, die gewillt ist, den Kampf um die nationale und soziale Befreiung des gesamten werktätigen Volkes Deutschlands, einschließlich des Saargebiets, von dem Doppeljoch der Ausbeutung und Unterdrückung zu führen, das ist die Kommunistische Partei Deutschlands“[19].

Über der revolutionären Aufklärung der Massen und der Propagierung ihrer langfristigen Ziele vergaßen die Kommunisten doch keinen Tag die gegenwärtigen Sorgen der arbeitenden Bevölkerung, die unausgesetzt anwuchsen. Ein Monat, nachdem das ZK der KPD einen Arbeitsbeschaffungsplan für das Deutsche Reich veröffentlicht hatte, gab die Bezirksleitung Saar ein entsprechendes Dokument heraus[20]. Mit ihm trat sie den Arbeitsbeschaffungsvorhaben entgegen, die zwischen Vertretern der Regierungskommission, bürgerlichen Parteipolitikern und rechten sozialdemokratischen Führern Anfang 1931 vereinbart worden waren. Während diese Vorhaben die Profite der Kapitalisten unangetastet ließen und die Lasten der Krise auf die Massen abwälzten, betonte die KPD/Saar, daß durchgreifende Arbeitsbeschaffung nur aus dem Kampf der Arbeiter selbst hervorgehen könnte. Als Ziele dieses Kampfes bezeichnete die KPD/Saar die Herabsetzung der Arbeitswoche auf 40 Stunden und des Arbeitstages auf 7 Stunden bzw. auf 6 Stunden für Bergarbeiter, Arbeiter in gesundheitsgefährdeten Berufen und Jugendliche. Sie forderte die Herabsetzung der Altersgrenze für die Rentengewährung auf 60 Jahre. Gleichzeitig wies die KPD/Saar nach, daß durch die Forcierung des Wohnungsbaus, öffentlicher Arbeiten an Verkehrswegen, Deich- und Regulierungsarbeiten an Flüssen, Meliorationen u. a. Maßnahmen massenhaft Arbeitsmöglichkeiten geschaffen und finanziert werden könnten. Entgegen der Behauptung der Regierungskommission und der mit ihr kooperierenden Parteien des Bürgertums und der Sozialdemokratie, daß es an Geld fehle, zeigte der Arbeitsbeschaffungsplan der KPD/Saar, wie durch die schärfere Besteuerung der großen Kapitale, durch Kürzungen an den hohen und höchsten Einkommen, durch Streichung der Aufwendungen für die Polizei und der Staatszuschüsse für die Kirchen sich umfangreiche Mittel gewinnen ließen.

Ihren allgemeinen Arbeitsbeschaffungsplan konkretisierten die Kommunisten in vielen Gemeinden, in denen sie konstruktive Vorschläge für eine Kommunalpolitik unterbreiteten und teilweise durchzusetzen vermochten, wodurch das schwere Los der erwerbslosen und der arbeitenden Saarbevölkerung gelindert wurde. In Wiebelskirchen arbeitete die KPD-Organisation beispielsweise ein Projekt aus, das Maßnahmen des Wohnungsbaus — allein in dieser Gemeinde fehlten 250 bis 300 Wohnungen —, der Erweiterung des Netzes der Straßen und Verkehrsmittel, der Flußregulierung und

[19] Programmerklärung der Bezirksleitung der KPD vom 20. 9. 1931, a. a. O.
[20] Vgl. AZ, Nr. 102, 31. 5./1. 6. 1931 und Nr. 127 vom 3. 7. 1931.

des Hochwasserschutzes sowie die Errichtung von sozialen und Sportanlagen umfaßte[21].

Die prinzipielle Weise, in der Kommunisten in Gruben, Betrieben und Gemeinden die Interessen des Volkes vertraten, verschafften ihnen in den Jahren der Weltwirtschaftskrise im Saargebiet wachsende Sympathien und vermehrten die Zahl ihrer Mitglieder und Wähler. Am deutlichsten drückte sich das bei den letzten Landratswahlen aus, die im Saargebiet 1932 stattfanden. Hinter der Zentrumspartei, die ihre absolute Mehrheit schon 1924 eingebüßt hatte und seitdem konstant 14 Sitze im dreißigköpfigen Landesrat erhielt, stellte die KPD/Saar die zweitstärkste Fraktion, der 8 Abgeordnete angehörten. Die SPD, die 1928 noch 5 Sitze hatte gewinnen können, büßte als Folge ihrer klassenversöhnlerischen Politik so viele Stimmen ein, daß sie nur noch drei Abgeordnete in den Landesrat entsenden konnte. Zwei Sitze hatte auch die faschistische NSDAP erstmalig errungen. Mit diesem Ergebnis blieb sie nach wie vor weit hinter der Entwicklung im Reich zurück.

Das Resultat der Landesratswahl vom 16. Februar 1932 bestätigte der KPD/Saar eine erfolgreiche Politik im Kampf um die Gewinnung der Massen. Binnen vier Jahren, von 1928 an gerechnet, hatte sie ihre Anhängerschaft von 46 541 auf 84 112 Wähler gesteigert[22]. Dies war auch auf ihre beharrliche, auf die wachsende Organisation des KJVD gestützte Jugendpolitik zurückzuführen. Ein „Kongreß aller Schichten der werktätigen Jugend", der am 11./12. Juli 1931 stattfand, hatte der kommunistischen Arbeit unter den Jugendlichen in den Betrieben und den Erwerbslosen weiteren Auftrieb gegeben. Kurz nach dem Kongreß trat Erich Honecker, der im Herbst 1931 zum Politischen Leiter des KJVD-Bezirks Saar gewählt wurde, in einem Artikel für die „revolutionäre Einheitsfront" der werktätigen Jugend ein, die jungen Menschen aus den Reihen der Sozialistischen Arbeiterjugend (SAJ) ebenso umfassen müsse wie junge christliche Arbeiter. Gemeinsam gelte es, gegen die Verschlechterung der wirtschaftlichen Lage der Jugend und gegen ihre politische Entrechtung aufzutreten. Die Bestrebungen des Zusammenschlusses auf der richtigen programmatischen Grundlage dürften auch vor den jungen Menschen nicht haltmachen, die in die faschistischen Reihen gelangt wären. Honecker riet, die jungen Arbeiter und Angestellten in der Hitlerjugend zu fragen: „Wo bleibt Hitlers Kampf gegen die Young-Ketten? Wer wird über die Betriebe und Banken verfügen im ‚Dritten Reich'"[23]. Auch in späteren Veröffentlichungen des KJVD nimmt „die Entfaltung der breiten Einheitsfrontbewegung ... gegen Faschismus und Lohnraub" einen zentralen Platz ein. Sie galt den

21 AZ, Nr. 232, 31. 10. 1931.
22 Vgl. Anhang.
23 AZ, Nr. 143, 19./20. 7. 1931.

Kommunisten in ihrer gesamten, an alle Klassen und Schichten des Volkes gewandten Arbeit als „das Gebot der Stunde“[24].

Die Aufrichtung der faschistischen Diktatur im Reich und die Kommunisten

Am 30. Januar 1933 wurde Hitler von dem Reichspräsidenten Paul von Hindenburg zum Reichskanzler ernannt. Dem neugebildeten Kabinett gehörten weitere Faschistenführer wie Hermann Göring, Wilhelm Frick und bald auch Josef Goebbels, der deutschnationale Parteiführer Alfred Hugenberg, der Stahlhelm-Führer Franz Seldte und weitere extrem konservative und reaktionäre parteilose Politiker an. Dieses Kabinett war kein Produkt des historischen Zufalls. Seine Inthronisierung bedeutete, daß die seit Anfang 1932 unternommenen Versuche gelungen waren, eine politische Sammlungsbewegung der Rechten zur vollständigen Liquidierung der bürgerlich-parlamentarischen Zustände zu schaffen. Diese Reichsregierung verkörperte die lange gesuchte politische Konstellation, mit der die extrem reaktionären Kräfte des deutschen Monopolkapitals und die Großagrarier den entscheidenden Schlag gegen die revolutionäre und die reformistische Arbeiterbewegung, gegen demokratische und liberale Kräfte zu führen trachteten.

Mit ihr sollte die erschütterte Herrschaft des Großkapitals stabilisiert, der Ausweg aus der Krise gefunden und die Revision der Resultate des verlorenen Weltkrieges und der Novemberrevolution vorbereitet und durchgeführt werden.

Nach der gesamten Vorgeschichte des 30. Januar lag für die Marxisten zutage, daß es sich nicht um einen einfachen Regierungswechsel handelte. Am Schicksal dieser Regierung mußte sich das Geschick des deutschen Volkes für eine längere Zeitspanne entscheiden. Konnte sich dieses Kabinett durchsetzen und behaupten, dann nur auf Kosten von Demokratie, Sozialismus und Frieden.

Es entsprach der veränderten Lage, daß das Zentralkomitee der KPD zur Abwehr des Faschismus den Einsatz aller Kampfmittel der Arbeiterklasse, einschließlich des politischen Generalstreiks anstrebte und dem Parteivorstand der SPD und dem Bundesvorstand des ADGB entsprechende Vorschläge unterbreitete. Dieses neue Regime brauchte, um sich zu etablieren und zu konsolidieren, Zeit. Die Arbeiterklasse und alle antifaschi-

[24] So in einem Beitrag E. Honeckers in: Der Weg zur Freiheit. Herausgeber: KPD, Bezirk Saar, o. D., o. J. (Saarbrücken 1931), S. 38–40.

stischen Kräfte aber durften ihm die Gelegenheit zur Festigung nicht lassen. Jede Stunde zählte im Klassenkampf gegen den Faschismus. Um so verhängnisvoller war es, daß die rechten Führer der SPD und Gewerkschaften, die in Deutschland die Mehrheit der Arbeiterklasse beeinflußten, die Massen erneut auf die für den 5. März 1933 anberaumten Reichstagswahlen als den Tag der Abrechnung vertrösteten. Sie taten, was die faschistische Führung, welche die Spaltung der Arbeiterbewegung als eine Grundbedingung ihres eigenen Überlebens erkannte, erhofft hatte. Sie verharrten auf den Positionen des Antikommunismus und der Ablehnung der Aktionseinheit.

Die extrem-reaktionären Kräfte des Großkapitals im In- und Ausland, die an der Konsolidierung der faschistischen Diktatur interessiert waren, völlig verkennend oder zumindest unterschätzend, hofften rechte sozialdemokratische Führer darauf, daß sich die Regierung Hitler bald „legal abwirtschaften", also gewissermaßen von selbst scheitern würde. Sie spekulierten auf die Entfaltung von Widersprüchen innerhalb der faschistischen Koalition, die deren Zerfall herbeiführen müßten, wobei sie die Gemeinsamkeit der Ziele, welche die verschiedenen reaktionären Parteien, Strömungen und Politiker verband, übersahen.

Dadurch gewann und behielt die extreme Reaktion das Gesetz des Handelns. Über mehrere Etappen konnte sie die faschistische Macht festigen und der Arbeiterklasse und den demokratischen Kräften Schlag auf Schlag zufügen. Die deutsche Arbeiterklasse erlitt die schlimmste und folgenschwerste Niederlage, die sie seit ihrer Entstehung hinnehmen mußte.

Der Sieg des Faschismus in Deutschland veränderte die internationale Szene vor allem in Europa und beschwor eine düstere Perspektive für die Zukunft der Nachbarvölker Deutschlands herauf. Die Hitlerfaschisten, denen nun die Staatsmacht übergeben worden war, hatten kein Hehl daraus gemacht, daß sie die Landkarte zugunsten des deutschen Imperialismus gewaltsam verändern wollten. Sie bezeichneten den Kommunismus und die Sowjetunion als ihren Hauptfeind und spielten sich in Deutschland und gegenüber der europäischen Reaktion als die „Retter vor dem Bolschewismus" auf. Damit suchten sie zugleich von ihrer allseitigen Aggressivität und den Kriegsabsichten gegenüber anderen Mächten abzulenken.

Die Niederlage, welche die Arbeiterklasse und alle anderen demokratischen und republikanischen Kräfte im Reich mit der Machtübergabe an die Faschisten erlitten hatten, wurde von den monopol- und großbürgerlichen Kräften im Saargebiet begrüßt. Die Form, in der das zunächst geschah, war allerdings durch den Umstand mit geprägt, daß die Verwertung des Kapitals noch bis 1935 unter den Bedingungen des Völkerbundregimes weiter gehen würde. Vorerst wollte sich also das Großkapital den gegenwärtigen Machthabern nicht total konfrontieren. Zu denen, die den eingetretenen Wandel feierten, gehörte Hermann Röchling. Er besaß bereits zum

Zeitpunkt der Machtübergabe an die Faschisten feste Verbindungen zur NSDAP und namentlich zu deren Saarbeauftragten Bürckel. Röchling meldete sich bald nach Hitlers Ernennung beim neuen Reichskanzler zu einem Gespräch an, in dessen Mittelpunkt die erwünschten und unerwünschten Wirkungen und Folgen der veränderten Situation im Reich auf das Saargebiet stehen sollten. Röchling wandte sich auch brieflich an Hitler, und es waren auf den Tag genau nur zwei Monate von dessen Kanzlerschaft vergangen, da saß ihm der Völklinger Konzernchef in der Wilhelmstraße als Gesprächspartner gegenüber.[1]

Auch für Röchling galt, daß ihn ökonomische und politische Tagesrücksichten anfänglich zu einer gewissen Zurückhaltung zwangen. Er besaß kein Interesse daran, daß seine Beziehungen zu den neuen Machthabern und deren Inhalt öffentlich allzu bekannt wurden. Schon im Frühjahr 1934 hatte sich das — angesichts der Festigung des faschistischen Regimes und der nahen Abstimmung — geändert. Zu diesem Zeitpunkt veröffentlichte Röchling eine Broschüre unter dem Titel „Wir halten die Saar“, die in einem Berliner Verlag herausgegeben wurde. Darin drückte Röchling seine Bewunderung über „die atemberaubende Schnelligkeit und bewunderungswürdige Planmäßigkeit, mit der sich die politische Entwicklung im Reiche vollzogen hat“, aus und feierte „die Entwicklung im Reich, die im Wiederaufbau der deutschen Wirtschaft unter der Führung unseres Reichs- und Volkskanzlers Adolf Hitler so deutliche Erfolge zeigt“. Ganz im Sinne der demagogischen faschistischen Selbstdarstellung nannte Röchling die außenpolitische Konzeption der Berliner Machthaber „das Ringen um die deutsche Ehre und Gleichberechtigung“.[2] Röchling, der sich bereits lange vor 1933 „Führer der Völklinger Werke“ nennen ließ[3] und dem das nazistische Arbeitsordnungsgesetz vom Januar 1934 mit der Verkündung des Führer-Gefolgschafts-Prinzips geradezu auf den Leib geschnitten war, schloß seine Eloge auf das faschistische Reich mit einer Lobhudelei auf Hitler und das „überragende Können und die außerordentlichen Leistungen des Führers auf allen Gebieten in kurzer Zeit“.[4]

Genau genommen hätten solche Auslassungen geeignet sein können, den werktätigen Einwohnern des Saargebietes die Augen über das Wesen des Faschismus zu öffnen. Konnte der Kanzler Röchlings ihr Kanzler sein? Konnte sie Können und Leistung nennen, was der Konzernchef lobte? War dessen Ehrbegriff auch der ihre? Es zeigte sich indessen, daß das Klassenbewußtsein vieler Arbeiter durch die jahrzehntelange klassenversöhnende Propaganda der Kirchen, der christlichen Gewerkschaften und später auch

[1] Zur Vorgeschichte vgl. den Brief Röchlings an Hitler vom 23. 3. 1933, abgedruckt bei: M. Zenner, a. a. O., S. 377.

[2] Hermann Röchling, Wir halten die Saar, Berlin 1934, S. 133.

[3] Vgl. 50 Jahre Röchling Völklingen. Saarbrücken-Völklingen 1931, Widmung.

[4] Hermann Röchling, Wir halten die Saar, S. 134.

der reformistischen Sozialdemokratie tief verschüttet war. Bekenntnisse von der Art, wie sie Röchling verlauten ließ, konnten daher nicht automatisch selbstentlarvend wirken. Was der Faschismus war, wessen Interessen er verfocht und welchen Zielen er zustrebte, das mußte erst im politischen Kampf erläutert und den Werktätigen an der Saar in zäher ideologischer Arbeit bewußt gemacht werden.

Die KPD/Saar stand nach der Machtübergabe an die Hitlerfaschisten einer Vielzahl praktischer und theoretischer Fragen gegenüber. *Erstens* und vor allem hatte sie angesichts der brutalen Verfolgungen der Gesamtpartei im Reichsgebiet ihrer solidarischen Klassenpflicht nachzukommen und das bedeutete: den Übergang der KPD in die Illegalität zu unterstützen, die politischen Emigranten aufzunehmen, Verbindungen zu den westeuropäischen kommunistischen Parteien, vor allem zur Kommunistischen Partei Frankreichs herstellen zu helfen. Allein das brachte eine ungeheure Arbeits- und Verantwortungslast für jeden Kommunisten an der Saar mit sich. *Zweitens* hatte die KPD/Saar in dem besonderen Territorium, in dem sie wirkte, den Kampf gegen den Faschismus und insbesondere gegen die Saar-Organisation der NSDAP zu verstärken, der unter dem Eindruck der Machtübergabe der Kamm schwoll und in der es abenteuerliche Kräfte gab, die den Erfolg im Reich augenblicklich auf das Saargebiet glaubten, ausdehnen zu können. *Drittens* hatte sich die KPD/Saar mit Hilfe des Zentralkomitees der Partei und der leitenden Organe der Komintern über die strategisch-taktischen Konsequenzen klarzuwerden, die sich aus der veränderten Reichssituation für ihren Kampf ergab. Dazu gehörte u. a. die Frage, wie sich die KPD/Saar fortan zur Rückgliederung stellen sollte. Und dazu war auch die Frage zu zählen, wie sich die Partei zur SPD/Saar einzustellen hatte, in deren Reihen das Scheitern des untauglichen Konzepts, das der Berliner Parteivorstand solange als zuverlässig gepriesen hatte, tiefes Nachdenken und moralische Erschütterung auszulösen begann. *Viertens* aber hatte die KPD/Saar überall dem den Kampf für die unmittelbaren Tagesinteressen der Arbeiter und anderen werktätigen Schichten nicht zu vernachlässigen. Die Auswirkungen der Krise, die Arbeitslosigkeit, der Lohndruck und viele andere Folgen des kapitalistischen Regimes existierten fort. Sie waren dadurch, daß die nationale Problematik eine grundlegend neue — braune — Färbung erhalten hatte, nicht einfach von der Tagesordnung des kommunistischen Kampfes gewischt.

Bürgerliche und sozialdemokratische Historiker ignorieren die Fortdauer der sozialen und sozialpolitischen Kämpfe im Saargebiet nach dem 30. Januar 1933 meist ganz und stellen die Dinge so dar, als habe es seitdem nur noch eine — die nationale — Frage gegeben. Auch die Probleme, die sich aus der Hilfe der KPD/Saar für den illegalen Kampf im Reichsgebiet ergaben, umgehen sie schamhaft. Ihr ganzes Interesse konzentriert sich darauf, die Fragen der strategischen Neuorientierung abzuhandeln.

Das geschieht durchweg in einer unhistorischen Sicht und, was die KPD/Saar angeht, nach dem stereotypen Klischee, wonach die Kommunisten in dogmatischer Erstarrung der neuen Situation gegenübergestanden hätten. Ohne sich um die Tatsachen weiter zu kümmern, behauptete Maria Zenner, die kommunistische Politik entbehrte „einer realen Einschätzung der politischen Situation an der Saar wie auch des Denkens der saarländischen Arbeiter", so daß die KPD „bis Mitte 1934" ihre Politik an der Saarproblematik vorbei getrieben habe.[5] Leider verficht auch Ernst Kunkel, der es aus eigener Erinnerung eigentlich besser hätte wissen können, den aber ausgerechnet in diesem Punkt das Gedächtnis verließ, die These von der illusionären KPD-Politik, die von der Erwartung gelebt habe, „Hitler müsse über kurz oder lang abgewirtschaftet haben".[6]

Wenden wir uns den geschichtlichen Tatsachen zu! Wahr ist, daß es in Deutschland nur eine Partei gab, die eine richtige Einschätzung der Ereignisse besaß, welche sich am 30. Januar 1933 im Deutschen Reich vollzogen hatten. Die KPD schätzte durch ihr Zentralkomitee die Machtübergabe an das Hitlerkabinett nicht einfach als einen weiteren Rechtsruck innerhalb des Weimarer Staates ein, sondern als den entscheidenden Versuch, die 1919 geschaffene bürgerlich-parlamentarische Staatsform vollends zu vernichten. Schon lange vorher hatte die KPD in ihrer Programmerklärung zur nationalen und sozialen Befreiung des deutschen Volkes, August 1930,[7] die Nazipartei zutreffend nicht nur als die Partei der extremsten innenpolitischen Reaktion charakterisiert, sondern sie zugleich als die extreme Kriegspartei des deutschen Imperialismus entlarvt. Diese Einschätzung, die durch zwölf Jahre faschistischer Diktatur Wort für Wort bestätigt wurde, setzte die Saarorganisation der KPD von vornherein in die Lage, die Entwicklung im Reich richtig und, was die wirkenden Klassenkräfte betraf, illusionsfrei zu betrachten. Dahinter gab es viele offene Fragen: Würde sich dieses Regime in irgendeiner nennenswerten Weise stabilisieren können? Welche Möglichkeiten zu seiner illegalen Bekämpfung würden sich schaffen und nutzen lassen? Welche Lehren würden der Parteivorstand der Sozialdemokratie und der Bundesvorstand des ADGB aus dem Ereignis ziehen, das doch eine klare Widerlegung ihres Kurses auf die Zusammenarbeit mit den angeblich antinazistischen bürgerlichen Parteien darstellte? Wie würden die Massen des Volkes innerhalb des Deutschen Reiches spontan reagieren, wenn sie die ersten praktischen Erfahrungen mit der faschistischen Diktatur gemacht hätten? Welche Haltung würde das antifaschistische und demokratische Ausland gegenüber dem faschistischen Regime einnehmen und welche Wirkungen würden von dieser Haltung ausgehen?

5 Maria Zenner, a. a. O., S. 279 f.
6 Ernst Kunkel, a. a. O., S. 90.
7 In: Revolutionäre deutsche Parteiprogramme. Vom Kommunistischen Manifest zum Programm des Sozialismus, Berlin 1967, S. 119–128.

Es heißt die Entwicklung der ersten Wochen und Monate und selbst die Zeit bis in die Mitte des Jahres 1934 hinein einfach weltfremd betrachten, wenn unterstellt wird, auf alle diese Fragen hätten sich Antworten sofort finden und geben lassen. So können nur akademische Beckmesser an die Geschichte herangehen. Wer eine Vorstellung vom Klassenkampf gewonnen hat, weiß auch, daß neue Situationen sich praktisch entwickeln müssen und ihre geistige Bewältigung Zeit braucht. Das galt für die Jahre 1933/34, und es galt selbstredend für alle politischen Kräfte in Deutschland. Jede hat einen derartigen Prozeß der Neuorientierung durchgemacht. Die Resultate waren freilich sehr unterschiedlich. *Bei der KPD* erwuchs daraus ein geschlossenes strategisch-taktisches Konzept des antifaschistischen Kampfes. *Beim Zentrum und den anderen bürgerlichen Parteien* förderte die Besinnung nichts als profaschistische Anpassung und eine Haltung der Unterordnung und der Beihilfe hervor. *Bei der SPD-Führung* schließlich folgten den verbalen Selbstkritiken und Kampfansagen gegen das faschistische Regime keine wirklichen Taten. Die Frage, was aus der Machtübergabe zu folgern sei, war in der KPD nicht nur eine Angelegenheit, die in Führungskreisen diskutiert wurde. Dem demokratischen Charakter der revolutionären Partei des Proletariats entsprechend wurde das Ereignis zum Gegenstand der breitesten Aussprache. In den Parteiorganisationen des Saargebiets konnte sie noch in halblegalen Versammlungen, ohne Furcht vor dem Zugriff der Gestapo vor sich gehen. Obwohl erst am 3./4. Dezember 1932 ein Bezirksparteitag der KPD/Saar in Völklingen getagt hatte, auf dem als Vertreter des ZK der KPD das Politbüro-Mitglied Ernst Schneller anwesend war und vor den 369 Delegierten und einem erweiterten Zuhörerkreis — insgesamt etwa 800 bis 1000 Personen — gesprochen hatte[8], spürten die Genossen augenblicklich das Bedürfnis nach gründlicher Selbstverständigung, als die Nachricht von der Einsetzung des Hitlerkabinetts eintraf. Tags darauf, am 31. Januar 1933, tagte eine Bezirksparteiarbeiterkonferenz, auf der etwa 200 Kommunisten „zur Lage in Deutschland“ Stellung nahmen. Sie betonten, daß das Deutsche Reich nun „an der Schwelle des offenen Faschismus“ stehe.[9]

In den folgenden Wochen setzte in den Parteiorganisationen der KPD eine lebhafte und leidenschaftliche politisch-ideologische Diskussion ein, in deren Zentrum drei Fragenkomplexe standen: die gegenwärtige Situation in Deutschland und deren Perspektiven, Richtiges und Falsches im bisherigen Kampf gegen den Faschismus und — notwendigerweise und

8 StA Völklingen, Brief der Reg.-Komm. an den Herrn Landrat vom 12. 12. 1932 und Polizeibericht vom 15. 12. 1932 sowie die Berichte der „Arbeiter-Zeitung“ vom 3., 4., 5. und 6. 12. 1932, auf die eine Notiz (ebd.) Bezug nimmt. Die Zeitungsausgaben lagen dem Vf., da die Jg. 1932 und 1933 in StA Saarbrücken fehlen, nicht vor.

9 IML ZPA 47/1/356.

selbstverständlich — das Problem der Rückgliederung und die Stellung der Kommunisten.[10]

Was die Lage im Reich anging, so wurde in den Organisationen der KPD/Saar klargestellt, daß sich die Partei in der Situation der Verteidigung gegen die „Regierung der offenen faschistischen Diktatur"[11] befand; es fehle in Deutschland gegenwärtig jede akut revolutionäre Situation und folglich auch alle Voraussetzung für einen bewaffneten Aufstand gegen die Machthaber. Besonderen Wert legte die KPD darauf, in den Parteireihen klar zu machen, daß die Linie der Massenmobilisierung, der Zusammenfassung in der antifaschistischen Aktion und der Einheitsfront auf breitester Grundlage beibehalten werden müsse. Das Scheitern des von der KPD im Reich unternommenen Versuchs, noch in letzter Minute den Faschisten durch einen Generalstreik den Weg zu verlegen, besage nicht, daß die Aufgabenstellung falsch war. Von der Linie der kommunistischen Massenpolitik wurde ausdrücklich die von ultralinken Kräften um Heinz Neumann verfochtene Parole „Schlagt die Faschisten, wo ihr sie trefft!" abgegrenzt, die darauf hinausgelaufen war, die Massenarbeit zu verleugnen oder doch zu unterschätzen und den individuellen Terror zu fördern.

In der innerparteilichen Debatte nach dem Januar 1933 wurde von der Redaktion der Zeitschrift „Bolschewik" auch die Frage aufgenommen, die so viele Genossen beschäftigte: „Muß die Partei an der Saar in ihrer Stellungnahme zur Rückgliederung des Saargebietes ans Reich eine Korrektur vornehmen?" Die Aufgabe des bisher eingenommenen Standpunktes schien zunächst — man schrieb den März 1933 — nicht geboten. Noch war, trotz des Vormarsches der Faschisten, keineswegs klar, ob die faschistische Herrschaft sich würde konsolidieren können. Im Reich kämpfte die Partei unter den schwierigsten Bedingungen weiter und hatte soeben bei den Reichstagswahlen noch 4 848 058 Wähler für sich mobilisiert. Nun also aus dem Saargebiet verlauten zu lassen, die KPD/Saar distanziere sich von jener „in der Programmerklärung zur sozialen und nationalen Befreiung des Saarvolkes erhobenen Forderung der bedingungslosen Rückgliederung des Saargebietes ans Reich", hätte ungewollt bedeutet, den faschistischen Führern in Berlin indirekt zu bescheinigen, daß sie auch Anfang 1935 noch an der Staatsspitze herrschten. Folgerichtig betonten die Kommunisten an der Saar ihre Bereitschaft, mit der ganzen Partei im Reich für den Sturz des noch ungefestigten Naziregimes zu kämpfen. Die Losung von der „roten Saar in einem roten Rätedeutschland" entsprach der Gesamtstrategie der KPD, die zunächst die Frage nach der relativen Dauerhaftigkeit

[10] Über den Inhalt und Verlauf dieser Diskussionen geben sowohl die Berichte des Instrukteurs des ZK der KPD vom 7. und 9. 4. 1933 wie auch ein grundsätzlicher Artikel in der Funktionärszeitschrift des Bezirks Saargebiet der KPD „Der Bolschewik" Nr. 3 (März) 1933 Aufschluß. Vgl. IML ZPA 47/1/356.

[11] Ebenda.

und den Perspektiven des Faschismus an der Macht als eine offene Frage ansah.

Nichtsdestoweniger mußte namentlich nach dem Ablauf des Monats März — völlige Illegalität der KPD, halblegale Existenz der SPD und der Gewerkschaften, Ausbleiben einer Annäherung der proletarischen Kräfte infolge der antikommunistischen Haltung der rechten SPD- und ADGB-Führer, Erteilung eines Ermächtigungsgesetzes für die faschistische Regierung durch alle bürgerlichen Parteien, demonstratives Bündnis zwischen NSDAP-Führung und Reichswehr am „Tag von Potsdam" — damit gerechnet werden, daß das neue Regime fähig war, sich unter Ausnutzung der Spaltung der Arbeiterparteien zu konsolidieren. Unter diesen Umständen, so wurde im Funktionärsorgan „Bolschewik"[12] schon in eben jenem März erklärt, sei es unmöglich, „die Frage der Rückgliederung an Deutschland zu stellen". Die Kommunisten an der Saar erkannten die Notwendigkeit, ihre eigene Stellung und Aufgabe im Kampf gegen den antifranzösischen Chauvinismus und ebenso gegen separatistische Bestrebungen herauszufinden und zu formulieren.

Wer die Quellen unvoreingenommen liest, erkennt unschwer, daß die KPD/Saar die Alternative der geschichtlichen Entwicklung, die sich seit dem 30. Januar 1933 anbahnte, ins Auge faßte und daraus zwei mögliche Perspektiven herleitete. Die eine der beiden Möglichkeiten bestand in einer Machterschütterung der faschistischen Diktatur als Ergebnis des Massenkampfes und schließlich in ihrem relativ zeitigem Sturz. Diese Perspektive wurde 1933 noch als die wahrscheinliche, teilweise auch als die sichere angesehen und daraus folgten Erklärungen, wie sie beispielsweise von Otto Niebergall — im Einklang mit einer von Kurt Funk (d. i. der Deckname für Herbert Wehner) überbrachten Instruktion des ZK der KPD — im Stadtrat von Saarbrücken abgegeben wurde. Demnach blieb es bei der Parole „Zurück zu Deutschland".[13]

Die andere denkbare Möglichkeit bestand darin, daß sich die faschistischen Machthaber behaupteten und ihr Regime sich festigte. Für diesen — zunächst innerhalb der KPD noch als unwahrscheinlich angesehenen — Fall mußte das Verhältnis von nationaler und sozialer Frage für das Saargebiet neu durchdacht und die zentrale Losung korrigiert werden. Auch darüber gab es innerhalb der KPD bereits Erörterungen wie beispielsweise zwischen Otto Niebergall und Walter Ulbricht.[14]

Die Dinge wurden also als im Fluß befindlich angesehen. Starrheit und dogmatische Übertreibungen nach der einen oder anderen Richtung wurden in der KPD/Saar bald überwunden. Das galt beispielsweise für die

[12] Ebenda.
[13] Aussage Otto Niebergalls gegenüber dem Vf.
[14] Ebenfalls nach der Aussage Otto Niebergalls.

überspitzte Losung, wonach man nach Deutschland zurückkehren wolle und sei es um den Preis der Konzentrationslagerhaft. In den innerparteilichen Diskussionen um die Gegenwart und Zukunft der kommunistischen Bewegung in Deutschland und insbesondere im Saargebiet zeigte sich im Frühjahr 1933, daß der Politische Leiter der KPD/Saar, Paul Lorenz, nicht imstande war, die Kompliziertheit der Lage zu begreifen und ihr durch entsprechende taktische Beweglichkeit Rechnung zu tragen. Da er seine Stellung gegenüber der SPD und in der Frage der Einheitsfront nicht zu korrigieren vermochte, wurde Mitte Juni eine personelle Veränderung an der Spitze der Bezirksleitung vorgenommen, der ein Beschluß des ZK der KPD zugrunde lag. Veränderungen wurden auch in der Redaktion der „Arbeiter-Zeitung" vorgenommen.[15]

Wie die Dokumente der Bezirksleitung aus den Monaten Juni und Juli 1933 beweisen, hatte sich zu diesem Zeitpunkt die Auffassung durchgesetzt, daß die Losung „Zurück nach Deutschland" angesichts der veränderten Situation abzulehnen sei, weil sie sozial wie national einen reaktionären Inhalt gewonnen hatte. „Jetzt bedeutet die Rückgliederung nicht nur keine Verstärkung der Kraft des revolutionären Proletariats, sondern auch eine weitere Verschlechterung der Lebenslage des werktätigen Volkes."[16] Diese Feststellung der Bezirksleitung der KPD/Saar drückte aus, daß die saarländischen Kommunisten es verstanden, die nationale Problematik stets unter dem Gesichtspunkt der langfristigen und der Tagesinteressen der Arbeiterklasse zu betrachten. In ihr verdeutlicht sich auch das Verständnis des sozial- und gesellschaftspolitischen Inhalts der nationalen Frage.

Die veränderte Beurteilung der Lage trug richtig dem Umstand Rechnung, daß sich im Reich eine schrittweise und zugleich in hohem Tempo vor sich gehende Konsolidierung des faschistischen Regimes vollzog. Mitte Juli 1933 waren in Deutschland nicht nur die KPD in die Illegalität getrieben, die Gewerkschaften zerschlagen, die SPD verboten, sondern auch die bürgerlichen Parteien — die NSDAP selbstredend ausgenommen — von der politischen Szene verschwunden. Die Führungen der Deutschnatio-

[15] IML ZPA 47/1/356. Die Herauslösung von Paul Lorenz aus seiner leitenden Funktion war auch deshalb notwendig, weil er an sektiererischen Positionen gegenüber der Sozialdemokratie festhielt. Die von ihm vertretene These, wonach zwischen der KPD und der SPD die Särge der 33 auf Befehl des ehemaligen Berliner Polizeipräsidenten Zörgiebel 1929 getöteten Arbeiter stünden, hemmte die Aktionseinheitspolitik der KPD. (Vgl. IML ZPA EA 1089, Bl. 33) Lorenz soll, wie Kunkel, der ihn als ein „Opfer" falscher Politik hinstellen möchte, während er in Wirklichkeit ein Verfechter einer falschen Politik war, vermerkt, später öffentlich erklärt haben, er bedauere, sich nicht für die Rückgliederung entschieden zu haben. Ein nachprüfbarer Beleg wird von Kunkel dafür nicht geliefert. Nach 1945 ist Lorenz in die SPD eingetreten und war als Gewerkschaftssekretär tätig, wie August Hey dem Vf. bei einer Befragung mitteilte.

[16] IML ZPA 47/1/356.

nalen, der Zentrumspartei, der Deutschen Staats- und der Deutschen Volksparteien hatten sämtlich in der Stunde ihrer Agonie die eigene Mitgliedschaft aufgerufen, das faschistische Regime zu stärken. Angesichts dieser Tatsachen erklärte die Bezirksleitung kategorisch, daß die Saarbevölkerung davor bewahrt werden müsse, „unter die Knute der kapitalistischen Galgendiktatur Hitlers" zu geraten. Gleichzeitig wandte sie sich gegen eine Zukunft unter der „Fuchtel des französischen Imperialismus".[17]

Zu diesem Zeitpunkt verzichtete die KPD/Saar bewußt darauf, mit einer alternativen Losung zur Abstimmung, die 1935 erfolgen sollte, an die Öffentlichkeit zu treten. Erstens waren bis zum Termin des Votums noch rund eineinhalb Jahre Zeit. Weder war abzusehen, was sich bis dahin im Deutschen Reich und international ereignen würde, noch konnte die Reaktion der führenden Völkerbundmächte *genau* vorausberechnet werden. Zweitens wandte sich die Führung der KPD/Saar weiter entschieden dagegen, alle Fragen des sozialen und politischen Kampfes im Saargebiet durch die Konzentration auf die Rückgliederungsfrage zu verdrängen. Diese Haltung war um so mehr geboten, als die Taktik der bourgeoisen Parteien darauf hinauslief, angesichts der nahenden Abstimmung im Saargebiet so etwas wie einen totalen sozialen Burgfrieden durchzusetzen und die werktätige Bevölkerung im Zustand eines nationalen Dusels an die Abstimmungsurnen zu führen. Demgegenüber suchte die KPD gerade zu verhindern, daß „mit dem Hinweis auf die Abstimmung im Januar 1935 die Arbeiter und Angestellten vom Klassenkampf für ihre *derzeitigen* (Hervorhebung vom Vf.) wirtschaftlichen Forderungen und für die soziale und nationale Befreiung" abgehalten würden. Die Bezirksleitung der KPD/Saar sah — und das entsprach den Klassenkampferfahrungen vieler Jahre —, daß jede Entscheidung der beteiligten Staaten und Gremien ganz wesentlich durch die Haltung der Massen bestimmt oder doch mitbestimmt sein würde. Den dokumentierten Willen der Bewohner des Saargebiets konnten weder die Regierungskommission noch den Völkerbundsrat, weder die kapitalistischen Großmächte England und Frankreich noch die faschistischen Machthaber in Berlin ignorieren. Von der Kampfentschlossenheit der werktätigen Saarbevölkerung und aller antifaschistischen Kräfte dieses Territoriums würde folglich abhängen, ob und wann abgestimmt, welche Alternativen zur Entscheidung gestellt und welche von ihnen schließlich siegen würden. „Nichts Verhängnisvolleres gäbe es", so warnte die Bezirksleitung der KPD/Saar, „als wenn ihr auf papierne Stimmzettel vertraut und von Abstimmungen, die in zwei Jahren vielleicht erfolgen sollen, etwas für euch erwartet."[18] Was 1935 sein würde, mußte sich im Klassenkampf

17 Resolution der Kommunistischen Partei im Saargebiet zur Saarfrage, veröffentlicht im August 1933 (Rundschau über Politik, Wirtschaft und Arbeiterbewegung, Basel, Nr. 29, S. 1074/1075, August 1933).

18 Ebenda.

gegen den Faschismus im Reichsgebiet wie im Saar-Territorium entscheiden. Dieses Herangehen an die soziale und nationale Frage entsprach dem Umstand, daß der Konsolidierungsprozeß der faschistischen Diktatur fortgeschritten, aber noch nicht abgeschlossen war.

Dieser Linie folgend, leistete die KPD/Saar 1933 eine angestrengte Arbeit, um die Arbeiterklasse und andere werktätige Schichten zum Kampf gegen den Faschismus und für ihre sozialen Forderungen zu mobilisieren. Sie organisierte Kundgebungen und Demonstrationen gegen den faschistischen Terror im Reich, wobei es ihr gelang, in einigen Orten gemeinsame Aktionen mit der Sozialdemokratie auszulösen.[19] Sie mobilisierte ihre Kräfte anläßlich des 1. Mai 1933, was angesichts der Verfälschung des Kampftages der Arbeiterklasse durch die faschistischen Machthaber, die mit Unterstützung der ADGB-Führung einen „Festtag der nationalen Arbeit“ veranstalteten, besonders wichtig war. Sie veranstaltete das „Thälmann-Aufgebot“ zur Gewinnung neuer Kämpfer für die Parteireihen. Sie trat für die Freilassung des von den Faschisten inhaftierten Vorsitzenden der KPD und im Zusammenhang mit dem Reichstagsbrand festgenommenen bulgarischen Kommunisten Georgi Dimitroffs aus der faschistischen Haft ein.[20] Sie verfocht die Interessen der Arbeitslosen und organisierte Hungermärsche der Erwerbslosen, die von der Regierungskommission mit einem neuen Abbau ihrer Unterstützungen bedroht wurden. Sie wandte sich im Interesse der Bergarbeiter gegen die Gedingereduzierung und trat für eine 5prozentige Lohnerhöhung ein. Vermehrte Anstrengungen wurden angesichts des immer frecher auftretenden Faschismus unternommen, um die Selbstschutzformationen der KPD, die nach dem Verbot des Roten Frontkämpferbundes an seine Stelle getreten waren, zu stärken. Es wurden Konferenzen der Berg- und Metallarbeiter und auch eine „Konferenz christlicher Arbeiter“ veranstaltet, die von den Bemühungen der Partei zeugte, den katholischen Teil des Saarproletariats aus der ideologisch-politischen Umklammerung durch die Zentrumspartei, die christlichen Gewerkschaften und die reaktionären Kräfte der Geistlichkeit herauszulösen.

Am 1. August, dem traditionellen Antikriegstag, formierten sich kommunistische Demonstrationen in Saarbrücken, Dudweiler, Neunkirchen und Völklingen. In der Kampagne zur Verteidigung des Lebens von Georgi Dimitroff gelang es, am Tage, als der Reichsanwalt im Leipziger Prozeß die Strafanträge stellte, in drei Betrieben halbstündige Proteststreiks durchzuführen. In allen diesen und anderen Aktionen verwirklichte die KPD/Saar die Einheit von politischen, sozialen und nationalen Kämpfen. Nachdem sie in Mitgliederversammlungen im Juli 1933 auf der Grundlage der Erklärung der Bezirksleitung die „Korrektur der Stellung der BL zur

19 IML ZPA 47/1/356.
20 Ebenda.

Frage Rückgliederung“ erklärt hatte, trat sie auch in der Öffentlichkeit mit aller Bestimmtheit gegen die von den Nationalisten und Chauvinisten propagierte „Heimkehr ins Reich“ auf. In einer Stellungnahme ihrer Landesratsfraktion vom 7. November 1933 wurde gesagt: „Wir werden mit allen Mitteln, mit allen revolutionären Kampfmethoden im Kampf gegen die faschistische Diktatur, gegen das Völkerbundregime und gegen den französischen Imperialismus verhindern, daß das Saarproletariat und die Werktätigen an der Saar unter die Blutdiktatur Hitler-Göring kommen ... wir werden den Kampf führen gegen den deutschen Röchling als auch gegen die französische Grubenverwaltung“.[21] Daß die faschistische Diktatur und Röchling in der Aufzählung der Kräfte, gegen welche die KPD/Saar ihren Kampf richtete, an erster Stelle standen, besaß programmatische Bedeutung. Sie richtete ihren Hauptstoß gegen die faschistischen und profaschistischen Kräfte im Saargebiet selbst und kein Name symbolisierte deren Allianz stärker als der Name des Konzernherrn in Völklingen.

Hermann Röchlings „Heim-ins-Reich“-Konzept

Der Sieg des Faschismus im Deutschen Reich ermutigte alle nationalistischen Kräfte außerhalb Deutschlands. Augenblicklich wurden — beispielsweise — die Faschisten in der deutschen Minderheit in Polen aktiver. Sie und andere hofften darauf, daß das Hitlerregime eine neue aggressivere Außenpolitik einschlagen und die territorialen Bestimmungen des Versailler Vertrages sofort liquidieren würde. Die faschistischen Machthaber in Berlin mußten alle hochgesteckten Erwartungen aber zunächst enttäuschen. Sie hatten sogar Maßnahmen zu ergreifen, damit ihre fünften Kolonnen in Polen, Danzig, der Tschechoslowakei, dem Saargebiet und anderenorts nicht zu zeitig vorpreschten und künftige Pläne erschwerten oder verdarben. Auch im Saargebiet fühlten sich die nationalistischen, profaschistischen und nationalsozialistischen Kräfte durch die Machtübergabe an die Hitlerfaschisten angespornt. Die kleine NSDAP-Organisation im Saargebiet war freilich viel zu schwach, um Entscheidungen der Regierungskommission bestimmen zu können.

Wie in anderen Fragen hielt sich das Reichskabinett in der Saarfrage an den bisherigen außenpolitischen Kurs. Bei der ersten Verständigung im Hitlerkabinett über die Außenpolitik, die Anfang April 1933 erfolgte, wurde die 1935 bevorstehende Abstimmung über die Zukunft des Saargebiets als die entscheidende Auseinandersetzung angesehen. Eine Vorver-

[21] Stenographische Berichte, Band 12, S. 203.

legung dieses Termins oder eine andere Art, früher zur Angliederung des begehrten Territoriums an das Reichsgebiet zu gelangen, lag nach übereinstimmender Auffassung nicht im Bereich des Möglichen. So sahen im Saargebiet selbst auch die monopolkapitalistischen und großbourgeoisen Kräfte die Sache an. Sie begrüßten, daß im Deutschen Reich ein konsequent antikommunistisches und imperialistisches Staatswesen entstanden war, glaubten aber zugleich, daß jedes überstürzte Vorgehen die Rückkehr in dieses Reich nur komplizieren könne. Mit diesen Fragen beschäftigte sich auch Hermann Röchling, der im faschistischen Staat nicht zuletzt die Möglichkeit riesiger Rüstungsprofite witterte. Röchling knüpfte aber an das Entstehen der faschistischen Diktatur und den Beginn seiner arbeiter- und z. T. auch kirchenfeindlichen Politik zugleich gewisse Bedenken. Würden die Verfolgungen nicht nur der Kommunisten, sondern auch der Sozialdemokraten und freien Gewerkschafter im Reich nicht viele Menschen an der Saar davon abhalten, in der entscheidenden Abstimmung für eine Angliederung an *dieses* faschistische „Dritte Reich" zu votieren? Würde nicht die Verfolgung der Zentrumspartei, die Verbreitung einer neuheidnischen faschistischen Lehre, die Bekämpfung der katholischen Jugendorganisationen den katholischen Volksteil an der Saar ebenfalls gegen die „Heimkehr" einnehmen können? Und besaßen nicht Kommunisten, Sozialdemokraten und Zentrumspartei bei weitem die Mehrheit der Wählerstimmen im Saargebiet? Woher würden also dann die mehr als 50 Prozent Abstimmungsberechtigter zu nehmen sein, ohne die der Faschismus auf das Saargebiet nicht auszudehnen war?

Diese und ähnliche Fragen beunruhigten Hermann Röchling, und das war der Grund dafür, daß er sich bereits wenige Wochen nach Hitlers Einzug in die Berliner Wilhelmstraße, dem Sitz der faschistischen Führung, bemühte, einen ständigen Draht zum „Führer" Hitler herzustellen. Dieser wiederum war längst gewohnt, sich in kritischen innen- und außenpolitischen Fragen mit Monopolisten und Großkapitalisten zu beraten, und er war, wie seine Etablierung im Reichskanzlerpalais soeben gezeigt hatte, dabei nicht schlecht gefahren. Kein Wunder also und keine Sensation, daß die Türen des neuen Reichskanzlers sich für Röchling sofort öffneten, als dieser über sein Berliner Büro „Röchlingstahl" ein entsprechendes Zeichen gegeben hatte.

Noch bevor am 7. April 1933 im Kabinett Hitler zum ersten Mal umfassend über die außenpolitische Lage beraten wurde, trafen sich Röchling und Hitler am 31. März 1933. Das war übrigens einen Tag bevor der reichsweite Boykott gegen jüdische Einzelhändler, Ärzte, Rechtsanwälte, Richter und Hochschullehrer, der erste antijüdische faschistische Pogrom einsetzte.

Der Kernpunkt dieser Unterhaltung lag in der Antwort auf die Frage, wie im Saargebiet das Zustandekommen einer antifaschistischen Volksfront aus Arbeiter- und bürgerlichen Parteien und Organisationen zu verhindern sei und statt einer solchen Sammlung die Konzentration aller faschistischen und profaschistischen Kräfte rechtzeitig zustande zu bringen wäre. Röchling dachte dabei an „eine absolut enge Zusammenarbeit der drei nichtmarxistischen Parteien des Saargebietes, der NSDAP, des Zentrums und unserer — zwar ziemlich zusammengeschmolzenen — Deutsch-Saarländischen Volkspartei."[1] Als Röchling Hitler diesen Vorschlag unterbreitete, fürchtete er offenbar, sich dem Verdacht auszusetzen, er wolle das bürgerliche Mehrparteiensystem in die Zukunft hinüberretten. Deshalb fügte er sogleich hinzu — und betonte auch später immer wieder —, daß sich mit seiner Idee nicht die Vorstellung verbinde, Zentrum und Saarländische Volkspartei würden nach 1935 fortexistieren und ihre Führer „irgendwelche politische Tätigkeit nach 1935" entfalten. Unumwunden schrieb der Monopolbourgeois an Hitler: „Die Existenz der einen oder anderen Partei spielt dabei nicht die geringste Rolle, kann sie auch nicht spielen."[2] Es ist schwerlich ein knapperes und zynischeres Eingeständnis der Rolle denkbar, die Röchling — einer der Finanziers der Saarländischen Volkspartei — den bürgerlichen politischen Parteien überhaupt zumaß. Sie galten ihm nur als Mittel zum Zweck imperialistischer politischer Interessenverfechtung und galten ihm obendrein als das nur solange, bis sich eine andere und günstigere Lösung abzeichnete. Er war bereits 1933 bereit, man bedenke, daß selbst im Reichsgebiet die bürgerlichen Parteien, wenn auch nicht unbehelligt, noch legal existierten, seine eigene Partei und auch das Zentrum — für das er genau genommen nicht zu sprechen hatte — zu opfern und fortan nur noch auf das eine „politische Pferd", die NSDAP, zu setzen. Nach Röchlings Plan würde es vorerst mit Rücksicht auf die Abstimmung nicht darum gehen, die anderen konkurrierenden bürgerlichen Parteien seitens der NSDAP zu bekämpfen und zu verfolgen, sondern mit ihnen ein Zweckbündnis zu suchen. Als Auftakt dieses taktischen Vorgehens faßten Hitler und Röchling am 31. März 1933 einen gemeinsamen Empfang von Parteiführern der NSDAP, des Zentrums und der Saarländischen Volkspartei durch den Reichskanzler ins Auge. Erinnert man sich daran, daß die Zentrumspartei bei den erst kurz zurückliegenden Wahlen im Saargebiet 1932 43,2 Prozent der Stimmen gewann, die Saarländische Volkspartei hingegen 6,6 Prozent, dann wird deutlich, daß durch diese Operation der NSDAP fast genau 50 Prozent des saarländischen Wahlvolkes zugeführt werden sollte.

Bevor es zu der Audienz der bürgerlichen Parteipolitiker von der Saar bei Hitler kam, verhandelte Röchling u. a. noch einmal mit dem Reichsaußenminister und schließlich am 3. Mai 1933 wieder bei Hitler. Diesmal wurde er von seinem Schwiegersohn und Konzernmanager Freiherrn von Gemmingen begleitet. Bei dieser Unterredung[3] — sie fand am Tage nach dem

1 28. April 1933, zitiert bei: Kunkel, a. a. O., S. 122.
2 Ebenda.

Sturm auf die Gewerkschaftshäuser des ADGB statt — versicherte Röchling Hitler noch einmal, daß er selbst geprüft habe, ob er sich persönlich nicht sogleich der „nationalsozialistischen Bewegung“ anschließen solle oder ihr aber mehr nützen könne, wenn er zunächst die kleine und auch zusammenschmelzende Saarländische Volkspartei weiterführe. Nur aus taktischen Gründen habe er sich zu letzterem entschlossen. Faktisch gedachte der Saarmonopolist in seiner Eigenschaft als Parteiführer, den anderen bürgerlichen Parteipolitikern ein Beispiel zu geben. Hitler hieß das gut, so daß über die bevorstehende Beratung in größerem Kreis rasch Einigkeit erzielt wurde.

Am 15. Mai 1933 wurden schließlich die „Herren aus dem Saargebiet“, wie es in einer Niederschrift[4] hieß, von Hitler empfangen. Bei der Beratung war ein ungewöhnlich großer Kreis führender faschistischer Politike anwesend: Franz von Papen, der Vizekanzler, Konstantin Freiherr von Neurath, der Reichsaußenminister, Staatssekretär Lammers, der Chef der Reichskanzlei, Robert Ley, offensichtlich in seiner Eigenschaft als Reichsorganisationsleiter der NSDAP, dem die direkte Führung der Nazi-Organisation an der Saar unterstand und der die Problematik aus seiner früheren Tätigkeit als Gauleiter in Köln und durch Besuche im Saargebiet kannte, ferner der stellvertretende Gauleiter Selzner aus Neustadt a. d. H., der offenbar auch Bürckel vertrat. Von den saarländischen Parteien waren außer der Röchlings die Deutschnationale Volkspartei, die sogenannte Bürgerliche Mitte, die Zentrumspartei und selbstredend die NSDAP vertreten. Um die personelle Zusammensetzung der Zentrumsdelegation hatte es noch bis kurz vor dem Treffen Auseinandersetzungen gegeben, die vor allem die Lage in der katholischen Partei charakterisieren. In der Tat hatten sich die Zentrumsparteiführer darauf eingelassen, daß von faschistischer Seite ihr Landesvorsitzender Stegmann zur persona non grata erklärt und auch die Teilnahme des Chefredakteurs Johannes Hoffmann, der bereits in Berlin weilte und an Vorbesprechungen im Außenministerium teilgenommen hatte, für unerwünscht erklärt wurde. Die freche Anmaßung, zwischen den Zentrumspolitikern zu differenzieren, erfuhr von seiten der nichtbetroffenen Personen keine Antwort. Vier Zentrumsleute gingen in die Reichskanzlei, darunter, was für die Pläne der faschistischen Reichsleitung besonders wichtig war, die Sekretäre der Christlichen Gewerkschaften Peter Kiefer und Fritz Kuhnen. Nicht einmal die Beseitigung der Freien Gewerkschaften im Reichsgebiet und die Galgenfrist, die den Christlichen Organi-

3 Über das Gespräch existiert eine ausführliche Niederschrift, die im Auswärtigen Amt nach einem Bericht H. Röchlings am folgenden Tage, dem 4. 5. 1933, angefertigt wurde. Vgl. Kunkel a. a. O., S. 123/124.

4 Siehe dazu die Niederschrift Röchlings, die für das Auswärtige Amt bestimmt war und ihm am 17. 5. 1933 übersandt wurde. Abgedruckt bei Kunkel, a. a. O., S. 130 f.

sationen lediglich noch gewährt war, konnte sie daran hindern, sich bei der faschistischen Führung anzubiedern. Mehr noch: Kiefer machte sich während des Empfangs zum Sprecher der Delegation und entwickelte dort den zwischen Röchling und Hitler inzwischen vereinbarten Plan des Zusammenwirkens der bürgerlichen Parteien im Saargebiet. An der Reaktion des Reichskanzlers war freilich bereits zu ersehen, daß er angesichts der bevorstehenden Beseitigung des Zentrums, der Deutschen Staats- und der Deutschen Volkspartei und auch seines Koalitionspartners, der Deutschnationalen Partei Hugenbergs, kein besonderes Interesse besaß, den bürgerlichen Saarparteien irgendwelche Existenzgarantien auch nur bis zur Abstimmung zu gewähren. Nicht zufällig bezeichnete er, den Zentrumseinfluß ignorierend, daher die NSDAP und die Christlichen Gewerkschaften als „die beiden großen tragenden Kräfte im Saargebiet".

Diese Lobhudelei gegenüber den Gewerkschaftsführern, der Ley im Verlaufe des Gesprächs das erneute Bestechungsangebot für weitere Sitze im Preußischen Staatsrat hinzufügte, zielte vor allem darauf, die christlichen Gewerkschaftsführer zu ermuntern, wenigstens einige unter den Führern der Freien Gewerkschaften für das faschistische „Heim-ins-Reich"-Konzept zu gewinnen. Und die christlichen Gewerkschaftsführer sagten das zu. Sie nahmen auch ungerührt zur Kenntnis, daß die faschistische Regierung beabsichtigte, durch die Beschlagnahme des Vermögens der SPD und der Freien Gewerkschaften den Organisationen an der Saar die finanziellen Lebensgrundlagen weitgehend zu entziehen. Faktisch waren die bürgerlichen Parteiführer und die Sekretäre der Christlichen Gewerkschaften seit diesem 15. Mai 1933 auch in den Plan eingeweiht, die bevorstehende Abstimmung durch Druck und Lockung zu manipulieren. Während den Gegnern des Anschlusses von Hitler unverblümt die Rache angedroht wurde, sollten die Befürworter auf ihren Posten belassen werden. So wurden die saarländischen Profaschisten mit der Aufforderung entlassen, ihre Anhänger zusammenzuhalten, „in mehreren Kolonnen" zu marschieren und den Sieg zu sichern.

Faktisch war dieser 15. Mai 1933 ein wahrhaft schwarzer Tag in der Geschichte des Saargebiets. Damals wurde die Mehrheit der wahlberechtigten Bevölkerung, die den bürgerlichen Parteien gutgläubig Gefolgschaft leistete, ohne es selbst noch zu wissen, an das faschistische Regime als politisches Stimmvieh und als künftiger Bürger verkauft. Kein Parteitag und keine Delegiertenversammlung hatte deutschnationale, volksparteiliche und katholische Parteiführer ermächtigt, sich den Hitler, Papen und Ley zu verbünden. Erst tropfenweise erfuhren die Mitglieder und Anhänger der bürgerlichen Parteien, daß sich ihre Führer bedingungslos — und ihre Position hätte ihnen wohl erlaubt, Bedingungen zu stellen — mit den Machthabern arrangiert hatten, die für die terroristische Verfolgung von Antifaschisten, für die Konzentrationslager, für die Judenverfolgungen, für die

Liquidierung der Gewerkschaften, schließlich für die Beseitigung jedweder bürgerlich-demokratischen Freiheiten verantwortlich waren.

In der bürgerlichen und in der sozialdemokratischen Geschichtsschreibung über die verhängnisvolle Entwicklung zwischen 1933 und Januar 1935 werden die verschiedensten Ursachen für die Angliederung des Saargebiets an das Reich herangezogen. Es wird auf traditionelle nationalistische Denkweisen, auf die Rolle des Völkerbundes und der Regierungskommission, auf die Haltung des französischen Imperialismus und viele andere Faktoren hingewiesen, die sämtlich unstreitig die Ereignisse mitbestimmten. Letztlich werden mit Hilfe derartiger Multi-Faktoren-Theorien die ausschlaggebenden Faktoren und Kräfte versteckt. Ohne die profaschistische Position der bürgerlichen Parteiführer und der sie leitenden Gestalt, des beziehungsreichen und in seinem eigenen ökonomischen Profitinteresse intrigierenden Hermann Röchling, ohne ihr Komplott, das nationalistischer Verblendung, politischem Opportunismus und auch ganz vulgärem Vorteilsdenken entsprang — wäre da die Entwicklung zum 13. Januar 1935 hingetrieben?

Am Tage nach dem Empfang bei Hitler wurden die offenstehenden Einzelheiten unter dem Vorsitz des Legationsrats Voigt, des Saarreferenten im Auswärtigen Amt, erörtert. Röchling, der seinen grundlegenden Plan in guten Händen wußte, nahm daran bereits nicht mehr teil. Es wurde festgelegt, einen Aktionsausschuß zu bilden, der insbesondere ein größeres „Vertreter-Gremium" aus den verschiedenen politischen Parteien und Gruppen schaffen sollte, das an die Spitze „des allgemeinen Zusammenschlusses aller deutschgesinnten Kreise"[5] zu treten hätte. Dieser Aktionsausschuß, er wurde zum Kern der späteren Deutschen Front, setzte sich aus dem NSDAP-Gauleiter und Saarbevollmächtigten der Nazipartei Bürckel, dem Sekretär der Christlichen Gewerkschaften Kiefer und — Röchling zusammen. Noch einmal wurde festgelegt, „daß es Aufgabe der Christlichen Gewerkschaften sein werde, mit den Freien Gewerkschaften über ein geregeltes Verhältnis zu verhandeln."[6] Die Gewinnung der Arbeiterklasse des Saargebiets, die Verhinderung ihres antifaschistischen Zusammenschlusses über weltanschauliche und politische Grenzen hinweg blieben das Alpha und Omega aller Überlegungen, die in den Tagen des Berlin-Besuchs der saarländischen Parteiführer angestellt wurden. Da die Nazipartei, die im Reichsgebiet trotz jahrelanger Bemühungen nicht hatte in das Proletariat eindringen können, sich nach dem Terrorfeldzug erst recht wenig Hoffnungen machen konnte, an der Saar erfolgreich zu sein, brauchte sie die christlichen Gewerkschaftsführer als Strohmänner. Sie

[5] Aufzeichnung Voigts vom 16. 5. 1933 über die Besprechung am gleichen Tage, abgedruckt bei Kunkel, S. 134 ff.

[6] Ebenda.

fand, wovon die Rede noch wird sein müssen, im Episkopat und insbesondere in den territorial zuständigen Bischöfen von Trier und Speyer zwei weitere Strohmänner.

Die „Deutsche Front", die Regierungskommission und die Antifaschisten

Nachdem Mitte Mai 1933 in Berlin unter Hitlers Vorsitz die Taktik der Saar-Rückgliederung festgelegt worden war, leiteten Bürckel, Röchling und Kiefer in den folgenden Wochen die politische Zusammenfassung aller faschistischen und profaschistischen Kräfte ein. Schrittweise schufen sie eine breite nationalistische Sammlungsbewegung, in der bürgerliche Parteien, Gewerkschaften und andere Organisationen schließlich vollends aufgingen. Diese Bewegung erhielt den Namen „Deutsche Front".

Der Name sagt, so knapp er — verglichen mit den bombastischen Bezeichnungen der Nazi-Organisationen — auch ausfiel, doch viel. In ihm drückte sich das ideologische Konzept aus, nach dem der Abstimmungskampf vorbereitet und geführt werden sollte. Am meisten fürchteten die Faschisten, daß die Saarbevölkerung zu der wirklichen Frage „Für oder gegen Hitler — für oder gegen den imperialistischen Faschismus" Stellung nehmen würde, denn unter dieser Fragestellung erschien ihnen der Ausgang der Entscheidung höchst zweifelhaft. Daher wurde die konstruierte Parole „Für oder gegen Deutschland" ins Zentrum der demagogischen Massenbeeinflussung gerückt. Wer sich aber „gegen Deutschland" stellte, wurde erklärt, trete auf Seiten Frankreichs und sei ein Landesverräter. Auf diese Weise diffamierte die „Deutsche Front", die nichts anderes war als eine überparteilich verpackte faschistische Bewegung, nicht nur Kommunisten und Sozialdemokraten. Sie übte insbesondere einen psychologischen Druck auf jene Einwohner des Saargebietes aus, die den Faschismus gefühlsmäßig ablehnten, ohne sich in der komplizierten Situation orientieren und sich auch vor sich selbst rechtfertigen zu können. Karl Bartz, ein nazistischer Journalist aus dem Umkreis des NSDAP-Saarbevollmächtigten Bürckel, hat 1935 nach dem faschistischen Sieg in einem Buch, das den anmaßenden Titel „Weltgeschichte an der Saar" trug, die taktische Linie offen beschrieben. „Auf der Ebene der (NSDAP-) Parteipolitik", schrieb Bartz, wäre „die Schlacht an der Saar niemals gewonnen" worden. Deshalb hätten sich die Faschisten der Parole bedient „Wer nicht für Deutschland ist, ist für Frankreich".[1]

Am 15. Juli 1933 wurde bekanntgegeben, das Zentrum, die Deutschnationale Volkspartei, die Deutsch-saarländische (Röchling) Partei und die

[1] Karl Bartz, Weltgeschichte an der Saar, Neustadt-Heidelberg 1935, S. 28.

sogenannte bürgerliche Mitte (Wirtschaftspartei) hätten sich zur „Deutschen Front" zusammengeschlossen. Das Datum dieses Ereignisses ist wichtig, hatte doch die Reichsregierung in Berlin tags zuvor, nachdem sich alle bürgerlichen Parteien für aufgelöst erklärt hatten, ein Gesetz beschlossen, nachdem als einzige legale Partei nur noch die NSDAP existieren durfte. So war die Bildung der „Deutschen Front" einerseits das Eingeständnis der Beteiligten, daß auch die bürgerlichen Parteiführer im Saargebiet zur Unterordnung unter die faschistische Diktatur bereit waren, andererseits aber auch eine Bekundung der Absicht, die Parteigebilde im Interesse der Rückgliederung noch weiter bestehen zu lassen.

Der am 15. Juli geschaffene Zustand konnte — unabhängig von allen Meinungsverschiedenheiten über das geschickteste Taktieren — nur noch ein Zwischenstadium sein. Nachdem die NSDAP-Führung im Reich mit den bürgerlichen Parteien fertig war und ihnen monatelang die schlimmsten Beschimpfungen als „Novemberverbrecher" und Stützen der „Judenrepublik", womit der Weimarer Staat gemeint war, entgegengerufen hatte, konnte sie schwer öffentlich mit den Parteiresten des Zentrums und weiterer „Systemparteien" im Saargebiet zusammenarbeiten. Es überraschte daher nicht, daß Ende September/Anfang Oktober 1933 dem ersten der zweite Schritt folgte: die bürgerlichen Parteien lösten sich auf. Den Auftakt gab die bedeutungslose Deutschnationale Partei, dann folgten die Deutsch-saarländische und die Wirtschaftspartei und am 12. Oktober 1933 erklärte als letzte auch die Zentrumspartei ihre Existenz für beendet. Unrühmlich wie die Mutterparteien im Reich traten auch ihre Teilorganisationen im Saargebiet ab. Während jene im Reich aber in einer nebulosen Volksgemeinschaft aufgingen, formierten sich diese innerhalb der (zweiten) „Deutschen Front", einer Tarnorganisation der faschistischen NSDAP.

Indessen erschien das organisationspolitische Manöver, dessen Resultat nun eine von der NSDAP gelenkte und ihr in jeder Weise hörige bürgerlich-nationalistische Sammlungsbewegung war, manchen Faschistenführer den Erfolg noch nicht garantieren zu können. Sie setzten — übrigens gegen den Willen von Naziführern im Saargebiet selbst — durch, daß sich auch die NSDAP ganz in der „Deutschen Front" verkroch. Am 26. Februar 1934 wurde die Auflösung der NSDAP/Saar bekanntgegeben. Das entsprach dem am Beginn des Weltkrieges bewährten demagogischen Stil Wilhelms II: „Ich kenne keine Parteien mehr, kenne nur noch Deutsche." Der Schachzug, die NSDAP/Saar zeitweilig zu beseitigen, trug dem Hitler-Röchling-Konzept nicht nur ideologischen Gewinn ein. Eine Quelle ständiger Spannungen und Reibungen zwischen der „Deutschen Front" und der Naziorganisation des Saargebietes war nun verstopft. Den faschistischen Plänen war es nicht weniger dienlich, daß sich die Regierungskommission mit der getarnten NSDAP, der „Deutschen Front", auseinanderzusetzen hatte und jede ihrer ohnehin inkonsequenten Maßnahmen, die sich gegen faschistische Umtriebe richteten, sofort als antideutsch diffamiert werden konnte. Den Hauptgewinn zogen die Faschisten aber aus der Tatsache, daß das überparteilich aufgemachte Gebilde „Deutsche Front" den Kommunisten und Sozialdemokraten als Block konfrontiert und diesen unterschoben werden konnte, sie kämpften nicht für Deutschland, sondern für parteiegoistische Ziele.

Am 26. Februar 1934 war die letzte Etappe der Herausbildung der (dritten) „Deutschen Front" abgeschlossen. Dem Führerrat, der an ihrer Spitze stand, gehörten von nun an Hermann Röchling, der Architekt und frühere Vorsitzende der Wirtschaftspartei Gustav Schmoll, der amtierende (!) Regierungsrat und frühere Leiter der Deutschnationalen Heinrich Spring, der Gewerkschaftssekretär Peter Kiefer, der Rechtsanwalt Franz Levacher, früherer Vorsitzender der Zentrumsfraktion im Landesrat, der katholische Pfarrer und Zentrumspolitiker Peter Wilhelm und der evangelische Pfarrer Carl Roderich Richter an. Hier findet sich ein Großteil derjenigen Personen wieder, die sich bereits am 15. Mai 1933 zu Hitler begeben hatten. Zum Führer der „Deutschen Front" bestellte der Führerrat einen Nazi, den Verwaltungsobersekretär Jakob Pirro aus Homburg. Er, wie die gesamte „Deutsche Front", bezogen ihre Anweisungen aus dem Reichsgebiet, wo die mächtig gewordenen Organisationen der NSDAP und der Staatsapparat der faschistischen Diktatur über — gemessen an der Aufgabe der Aufgliederung des Saargebietes — unerschöpfliche materielle, finanzielle und personelle Mittel verfügten, um die nationalistische Sammlungsbewegung hochzupäppeln.

Mit den saarländischen Nazis, welche die Taktik der „Deutschen Front" nicht verstanden, sondern nach dem Vorbild von SA und SS im Reich sich eine gewalttätige Auseinandersetzung auch mit den früheren bürgerlichen Gegnern wünschten, mache die NSDAP-Führung kurzen Prozeß. Sie drohte ihnen an, daß sie ihre spätere Mitgliedschaft in der NSDAP verlieren würden, falls sie sich nicht der „Deutschen Front" eingliederten. Umgekehrt wurde den Angehörigen der „Deutschen Front" versprochen, sie würden nach dem Ende der separaten Saarexistenz in die NSDAP aufgenommen werden. Ein Jahr nach der Machtübergabe im Deutschen Reich hatte sich die politische Szene an der Saar einschneidend verändert. Das war zum wenigsten das Verdienst der NSDAP/Saar selbst. Obwohl die Tatsache, daß die NSDAP im Reich nun an der Spitze der Staatsmacht stand, ihrer Parteiorganisation jenseits der Westgrenze zahlreiche Überläufer zuführte, existierte noch im Sommer 1933 die Befürchtung, die NSDAP/Saar „werde den Ansprüchen, die ein Abstimmungskampf stellt, nicht ganz gewachsen sein".[2]

Im Saargebiet war die veränderte Lage vor allem durch das Zentrum

[2] Ebenda, S. 22.

bewirkt worden, das — selbst nach faschistischem Urteil — den „Schlüsselpunkt der Saarentscheidung" bildete. Die profaschistische Haltung der Zentrumspartei und des hohen katholischen Klerus, die im Reichsgebiet mit der Zustimmung der Reichstagsfraktion zum Ermächtigungsgesetz am 23. März 1933 begann, sich mit der Verlautbarung der katholischen Bischofskonferenz vom 28. März 1933, wonach Katholiken Mitglieder faschistischer Organisationen werden konnten, fortsetzte und schließlich im Juli in der Auflösung der Partei mit dem Aufruf zur Untertanentreue gegenüber dem Hitlerregime und dem Reichskonkordat gipfelte, wurde im Saargebiet innerhalb der „Deutschen Front" gewahrt und weitergeführt. So gelangten Zehntausende von Saarländern in die politische Kiellinie des Faschismus an der Macht, obwohl „viele innerlich (mit der Nazidiktatur — d. Vf.) noch nicht übereinstimmten".[3]

Maria Zenner hat es unternommen, die Entwicklung der katholischen Partei 1933 unter dem Leitwort von der „Zentrumspartei zwischen Widerstand und nationaler Zusammenarbeit" abzuhandeln.[4] Das ist ein Versuch am untauglichen Objekt, vollzog sich in diesem Jahr an der Saar doch die Kapitulation der Zentrumsführer vor dem Faschismus. Irreführend ist es vor allem, die profaschistische Rolle dieser bürgerlichen Führer, welche die Bindungen eines Teils der Saarbevölkerung an die katholische Kirche politisch auszunutzen wußten, als „nationale Zusammenarbeit" zu deklarieren. National handelte 1933 und in den folgenden Jahren der faschistischen Diktatur, wer sich gegen den Weg der deutschen Nation in den Zweiten Weltkrieg wehrte und das bedeutete: sich den Faschisten und ihrem Terrorregime entgegenstellte. Was von der saarländischen Zentrumsführung zu hören war, betraf bis zu ihrer Auflösung nur die Betätigungsmöglichkeiten für die Zentrumspartei und -presse, galt dem ungehinderten Wirken der katholischen Kirche und ihrer Organisationen und zielte letztlich darauf, den Faschismus an der Macht zu „verbessern" und ihn so zu gestalten, daß die reaktionäre nationalistische Eintracht an der Saar erhalten blieb und der Ausgang der Abstimmung nicht gefährdet würde. Nationaler Zuschnitt und nationales Verantwortungsbewußtsein fehlte der Zentrumspolitik im Reich wie im Saargebiet. Wer aus den Kreisen der saarländischen Katholiken eine antinazistische Position bezog, brach mit der Zentrumspartei und kann nachträglich nicht rechtens für sie reklamiert werden.

Mit der „Deutschen Front" war den Hitlerfaschisten im Saargebiet eine mächtige politische Organisation entstanden. Sie wirkte als Konzentrationspunkt für viele kleinere politische und vermeintlich unpolitische Verbände und Vereinigungen, die sich ihr anschlossen. Sie erlaubte es dem faschistischen Regime in Deutschland fortan, eine zielstrebige zentrale Leitung der nationalistischen Sammlungsbewegung zu organisieren und Reibungsver-

[3] Ebenda, S. 45.
[4] M. Zenner, a. a. O., S. 270.

luste zwischen den einzelnen Kräften zu beseitigen oder herabzumindern. Faktisch wurde die „Deutsche Front“ zum verlängerten Arm der koordiniert operierenden Reichsleitung der NSDAP und der Reichsregierung. Mit ihrer Hilfe ließ sich nicht nur der Abstimmungskampf, sondern auch die geplante Angliederung politisch, institutionell und personell vorbereiten. Die Tätigkeit der „Deutschen Front“ unterminierte schrittweise das Völkerbundregime und die Tätigkeit der Regierungskommission, denn faktisch hatte es die Saarbrücker Kommission in ihrem Apparat, der Beamtenschaft in Verwaltung, Polizei, Gendarmerie, Justiz, mit immer mehr Mitgliedern oder Anhängern der nationalistischen Sammlung zu tun, die ihre eigenen Handlungen und Unterlassungen einzig danach beurteilten, was sie nach dem Abstimmungstag gelten würden. Die Institutionen der Reichs- und Preußischen Exekutive stellten für diese Saarbeamten eine weit größere Autorität dar als die Verordnungen der Regierungskommission.

Zur Anleitung der „Deutschen Front“ bediente sich die faschistische Reichsregierung der traditionellen Stellen des Regierungsapparates. Das waren die im Auswärtigen Amt existierende Dienststelle unter dem Legationsrat Hermann Voigt und die Saarreferenten in den Preußischen Ministerien. Das Saarreferat im Preußischen Innenministerium wurde im Juli 1933 dem saarländischen Faschisten Heinrich Schneider übergeben, der in Personalunion auch eine neu errichtete Saarstelle der NSDAP leitete, die Ley in dessen Eigenschaft als Organisationsleiter unterstand, aus Koordinierungsgründen aber in Berlin fungierte. Wachsende Bedeutung gewann das Saarbüro des Preußischen Innenministeriums in Köln, das von Regierungsrat Watermann geleitet wurde. Vor allem über diese Stelle wurden der „Deutschen Front“ finanzielle Mittel aus dem Staatshaushalt, u. a. aus dem Haushalt des Goebbelsschen Propagandaministeriums, zugeleitet.[5]

Die Fäden, die von der Reichsregierung ins Saargebiet reichten, machten indessen nicht das ganze Netz aus. In Neustadt a. d. H. saß mit Bürckel der Saarbeauftragte der NSDAP-Reichsleitung, der sich aufgrund einer Verordnung der Regierungskommission offiziell zwar nicht mehr als Gauleiter der Saar bezeichnen konnte, faktisch aber nach wie vor Einfluß auf alle Entscheidungen innerhalb der NSDAP/Saar nahm. Andere Verbindungen gingen von dem im Reich wirkenden Bund der Saarvereine aus, an dessen Spitze 1933 der Gauleiter der NSDAP von Koblenz-Trier, Gustav Simon, trat.

Mit der Abwehr des illegalen antifaschistischen Kampfes in Deutschland und der Vorbereitung der Eingliederung des Saargebietes befaßte sich die Gestapostelle in Trier. Diese versuchte, durch Spitzelberichte aus dem Saargebiet und auch durch die Entsendung eigener Agenten einen Einblick

[5] Vgl. Fritz Jacoby, Die nationalsozialistische Herrschaftsübernahme an der Saar, Saarbrücken 1973, S. 90 ff und 136 ff.

in die antifaschistischen Aktivitäten zu erhalten, die vom Saargebiet ausgingen. Gleichzeitig sammelte sie nachrichtendienstliche Informationen über das Verhalten der Saareinwohner.

Ende 1933 setzte die Reichsregierung Franz von Papen als den Bevollmächtigten des Kabinetts und Hitlers für die Saarfragen ein. Diese Wahl entsprach dem damaligen Stand der Formierung der „Deutschen Front". Während ein exponierter nationalsozialistischer Faschist als eine Herausforderung gewirkt hätte, war der gepflegte, glatte, geschniegelte und mit den hemdsärmligen Nazis kontrastierende Papen auch für dieses Amt besonders geeignet. Er, ein frömmelnder Katholik, besaß vielfältige Verbindungen auch zu Kreisen des französischen Kapitals und verfügte obendrein über eigene saarländische Kapitalinteressen.

Vergleicht man die geballte Macht, die das faschistische Herrschaftssystem zur Lösung der Saarfrage zu seinen Gunsten einzusetzen vermochte, mit der Position der Regierungskommission, so wird man an das Bild von David und Goliath erinnert.

Schon im Verlauf des Jahres 1933 zeichnete sich ab, daß die Auseinandersetzung zwischen Faschismus und Antifaschismus im Saargebiet — wie vorher im Deutschen Reich insgesamt — entscheidend davon bestimmt werden würde, ob die antifaschistischen Kräfte zueinander und zu geschlossenem Handeln finden könnten. Eine antifaschistische Aktion aber konnte nur über eine Verständigung der beiden einflußreichsten politischen Strömungen innerhalb der Arbeiterklasse entstehen. Sie wurden auch im Saargebiet durch die KPD und die auf reformistischen Positionen stehende SPD verkörpert. Eine Besonderheit gegenüber der Lage im Reichsgebiet bestand hier darin, daß die KPD im Verlauf der fünfzehn Jahre, die seit ihrer Gründung vergangen waren, die SPD in ihrem Einfluß weit überholt hatte. Während sich die Wählerschaft der SPD bei den Landesratswahlen seit 1924 verminderte und 1932 schließlich nur noch 9,6 Prozent der abgegebenen gültigen Stimmen ausmachte, hatte die Kommunistische Partei unausgesetzt gewonnen und 1932 23,1 Prozent der Stimmen für sich mobilisiert. Für den nun auszufechtenden Kampf gegen den Faschismus war wichtig, daß die beiden Arbeiterparteien gemeinsam nahezu ein Drittel der Wählerschaft hinter sich hatten. Das stellte zwar einen geringeren Prozentsatz als den im Reichsgebiet (November 1932 mehr als 37 Prozent) dar, repräsentierte nichtsdestoweniger aber eine große Kraft. Bei ihrer Bewertung wird man freilich beachten müssen, daß die nationale Frage bei den Saarlandwahlen 1932 eine untergeordnete Rolle spielte, denn damals traten alle Parteien für die Rückgliederung an die Weimarer Republik ein.

Die Sozialdemokraten im Saargebiet befanden sich bei der Bestimmung ihrer strategischen und taktischen Position nach dem Januar 1933 von vornherein in einer komplizierteren Lage als die KPD. Wie diese verstanden sich die Genossen der SPD an der Saar als Teil der Reichspartei.

Organisatorisch bildeten sie einen Unterbezirk, der nach Kunkel etwa 5 000 bis 6 000 Mitglieder umfaßte und zum SPD-Bezirk Oberrhein gehörte, der ein hauptsächlich im Reich gelegenes Territorium umfaßte. Als das Kabinett Hitler an die Macht gebracht wurde, mußten sich folglich die falschen Lagebeurteilungen des Parteivorstandes der SPD und die von ihm eingeschlagene opportunistische Taktik gegenüber dem Regime sofort auf die Haltung der saarländischen Sozialdemokraten auswirken. Dabei kam es auch zu ersten Spannungen zwischen der Berliner SPD-Zentrale und dem Saarbrücker Unterbezirksvorstand. Während die führenden Genossen im Saargebiet glaubten, die bürgerlich-parlamentarischen Zustände ausnutzen zu sollen, um das faschistische Regime im Deutschen Reich legal anzugreifen und zu entlarven — was im Reichsgebiet wegen der Zeitungsverbote und der Bedrohung von Leib und Leben der Antifaschisten bereits immer weniger möglich war —, richtete sich der Parteivorstand darauf ein, die faschistischen Machthaber möglichst wenig herauszufordern und der opportunistischen Arbeiterpartei eine halblegale Existenz zu erhalten. Faktisch begab sich die rechte SPD-Führung damit auf die abschüssig-schlüpfrige Bahn der Zugeständnisse an das faschistische Regime, und die Taktik der Naziführer bestand darin, die Sozialdemokratie auf diesem Wege ihrer völligen Diskreditierung noch weiter voranzustoßen.

Als Hitler am 23. März 1933 auf die Rede von Otto Wels im Reichstag antwortete, verwies er ausdrücklich auf die antifaschistische Haltung der SPD-Zeitung im Saargebiet, die er der Verleumdung, des Landesverrats und der Lüge bezichtigte.[6] Anstatt die Herausforderung anzunehmen, denn tatsächlich verbreitete die „Volksstimme" nichts anderes als die Wahrheit über den Terrorismus der faschistischen Diktatur, verlegten sich die Genossen im Parteivorstand der SPD darauf, ihre Saarbrücker Parteifunktionäre zu beschwichtigen und ihnen eine zurückhaltendere antinazistische Agitation anzuraten. Mehr noch: um die vom Parteivorstand als diffamierend empfundene Kennzeichnung der SPD als landesverräterisch zurückzuweisen, „versuchte der PV die SPD/S zu einer Erklärung in der Saarfrage zu bewegen, die den bisher in der Saarfrage eingenommenen Standpunkt erneut bekräftigte".[7] Diesem Drängen gab der Unterbezirksvorstand nach. Am 8. April 1933, die SPD war noch nicht verboten, in ihren öffentlichen Aktivitäten in Deutschland aber nahezu völlig lahmgelegt und zahlreiche Funktionäre befanden sich in Konzentrationslagern, veröffentlichte die „Volksstimme" eine Erklärung, wonach „die Sozialdemokratische Partei des Saargebiets wie in der Vergangenheit auch in der Zukunft für die

[6] Wörtlich sagte Hitler: „... dieses Blatt treibt nichts anderes als dauernd Landesverrat, ... versucht dauernd dem Ausland gegenüber Deutschland zu belasten, unser Volk vor der Welt mit Lügen in eine schiefe Lage zu bringen." Verhandlungen des Deutschen Reichstages, 1933, 23. März 1933, S. 35.

[7] Kunkel, a. a. O., S. 76.

restlose Rückgliederung des Saargebiets an Deutschland eintritt". Der Unterbezirksvorstand wies „jeden Zweifel an der nationalen Zuverlässigkeit der Partei ... aufs entschiedenste zurück".[8] E. Kunkel möchte die Bedeutung dieser Entschließung, von der er sagt, sie sei ohne Zutun der SPD/Saar zur Makkulatur geworden,[9] nachträglich mit der Bemerkung herabsetzen, sie habe „nichts als die Wiederholung des bisherigen Standpunktes" enthalten. Als ob eine derartige Äußerung nach Hitlers Reichstagsattacke früheren Verlautbarungen gleichgewichtig gewesen wäre! Gegenüber dem faschistischen Regime, das doch der Adressat dieser Erklärung war, „nationale Zuverlässigkeit" zu betonen, statt ihm einzig den Kampf bis zu seinem Sturz anzusagen, — das eben zeigte, wohin die SPD/Saar durch eine Haltung geführt worden war, die nationale und Klassenfrage voneinander trennte.

Schlimmer noch geriet eine Erklärung des ADGB/Saar, die wenig später zu dem Zweck herausgegeben wurde, die Politik des Bundesvorstandes des ADGB zu unterstützen, dessen Führer sich im faschistischen Reich ebenfalls eine Überlebens- und Mitbestimmungschance ausrechneten. In diesem Entschluß vom 14. April 1933 hieß es programmatisch: „Die Haltung der freien Gewerkschaften in der Saarrückgliederungsfrage ist unabhängig von dem politischen Geschehen in Deutschland." Es wurde die Hoffnung ausgedrückt, daß „in der nationalen Volksgemeinschaft (! — d. Vf.) freie Betätigung und Lebensraum" für den ADGB sein möge.[10]

So gewiß weder alle Funktionäre und Mitglieder der SPD/Saar noch der freien Gewerkschaften im Saarland sich im Frühjahr 1933 mit diesen Verlautbarungen innerlich einverstanden erklärten, so unbestreitbar ist, daß beide Organisationen politisch-moralisch an Tiefpunkten ihrer Geschichte angekommen waren. Diese Tatsache bildete das Haupthindernis für die Entwicklung von Aktionseinheitsbestrebungen, denn der Versuch, sich mit den Faschisten auf einen modus vivendi zu verständigen, bedeutete direkt oder indirekt immer auch eine prononcierte Abkehr von den kommunistischen Klassengenossen, die wegen ihres kompromißlosen Kampfes gegen das Hitlerregime seit der Reichstagsbrandnacht im Februar 1933 unerbittlich verfolgt wurden.

Nachdem die freien Gewerkschaften im Reich zerschlagen, ihr Eigentum von den Faschisten angeeignet, die SPD verboten, die reformistischen Illusionen also wie Schnee unter der Sonne zerronnen waren, änderte sich die Szene nicht sofort. Allerdings entfaltete sich in der SPD/Saar ähnlich wie in den illegalen sozialdemokratischen Gruppen im Reich eine scharfe Kritik an der Politik des Parteivorstandes vor und nach dem 30. Januar 1933.

[8] Volksstimme vom 8. 4. 1933.
[9] Ebenda, S. 82.
[10] Ebenda vom 18. 4. 1933.

Kunkel erinnert sich, daß — seit Severing in Preußen im Juli 1932 kampflos kapituliert hatte — „bei den Mitgliedern die Hochachtung vor der SPD-Führung auf ein Minimum gesunken“ war. Und er resümiert die Stimmung innerhalb der sozialdemokratischen Mitgliedschaft an der Saar: „Kurzum, die SPD/Saar war die Politik des kleineren Übels satt.“[11]

Das bedeutet indessen nicht, daß der Weg für eine Neuorientierung des Unterbezirks, der nach dem Parteiverbot juristisch eine selbständige Organisation darstellte, frei gewesen wäre. Erstens existierten auch nach dem SPD-Verbot im Reich „Differenzen zwischen Prag und Saarbrücken“ weiter.[12] Zweitens bestanden Meinungsverschiedenheiten auch innerhalb des Unterbezirksvorstandes selbst. Julius Schwarz, 2. Parteivorsitzender der SPD/Saar und gleichzeitig Bezirksleiter des freigewerkschaftlichen Bergarbeiterverbandes an der Saar, gehörte zu jenen reformistischen Führern, für die Bernsteins Wort von der Bewegung, die alles sei, uneingeschränkt zutrifft. Selbst der Parteijugend galt er als „reaktionär“ und „eine politische Theorie schien ihm weniger wert als zwei Prozent Lohnerhöhung“.[13] Strikt auf der Linie des ADGB handelnd, blieb er durch die Ereignisse im Reich unbelehrt, suchte nach dem Gewerkschaftsverbot die Saar-Gewerkschaften aus dem Abstimmungskampf herauszuhalten, verweigerte den Einsatz von Gewerkschaftsgeldern für die politische Auseinandersetzung und wollte — so oder so — die Gewerkschaften „intakt übergeben“.[14] Diesem Manne war das Wort von den Gewerkschaftsbürokraten auf den Leib geschrieben. Es war nur zu verständlich, daß Leute wie er die Neuorientierung, die der 1. Bezirksvorsitzende Braun und andere suchten, auf jedem Schritt behindern mußten.

In der Person von Julius Schwarz zeigte sich aber auch, daß zwischen den Kommunisten und den Sozialdemokraten an der Saar mehr stand — und folglich mehr abzubauen war — als nur die unterschiedliche praktische Haltung zum faschistischen Regime nach dem 30. Januar 1933. Die SPD/Saar hatte wie die Gesamtpartei in den Jahren, da die Weimarer Republik existierte, eine Politik der Klassenzusammenarbeit mit den bürgerlichen Parteien getrieben. Sie hatte die Tolerierungspolitik des Parteivorstandes gegenüber dem Brüning-Kabinett und die gesamte Taktik der „Politik des kleineren Übels“ verteidigt und in den ökonomischen Auseinandersetzungen arbeitsgemeinschaftliche Beziehungen zu den deutschen Kapitalisten an der Saar und auch gegenüber der französischen Grubenverwaltung hergestellt und unterhalten.

In die Politik der SPD/Saar hatten nach dem Weltkrieg auch pazifistische Illusionen hineingespielt. Obwohl die Partei die Konstruktion des

11 Kunkel, a. a. O., S. 82.
12 Ebenda.
13 Ebenda, S. 72.
14 Ebenda, S. 75.

besonderen Territoriums „Saargebiet“ und die damit in Zusammenhang stehenden Bestimmungen des Versailler Vertrages prinzipiell ablehnte, bestanden über die Rolle des Völkerbunds, der ein Instrument seiner mächtigsten Mitglieder, vor allem der herrschenden Kreise Frankreichs, Englands und Italiens war, unter den Sozialdemokraten viele falsche Vorstellungen. Die KPD war deshalb 1933 berechtigt, auf die Gefahr hinzuweisen, daß sich innerhalb der SPD/Saar nun die Tendenz durchsetzen würde, „sich brav ... unter den Fittichen des Völkerbundregimes“ zu verkriechen.[15] Das entsprach nicht nur den klassenindifferenten pazifistischen Illusionen, sondern auch der Anbetung des Parlamentarismus, der unter den Reformisten im Saargebiet noch die besondere Form der „Verehrung“ des Völkerbunds, seines Rates und dessen Organe annahm. Und in der Tat haben sozialdemokratische Genossen, die konsequente und kampfbereite Antifaschisten waren, bis in den Januar 1935 eine Überschätzung dieses internationalen Gremiums nicht überwinden können und von ihm bis zuletzt eine Wendung im Abstimmungskampf erwartet. Derartige Illusionen schadeten dem Massenkampf gegen die Rückgliederung, selbst wenn sie seinen Ausgang nicht entscheidend beeinflußten.

Auf die Bestrebungen, eine antifaschistische Front zu formieren, wirkten auch zwei andere Tendenzen innerhalb der SPD/Saar negativ. Zum einen wurde die Organisation durch die vom Prager Parteivorstand ausgehenden Fehldeutungen der Lage im Deutschen Reich beeinflußt. Hoffnungen auf systemsprengende Auswirkungen der Unzufriedenheit innerhalb der faschistischen Sturmabteilungen (SA) oder der weit überschätzten Spannung zwischen nazistischen Führern und Reichswehrgenerälen konnten letztlich nur davon ablenken, die Arbeiterklasse als den wichtigsten und prinzipiellen Gegner des Faschismus zu formieren. Abträglich machte sich auch bemerkbar, daß die rechten Führer, die den Prager Exilvorstand beherrschten, der Kritik an ihrer bisherigen Politik aus der eigenen Mitgliedschaft einerseits mit unverbindlichen und ganz unzeitgemäßen sozialistischen Phrasen begegneten und sie andererseits durch verstärkten Antikommunismus abzufangen suchten. Die Gleichsetzung von Faschismus und Kommunismus als „Diktaturen“ verwischte obendrein, und darin lag eine dem Antifaschismus abträgliche Wirkung dieser These, das imperialistische Klassenwesen der faschistischen Herrschaft über Deutschland.

Nichtsdestoweniger gingen im Verlauf des Jahres 1933 einige objektive Wandlungen der politischen Szene vor sich, die günstigere Voraussetzungen für eine Arbeitereinheitsfront schufen. KPD und SPD wurden im Reichsgebiet von der Gestapo aufs schärfste verfolgt. Die bürgerlichen Parteien hatten ihren Frieden mit dem Hitlerfaschismus gemacht. Nur zwei große Parteien, beide illegal, hatten sich dem faschistischen Regime

15 IML ZPA 47/1/356. Schulungsmaterial der KP zur Politik der Einheitsfront und zur Rolle der SP von Oktober 1933.

offen konfrontiert. Max Braun hatte vor dem Landesrat am 19. Mai 1933 erklärt, daß die SPD/Saar hundertprozentig entschlossen sei, „mit allen Mitteln die Greuel, den Terror, die bestialische Diktatur der braunen Horden vom Saargebiet abzuwenden“.[16] An dieses Wort ließ sich von seiten der Kommunisten anknüpfen.

Auf dem schweren Weg zur Einheitsfront

Noch als die faschistische „Deutsche Front“ sich im Stadium ihrer Herausbildung befand, war die KPD/Saar bestrebt, ihr eine antifaschistische Aktion entgegenzustellen. Das entsprach ihrer durch die Erfahrungen des 30. Januar 1933 bestätigten Erkenntnis, daß keine politische Kraft aus sich heraus in der Lage war, dem Hitlerfaschismus den Weg zu verlegen. Auch für die Zukunft des Saargebietes galt, daß weder Kommunisten noch Sozialdemokraten allein imstande sein würden, das Hissen der Hakenkreuzfahnen als Staatsflagge an der Saar zu verhindern. Daher wandte sich die KPD/Saar bereits im August 1933 an die Führungen der Sozialdemokratie und der freien Gewerkschaften des Saargebiets, um ihnen gemeinsames Handeln gegen den andrängenden Faschismus vorzuschlagen. Den Anlaß dafür gab der Plan der Reichsregierung, gemeinsam mit den faschistischen und profaschistischen Kräften des Saargebietes am 27. August 1933 eine große Kundgebung zu veranstalten, die den Vormarsch der nationalistischen Kräfte ebenso dokumentieren wie unterstützen sollte. Als Ort dieser Demonstration war das bombastische antifranzösische Denkmal am Niederwald (Rhein) ausgewählt worden, das nach dem vom preußisch-deutschen Militarismus errungenen Sieg über das Frankreich Napoleons III. und dem annexionistischen Frieden von Frankfurt „zur ewigen Erinnerung“ im wilhelminischen Pompstil errichtet worden war. Für die deutschen Nationalisten aller Färbungen war die Germania-Statue über dem Niederwald ein Symbol ihres Triumphes, während die westwärts gewandte Gestalt für Frankreich eine Mahnung an die latente Gefahr des deutschen Imperialismus darstellte. Dieser Ort galt den deutschen Faschisten freilich in besonderem Maße geeignet, die nahe Zukunft der „Saar-Heimkehr“ zu beschwören und sie als einen erneuten Sieg über den „Erbfeind“ gewissermaßen vorzufeiern. Hitler selbst behielt es sich vor, die Ansprache zu halten.

Es war ein Gebot der Stunde, den Nationalisten und Chauvinisten nicht die Szene zu überlassen. Aber es gelang den Kommunisten nicht, die anschlußfeindlichen politischen Kräfte des Saargebiets zu einer Gegendemon-

[16] Stenographische Berichte, Band 12, S. 129.

stration zusammenzuführen, obwohl sie in ihrem Aufruf vom 12. August 1933[1] alles andere als kommunistische Parteiziele vorstellte. Dieser entlarvte noch einmal leidenschaftlich den „blutigen Mordfaschismus“. Wörtlich hieß es: „Hitler heißt Hunger, Hitler heißt Galgen, Hitler heißt Knechtschaft nach innen und außen, Hitler heißt Krieg und Katastrophen für die Werktätigen!“ Schwerlich konnte treffender und kürzer gesagt werden, was den Deutschen an der Saar für den Fall bevorstand, daß sich der Hitlerfaschismus mit seinem Angliederungsplan durchsetzte. Angesichts dessen ließ die KPD/Saar keinen Zweifel daran, daß Rückkehr in diesen Staat für sie ebenso außer Betracht stand wie eine Existenz als „französische Kolonie, in der die Werktätigen ausgebeutet und gewaltsam niedergehalten werden“. Jetzt käme es darauf an, daß „das ganze Saarvolk ... seine eigene Kraft und Macht“ entfaltet und in engster Verbundenheit mit der deutschen und der französischen Arbeiterklasse und dem internationalen Proletariat seine Interessen verficht. Mit diesem Appell wandte sich die KPD/Saar ausdrücklich nicht nur an die sozialdemokratischen Arbeiter, sondern auch an die „Arbeiter des Zentrums und der christlichen Gewerkschaften“.[2]

Für die geplante Gegendemonstration am Tage der Niederwald-Kundgebung unterbreitete die KPD den Text eines Gelöbnisses zum künftigen gemeinsamen Kampf, der soziale, demokratische und Friedensforderungen in fünf Punkten zusammenfaßte. An den Anfang stellte die KPD das Postulat: „Gemeinsames Vorgehen für ausreichende Löhne und Unterstützungen, gegen die kapitalistischen Ausbeuter in den Hütten und Gruben, die die Drahtzieher der faschistischen Mörder, bzw. des Separatismus sind.“[3] Diese Forderung entsprach einer in den folgenden Monaten immer stärker empfundenen Notwendigkeit: wenn den Faschisten der Weg an die Saar verlegt werden sollte, dann mußten positive Veränderungen in der Lage der Massen angestrebt und erkämpft werden, dann mußten sie eine Perspektive ihrer sozialen Entwicklung außerhalb der Grenzen des Deutschen Reiches erkennen können.

Als zweiten Programmpunkt nannten die Kommunisten die „Bildung eines gemeinsamen Massenselbstschutzes“[4] gegen den Faschismus. Angesichts des immer frecheren Auftretens der Nazis und ihrer Helfer und eingedenk der Erfahrungen im Reich konnte das Nebeneinanderbestehen getrennter Wehrorganisationen der Arbeiterklasse nur die Kräfte zersplittern, während umgekehrt das Zusammengehen der kommunistischen Selbstschutzformationen und des sozialdemokratischen Sozialistischen

[1] Rundschau, Nr. 29 (August 1933), S. 1075; nach einem Abdruck des Aufrufs der Bezirksleitung der KPD/Saar in der Arbeiter-Zeitung vom 12. 8. 1933.

[2] Ebenda.

[3] Ebenda.

[4] Ebenda.

Schutzbundes, der nach dem ruhmlosen Ende des „Reichsbanners Schwarz-Rot-Gold“ gebildet worden war, eine achtungsgebietende antifaschistische Kraft bilden würde. Drittens forderten die Kommunisten „Gemeinsames Eintreten für volle proletarische Versammlungs- und Demonstrationsfreiheit“,[5] und das zielte auf die Rücknahme derjenigen Verordnungen der Regierungskommission, die — wie sich immer klarer zeigte — nicht in erster Linie die faschistischen Kräfte in deren Aktion behinderte, sondern ihre Gegner und namentlich die Kommunisten in ihrer Tätigkeit einschränkte. Die vierte Forderung der Kommunisten lautete: „Gemeinsamer Kampf gegen alle Kriegstreibereien, gegen die Kriegsproduktion und für die Verteidigung der UdSSR.“[6] Sie war wegen des traditionellen Antisowjetismus der rechten Führer sicher die umstrittenste, aber sie war zeitgemäß. Schon wenige Wochen nachdem dieser Aufruf erschien, ergingen sich die Faschistenführer auf dem Nürnberger „Parteitag der Freiheit“ (1.—3. September 1933) in wüsten antisowjetischen Drohungen. Der Naziideologe Rosenberg erklärte in seiner Kongreßrede, daß die Faschisten ganz Europa vor der „roten Welle“ gerettet und den „Vormarsch“ des Kommunismus nach Mittel- und Westeuropa aufgehalten hätten.[7] Diese antisowjetischen Tiraden, obendrein verbunden mit der Geschichtslüge, das deutsche „Herrenvolk“ hätte sich die „niederen“ und „minderwertigen Rassen“ zu unterwerfen, zeigte nur zu deutlich, in welche Richtung auch die Jugend des Saargebiets marschieren sollte, wenn sie dem Zugriff der faschistischen Kriegstreiber erst ausgeliefert sein würde. Die abschließende Forderung der KPD/Saar richtete sich auf „Gemeinsames Vorgehen für die Freilassung aller antifaschistischen Freiheitskämpfer im Reich und an der Saar“.[8]

Gegen den Text dieses Gelöbnisses und gegen die Aufforderung zu gemeinsamer Demonstration ließen sich von seiten der SPD-Führer an der Saar schwerlich inhaltliche Einwände vorbringen. Die SPD/Saar, da sie sich nach wie vor an die einheitsfrontfeindlichen Beschlüsse des Parteivorstandes gebunden fühlte, begegnete den kommunistischen Vorschlägen mit den Bemerkungen, „zuerst sollten sich die Spitzen (der Parteien — d. Vf.)[9] einigen“. Diese Ausflucht bedeutete, das Angebot der KPD/Saar an diejenigen zu überweisen, die im Prager Vorstand am unbelehrtesten geblieben waren.

Am 27. August 1933 marschierten 18 000 Arbeiter durch Saarbrücken. Dieser machtvolle Zug war zustande gekommen dank der intensiven ideo-

5 Ebenda.
6 Ebenda.
7 Völkischer Beobachter, 3./4. 9. 1934 (Berliner Ausgabe).
8 Rundschau, Nr. 29, S. 1075.
9 IML-ZPA 47/1/356.

logischen Arbeit der KPD in Betrieben und auf Stempelstellen.[10] Zum erstenmal wurde öffentlich dokumentiert, daß im Saargebiet eine Kraft vorhanden war, die den faschistischen Bestrebungen Paroli bieten wollte. Diese 18 000 waren in erster Linie das Aufgebot der KPD/Saar und ihrer Sympathisanten. Es war „auch gelungen, eine Anzahl Gewerkschaftsgruppen, reformistische Sportorganisationen und teilweise auch kleinere Gruppen sozialdemokratischer Arbeiter mit zu der Demonstration zu bekommen".[11] Die Masse der sozialdemokratischen Anhänger aber nahm an einer separaten Kundgebung teil, welche von der SPD-Führung in Neunkirchen veranstaltet wurde. So boten die konsequenten Gegner des Faschismus zwar ein eindrucksvolles, auch im Ausland beachtetes Bild, aber sie marschierten noch getrennt, und das mußte ihre Erfolgschancen unvermeidlich herabmindern.

Obwohl die Kommunisten an der Saar die Frage der Einheitsfront im August 1933 in den Mittelpunkt vieler Diskussionen gestellt hatten, konnte das Ergebnis der Anstrengungen doch nicht befriedigen. Das lag vor allem an den vielen antikommunistischen Vorurteilen, die in den Köpfen sozialdemokratischer und freigewerkschaftlich-organisierter Arbeiter zu tief verwurzelt waren, als daß sie sich leicht und rasch hätten ausmerzen lassen. Zudem verstand es die Führung der SPD/Saar, alte und noch nicht überwundene Fehler in der Taktik der Kommunisten für ihre einheitsfeindlichen Bestrebungen auszunutzen. Vor allem die noch nicht aufgegebene These, wonach die Sozialdemokratie die soziale Hauptstütze der Bourgeoisie sei und folglich gegen die rechten Führer der Hauptschlag zu richten wäre, diente dazu, die kommunistischen Angebote politisch und moralisch vor der SPD-Mitgliedschaft zu diffamieren. Sollte die Einheitsfrontpolitik der KPD/Saar zum Erfolg geführt werden, dann mußte das strategisch-taktische Konzept der Partei in jeder Hinsicht auf die Höhe der veränderten und sich weiter rasch wandelnden Situation gebracht und jedwede sektiererische Haltung überwunden werden. Die Kommunisten an der Saar mußten lernen, die Einheitsfrontpolitik an der Basis des politischen Geschehens, in Betrieben, Stempelstellen und Wohngebieten durchzusetzen und gleichzeitig die Widerstände in den gewählten Vorständen der SPD/Saar zu überwinden. Bei der Verfolgung ihrer Ziele durften sie sich durch keine Rückschläge, Anfeindungen und Provokationen der Einheitsgegner zu emotionalen Reaktionen hinreißen lassen.

Als vom 28. November bis 12. Dezember 1933 die XIII. Tagung des Exekutivkomitees der Komintern in Moskau beriet und die Thesen „Der Faschismus, die Kriegsgefahr und die Aufgabe der Kommunistischen Parteien" beschloß, sahen sich die Kommunisten an der Saar in ihrer politischen Grundorientierung bestätigt. Ausdrücklich hieß es in dem Dokument

[10] Ebenda und Aussage von Hans Pink gegenüber dem Vf.
[11] Ebenda.

der Tagung: „In den Zentren der nationalen Gegensätze müssen die Kommunisten gegen die imperialistische Okkupation und Gewaltpolitik, um das Selbstbestimmungsrecht kämpfen (Oberschlesien, Saargebiet, Nordböhmen usw.). In allen diesen Gebieten sowie in Österreich und Danzig müssen sie gegen den Chauvinismus ihrer heimischen Bourgeoisie und gegen den Anschluß an das ‚Dritte Reich' des deutschen Faschismus auftreten."[12] Vor allem aber gab die Moskauer Tagung mit der klassisch gewordenen Definition des Faschismus an der Macht, der als „die offene terroristische Diktatur der am meisten reaktionären, chauvinistischen und imperialistischen Elemente des Finanzkapitals"[13] charakterisiert wurde, auch den saarländischen Kommunisten einen entscheidenden Hinweis auf die mögliche Breite der antifaschistischen Front.

Im Geiste dieser wichtigen internationalen Beratung der Kommunisten kennzeichnete die erweiterte Bezirksleitung der KPD/Saar im Januar 1934 den faschistischen Staat als „ein Deutschland der Hitler und Göring, der Thyssen und Schacht" und erklärte — nun zum wiederholten Male —, daß nicht Anschluß an das barbarische Regime, sondern nur dessen Sturz für das Saarvolk erstrebens- und erkämpfenswert sei. In einer von der Bezirksleitung verabschiedeten „Kampferklärung der Saarkommunisten"[14] wurden der soziale und politische Charakter der „Deutschen Front" klar charakterisiert. Sozial besorge diese Front nicht die nationalen Interessen, sondern die Geschäfte der Schwerindustrie und der Kriegstreiber und politisch stelle diese „Koalition von Nazis und Zentrumsführern" eine „Vereinigung faschistischer und kulturreaktionärer Elemente"[15] dar, die den Anschluß an jenes Deutschland propagieren, „in dem den Arbeitern das Versammlungs- und Koalitionsrecht geraubt ist, die Proletarier zu Tode gefoltert, selbst oppositionelle Elemente der unteren Geistlichkeit in die Folterhöhle der Konzentrationslager verschleppt werden".[16] Mit dem Hinweis auf das Schicksal der katholischen und evangelischen Nazigegner im Priesterrock zeigte die KPD/Saar auch der Geistlichkeit im Saargebiet, wie wenig ihre Interessen durch den „Anschluß" gefördert wurden.

Als am 3. und 4. Februar 1934 in Saarbrücken das Zentralkomitee der KPD tagte und Referate von Max Richter (d. i. Hermann Schubert), der an der XIII. Tagung des Exekutivkomitees der Komintern teilgenommen hatte, und Franz Dahlem diskutierte, bestätigte das Gremium auch die politische Position der KPD/Saar, die in der „Kampferklärung" kurz zuvor niedergelegt war.[17]

[12] Rundschau, Nr. 1 (Sondernummer) vom 2. 1. 1934, S. 4.

[13] G. d. d. A, Bad 5, S. 47.

[14] Rundschau, Nr. 12, 1. 2. 1934, S. 458/459.

[15] Ebenda.

[16] Ebenda.

[17] IML-ZPA St 3/217.

Ein Spitzelbericht der Gestapo, dessen Inhalt bis zum heutigen Tage auch durch die antikommunistische Literatur geistert, wollte wissen, daß das Zentralkomitee beschlossen habe, die Kommunisten sollten sich bei der bevorstehenden Abstimmung „für einen freien Sowjet-Saarstaat" einsetzen.[18] Diese Information beruhte auf einer Erfindung, bei der obendrein der Wunsch der Vater des Gedankens gewesen sein mag. Nicht nur, daß das Zentralkomitee der KPD keine derart irreale Losung ausgab, es hieß auch die Haltung der saarländischen Kommunisten gut, es zunächst bei der immer wieder abgegebenen Erklärung zu belassen, daß die Zukunft des Saargebietes weder unter der Herrschaft des faschistischen deutschen Imperialismus noch unter der des französischen Monopolkapitals liegen dürfe. In der Bewahrung dieses Standpunktes und der Tatsache, daß kein alternativer Vorschlag zu den beiden Möglichkeiten unterbreitet wurde, drückte sich die noch existierende Erwartung aus, daß sich bis zu dem noch nicht fixierten Abstimmungstag die deutschen Zustände verändert haben könnten. Es war auch nicht auszuschließen, darüber wurden von verschiedenen Seiten Überlegungen und Spekulationen angestellt, daß die Abstimmung für eine gewisse Zeit verschoben würde.[19] Was die Herausgabe einer alternativen Parole zu diesem Zeitpunkt mehr erschwerte, als es sektiererische Haltung getan haben mögen,[20] war die Erkenntnis, daß die Parteinahme für den Status quo alles andere als eine populäre und leicht durchzusetzende Losung darstellte. Die Alternative zur Unterordnung der Werktätigen an der Saar unter die deutschen oder französischen Monopolinteressen konnte nicht auf eine Zementierung der gegenwärtigen Herrschaftsverhältnisse hinauslaufen. Status quo bedeutete für die Kommunisten niemals ein Bekenntnis zu den innenpolitischen und sozialen Zuständen, wie sie sich 1934 in dem besonderen Territorium „Saargebiet" als Ergebnis des Völkerbundsregimes und der germano-französischen Ausbeutungsverhältnisse herausgebildet hatten. Die Schwierigkeit war und blieb — und das trennte revolutionäre und reformistische Position im Saarland scharf voneinander — die unauflöslich verknüpfte nationale und soziale Frage auch in ihrer Unauflöslichkeit anzupacken und zu lösen. Für die bürgerliche Historikerin Maria Zenner stellt sich noch heute die nach dem 30. Januar 1933 für die Saarbevölkerung entstandene Lage als ein Dilemma dar — das Wort benutzt sie passagenweise auf jeder Seite des Buches. Diese Unfähigkeit, die seinerzeitige Lage mit einer politischen Vokabel zu erfassen, hindert — nebenbei bemerkt — M. Zenner nicht daran, die Kommunisten an der Saar einmal der „Aufrechterhaltung des revolutionären

18 IML-ZPA St 3/231.

19 Von derartigen Erörterungen in französischen Zeitungen berichtete die Arbeiter-Zeitung, Nr. 107 vom 15. 5. 1934.

20 Auf ihr Vorhandensein und ihre beträchtliche Rolle wies bereits die Resolution des Zentralkomitees der KPD vom 30. Januar 1935 hin. Vgl. H. Laschitza, S. Vietzke, Deutschland und die deutsche Arbeiterbewegung 1933–1945, Berlin 1964, S. 307.

Programms“ zu zeihen und ihnen wenig später „mangelhafte klassenkämpferische und revolutionäre Gesinnung“ und gar „Nationalismus“ nachzusagen.[21] Bürgerlichem Verstand hat die dialektische Einheit von Internationalismus und Patriotismus, von Revolution und Reform stets die größten Schwierigkeiten bereitet. Um wieviel mehr gilt das für diese Autorin, die nicht einfach Erkenntnisprobleme hat, sondern mit antikommunistischem Vorsatz schreibt.[22] Den Kommunisten ging es darum, die optimale Verbindung von Tages- und Zukunftsinteressen der Arbeiterklasse, von Kampf für das Heute und Vorbereitung der Revolution zu finden und zu verwirklichen. Dies stellt alles andere als eine politische Einmaleins-Aufgabe dar.

Schon wenige Tage nach der Beratung des Zentralkomitees im Saargebiet bestätigen zwei internationale Ereignisse die internationale Gefahr des Faschismus und zugleich die Möglichkeiten seiner Abwehr. Das eine war der Generalstreik von 4,5 Millionen französischer Arbeiter gegen einen faschistischen Putschversuch, durch den nicht nur die Faschisten zurückgeschlagen wurden, sondern auch ein Ausgangspunkt für eine breite Einheits- und Volksfrontbewegung entstand. Das andere bildeten die dreitägigen bewaffneten Kämpfe der Arbeiter Wiens gegen den Faschismus, die mit ihrer blutigen Niederlage endeten. Beide Ereignisse, das eine auch durch seine geographische Nähe und die traditionelle Verbundenheit des Saarproletariats mit der französischen Arbeiterklasse, lösten im Saargebiet lebhafte Anteilnahme und leidenschaftliche Diskussionen aus. Die Kommunisten trachteten danach, sie vor allem für die Beförderung der Einheitsbestrebungen zu nutzen.[23] In dieser Situation versuchte die Regierungskommission die Spaltung zwischen Kommunisten und Sozialdemokraten auch dadurch weiter zu vertiefen, daß sie beiden Parteien eine ganz unterschiedliche Behandlung zuteil werden läßt. Die kommunistische „Arbeiter-Zeitung“ wird auf der Grundlage der Notverordnungen mit Geldstrafen belegt. Arbeiter, die sie verteilen, erhalten Gefängnisstrafen zudiktiert.[24] Am 22. Februar 1934 wird diese Differenz in den Maßnahmen des Völkerbundregimes besonders offensichtlich: beide Arbeiterparteien rufen zu Kundgebungen auf, die gegen den Terrorismus der klerikalfaschistischen Reaktion in Wien protestieren wollen. Die Kundgebung der SPD/Saar wird erlaubt, die der KPD/Saar hingegen verboten.

Zu diesem Zeitpunkt versucht die KPD/Saar auch immer wieder, ihre Redner mit Einheitsfrontangeboten in Versammlungen der Sozialdemokra-

21 Vgl. M. Zenner, a. a. O., S. 279–282.

22 Das beweist besonders klar ihr Versuch, das Verhalten von Renegaten der KPD, die 1928 aus der Partei ausgeschlossen wurden und sich später der im Saargebiet besonders einflußlosen Kommunistischen Partei Opposition anschlossen, der KPD/Saar anzulasten.

23 AZ, Nr. 41, 17. 2. 1934.

24 AZ, Nr. 39, 15. 2. 1934.

tie und der freien Gewerkschaften zu Wort kommen zu lassen. Auf einer Kundgebung in Saarbrücken, an der im Hause der Arbeiterwohlfahrt 1 800 bis 2 000 Menschen teilnahmen, erklärte der Redner der SPD, Kaup, daß die Opfer der österreichischen Genossen „ein Mahnruf" darstellten, das Proletariat zusammenzuschließen zur Einheitsfront. Max Braun führte aus: „Wenn wir in der Vergangenheit geglaubt haben, durch Stimmzettel und Demokratie unser Ziel zu erreichen, so sind wir durch die Vorkommnisse in Deutschland und auch jetzt in Frankreich und Österreich eines anderen belehrt worden."[25]

Diese selbstkritische Äußerung Brauns ging konform mit jenen Teilen des Manifestes des sozialdemokratischen Emigrationsvorstandes vom 28. Januar 1934[26], in dem seine Verfasser den Eindruck der Bereitschaft erweckten, sich von den bürgerlich-parlamentarischen Illusionen abzuwenden und auf revolutionäre Positionen zurückzukehren. Während für die Mehrheit der Autoren des Beschlusses derartige Auslassungen aber nur Lippenbekenntnisse blieben, dazu bestimmt, die innerparteiliche Kritik aufzufangen, stand Braun vor der Frage, welche Schlußfolgerungen er aus dem Prager Manifest für den aktuellen Kampf ziehen sollte. Zunächst wich auch er der öffentlichen Diskussion mit den Kommunisten aus. In der Versammlung im Haus der Arbeiterwohlfahrt am 16. Februar wurde dem Verlangen der Kommunisten, einen der ihren zu Worte kommen zu lassen, nicht stattgegeben. Aus kleineren Versammlungen der SPD/Saar und der sozialdemokratischen Jugendorganisation wurden Kommunisten hinausgewiesen.[27] Am 18. März ließ Julius Schwarz oppositionelle Gewerkschafter mit Polizeigewalt aus einer ADGB-Kundgebung entfernen.[28] So klaffte zwischen den Reden der sozialdemokratischen Führer im Saargebiet und ihrem praktischen Verhalten gegenüber den Kommunisten ein eklatanter Widerspruch. Einerseits erklärte Braun am 25. Februar auf einer Kundgebung in Dudweiler: „Wir haben viel gelernt" und deshalb werde ein Tag der „hundertprozentigen Abrechnung" kommen und anders aussehen als der 9. November 1918[29] — und andererseits schien er und die Führerschaft der SPD/Saar aus dem antikommunistischen Geschirr nicht herauszukommen. Ganz verständlich wird diese Haltung erst, wenn bedacht wird, daß die führenden Kräfte des Emigrationsvorstandes sich dem Schritt zur Aktionseinheit mit den Kommunisten hartnäckig widersetzten.

Als am 3. April 1934 in Saarbrücken eine Delegiertenkonferenz der KPD/Saar zusammentrat, auf der 75 gewählte Delegierte und 10 Genossen mit

[25] ZStA Potsdam, Saarbildarchiv Nr. 74.
[26] Wesentliche Auszüge des Manifestes vgl. in GddA, Bd. 5, S. 458.
[27] Vgl. Arbeiter-Zeitung, Nr. 44, 21. 2. 1934.
[28] AZ, Nr. 67, 20. 3. 1934.
[29] ZStA Potsdam, Saarbildarchiv Nr. 74.

beratender Stimme anwesend waren[30], stand auch dort das bisherige Ergebnis der Einheitsfrontbestrebungen im Mittelpunkt der Aussprache. Die Teilnehmer der Konferenz, die „Anfangserfolge“ feststellen konnten, verschwiegen nicht, daß das Resultat hinter dem Möglichen und Notwendigen zurückgeblieben war. Zu den Hauptaufgaben der Kommunisten zählte die Entschließung, daher die Schaffung von Einheitskomitees, einheitlicher Selbstschutzformationen und „die Auslösung von Einheitsfrontaktionen der Kommunisten und Sozialdemokraten und katholischen Arbeiter“[31] unter Beteiligung besonders der Arbeiterjugend und der Frauen. Sie hob die Notwendigkeit hervor, sich in den roten Verbänden nicht abzukapseln, sondern in den reformistischen und christlichen Gewerkschaftsorganisationen zu arbeiten. Das Schwergewicht der politischen Tätigkeit müsse in den Betrieben liegen, hier vor allem sei für die Partei und ihre Zeitung zu werben. Zugleich betont die Konferenz die Notwendigkeit, das politische Niveau der Parteiorganisation zu heben.[32]

Die Forderungen der Bezirksdelegiertenkonferenz waren um so dringender, als sich im Reich und für das Saargebiet immer deutlicher Entscheidungen von langfristiger Bedeutung abzeichneten. Im faschistischen Staat ging der Konsolidierungsprozeß einem Abschluß entgegen. In Gesetzen wie dem über die „Einheit von Partei und Staat“ (Dezember 1933) und dem Arbeitsordnungsgesetz (Januar 1934) drückte sich aus, daß faschistische Partei, Führungsgruppen des deutschen Monopolkapitals und Teile des alten Herrschaftsapparates immer enger zusammenrückten und sich zunehmend auf eine einheitliche innen- und außenpolitische Strategie verständigten. Wichtiger noch war, daß die faschistischen Machthaber durch die Perfektionierung ihres Terrors und durch geschickte demagogische Manöver über den ersten Nachkrisenwinter — die Arbeitslosenzahl stieg noch einmal über vier Millionen — ohne ernsthafte politische Erschütterungen hinwegkamen. Abweichende Herrschaftsauffassungen und -ansprüche wie beispielsweise monarchische Pläne und deren Verfechter, wurden schrittweise zurückgedrängt. Bis zum Frühjahr 1934 waren noch nicht alle Konsolidierungsprobleme gelöst und die nazistischen Organisationen nicht ausnahmslos fest in das Regime eingegliedert (namentlich innerhalb der SA existierten ehrgeizige Pläne für die Aufwertung der Sturmabteilungen zur entscheidenden Organisation im Staate), aber die Entwicklung vollzog sich insgesamt zugunsten des Regimes. Die von der Komintern ins Auge gefaßte Möglichkeit sprunghafter Veränderungen der politischen Lage in Deutschland und in allen kapitalistischen Ländern[33] verwirklichte sich

30 AZ, Nr. 78, 4. 4. 1934.
31 Ebenda, Nr. 82, 14. 4. 1934.
32 Abd.
33 AZ, Nr. 126 vom 8. Juni 1934. Vgl. auch: Rundschau, Nummer 11, Sondernummer, 30. 1. 1934, S. 421.

nicht. Es vermehrten sich Anzeichen für den allmählichen und schleppenden Übergang des Konjunkturzyklus in die Depressionsphase. In den kapitalistischen Staaten war der Tiefpunkt der Wirtschaftskrise überschritten.

Zugleich zeichnete sich ab, daß der Völkerbund und seine Regierungskommission in Saarbrücken nicht gewillt und fähig waren, aus der Existenz des faschistischen Regimes in Deutschland Schlußfolgerungen für die Entscheidung zu ziehen, die sie im Hinblick auf das Saarterritorium zu treffen hatten. Erwartungen, daß diese Gremien kapitalistischer Mächte irgendwelche gegen das Terrorregime und seine Festigung wirkende Schritte einleiten würden, erwiesen sich bereits im Oktober 1933 als unbegründet. Zu diesem Zeitpunkt beschloß die Reichsregierung mit der provokatorischen Erklärung, der Völkerbund würde Deutschland Gleichberechtigung (gemeint war das Recht auf hemmungslose Aufrüstung) unter den Staaten vorenthalten, aus der internationalen Organisation auszutreten. Diese erste außenpolitische Herausforderung der faschistischen Machthaber blieb faktisch unbeantwortet. Auch andere Erfahrungen ließen erwarten, daß der Völkerbund dem Vormarsch der Faschisten an die Saar keine Hindernisse in den Weg legen, sondern lediglich bestrebt sein würde, sein demokratisches Renommé bei bürgerlichen und kleinbürgerlichen Schichten zu wahren.

Angesichts dessen hatte sich die KPD/Saar auf die entscheidende Etappe des Kampfes gegen die Auslieferung des Saargebietes an das faschistische Reich einzustellen. Die Kommunisten gingen in diesen Kampf, der das Leben von weit mehr als einer halben Million Menschen betraf — das hatte auch die Bezirksdelegiertenkonferenz Anfang April gezeigt —, diszipliniert, mit dem Wissen um die Tragweite ihres Handelns und getragen von hohem sozialen und humanen Verantwortungsbewußtsein. Der einzigen noch legalen Bezirksorganisation der KPD war durch den Verlauf der Geschichte eine besondere Rolle zugewiesen, welche die Mobilisierung aller Kräfte unter komplizierten Bedingungen verlangte. Zudem offenbarte ein einziger Blick ins Reichsgebiet, was die Kommunisten erwartete, wenn sie unterlagen.

Die KPD/Saar hatte in den rund 15 Monaten seit der Errichtung der faschistischen Herrschaft im Reich viele Erfahrungen gesammelt. Ihre Kader hatten gelernt, und hier und da trennte sich auch die Spreu vom Weizen. Selbst die erbittertsten Gegner der KPD mußten eingestehen, daß die Kommunisten an der Saar standhaft weiterkämpften und durch den mörderischen Terror jenseits der Reichsgrenze nicht zu beängstigen waren. Die Anprangerung dieser Gewalt und das Eintreten für die Freilassung der gefangengesetzten Opfer war ständiger Bestandteil des politischen Kampfes an der Saar gewesen. Die Kommunisten besaßen hier ihren Anteil an der ersten, weltweites Aufsehen erregenden politisch-moralischen Niederlage des faschistischen Regimes. Sie hatten Georgi Dimitroff und seine bulgarischen Genossen mit freigekämpft.[34]

Schon vor Beginn des Reichstagsbrandprozesses in Leipzig ließ die Rote Hilfe im Saargebiet ein Flugblatt „Entfacht den Proteststurm gegen das drohende Justiz-Verbrechen" verteilen.[35] Darin waren Hitler, Göring und Goebbels als die wahren Reichstagsbrandstifter entlarvt und gefordert worden, „in Betrieben, Stempelstellen, in allen Städten und Dörfern" die Solidarität mit den Angeklagten zu verwirklichen. Im ganzen Saargebiet fanden Veranstaltungen und Demonstrationen statt, vor Hütten und Gruben sprachen Kommunisten auf sogenannten fliegenden Versammlungen[36] und Anfang Januar 1934, nachdem der Freispruch Dimitroffs erzwungen, seine Freilassung aber noch nicht erfolgt war, sollte Helena Dimitrowa, die Schwester des Komintern-Funktionärs, auf mehreren Kundgebungen im Saargebiet reden. Die erste dieser Veranstaltungen, die für den 12. Januar 1934 in Neunkirchen anberaumt war, suchte die Regierungskommission durch ein doppeltes Verbot — der Einreise von H. Dimitrowa und der Kundgebung — zu unterbinden.[37] Nichtsdestoweniger kamen zur vorgesehenen Stunde etwa 2 000 Menschen zusammen, die sich zu einer Demonstration den Hüttenberg hinauf formierten und nicht wichen, als sich ihnen in mehreren Reihen gestaffelte Polizeieinheiten entgegenstellten. Von Haß gegen die faschistischen Machthaber in Deutschland ebenso erfüllt wie von der Verurteilung ihrer saarländischen Helfershelfer in Polizeiuniform, schlugen die Demonstranten die „Inhaber der Staatsgewalt", die den Säbel einsetzen wollten, in die Flucht.[38]

Schon in der Solidaritätskampagne zugunsten Dimitroffs und der vielen anderen in die Gewalt der Faschisten geratenen Hitlergegner bildeten sich Verbindungen zwischen Kommunisten, Sozialdemokraten und anderen Antifaschisten an der Saar. Die KPD/Saar aber beherzigte den von Georgi Dimitroff in seiner Schlußrede gegebenen Rat: „Massenarbeit, Massenkampf, Massenwiderstand, Einheitsfront, keine Abenteuer — das ist das Alpha und Omega der kommunistischen Taktik."[39]

Die Freilassung Dimitroffs, dem die Regierung der UdSSR die sowjetische Staatsbürgerschaft zuerkannte, gab den Solidaritätsaktionen auch

[34] Vgl. u. a. Angaben über Solidaritätsveranstaltungen in den Polizeiberichten 1933–1934 im Stadtarchiv Völklingen und IML ZPA P St 3/401, Rundschreiben des Bezirksvorstandes der Roten Hilfe.

[35] IML ZPA P St 401.

[36] Bericht von Hans Pink, der selbst auf einer derartigen Veranstaltung vor der Grube Dechen sprach.

[37] Arbeiter-Zeitung, Nr. 7, 9. 1. 1934 und Nr. 12, 14./15. 1. 1934.

[38] Bericht von Hans Pink.

[39] Georgi Dimitroff, Ausgewählte Schriften, Bd. 2, Berlin 1958, S. 436; Vgl. Zur Aktualität dieser Aussagen die Ausführungen Max Schäfers auf dem Dimitroff-Kolloquium in Frankfurt a. M. und in einer Rede in Saarbrücken „Dimitroffs Wirken und eine Grundfrage der Politik der DKP", in: Unsere Zeit, Düsseldorf, 23. 6. 1972.

im Saargebiet weiteren Auftrieb und führte zu einer auch im Ausland aufsehenerregenden Kampagne, die der Freilassung des Vorsitzenden der KPD, Ernst Thälmann, galt und mit der Forderung verknüpft war, einer Delegation von Saararbeitern einen Besuch Thälmanns in der Haftanstalt zu ermöglichen. Der Forderung, eine Delegation des Saargebiets zu Thälmann vorzulassen, konnte sich die faschistische Regierung nicht einfach versagen. Einmal besaß sie zu dieser Zeit — Frühjahr 1934 — angesichts ihrer internationalen politisch-moralischen Isolierung selbst ein Interesse, sich ein gesitteteres Aussehen aufzuschminken. Zum anderen befürchtete sie, daß eine Ablehnung nicht ohne negative Folgen auf Teile der Saarbevölkerung und deren Haltung zur Abstimmung bleiben würde. Die Kommunisten an der Saar gedachten, diese Sachlage auszunutzen, um durch ihre Kampagne die Bewegung der antifaschistischen Solidarität zu fördern. Daher wurde von vornherein darauf Wert gelegt, der Aktion die breiteste Popularität zu verschaffen. Zur Finanzierung der Reise wurden in den Gruben Geldsammlungen veranstaltet. Nach Diskussionen unter den Bergarbeitern wählten schließlich Sicherheitsmänner der Gruben eine dreiköpfige Delegation. Ihr gehörten Kurt Thomas, ein klassenbewußter Sozildemokrat, der sich für die Einheitsfront von Kommunisten und Sozialdemokraten einsetzte, der Kommunist Wilhelm Stauner und der parteilose Fritz Naumann an.[40] Als die saarländische Delegation am 16. Mai 1934 in Berlin ankam, versuchte ein Vertreter der faschistischen Behörden, der ihr während des Aufenthaltes beigegeben wurde, den Teilnehmern zunächst den Besuch bei Thälmann überhaupt auszureden.[41] Indessen lehnten die drei Delegierten nicht nur dieses Ansinnen ab, sondern ließen gegenüber dem Nazi auch keinen Zweifel darüber, daß sie die Entwicklung im faschistischen Reich klar und vom Arbeiterstandpunkt einzuschätzen wußten. Sie bekundeten ihre Ablehnung des Arbeitsordnungsgesetzes, das sie als gegen die Arbeiter gerichtet und auf die Unternehmer zugeschnitten charakterisierten. Sie äußerten ihren Protest gegen die Mißhandlung von Gefangenen und machten, um ihren Auftrag, Thälmann zu besuchen, nachdrücklich durchzusetzen, überhaupt Zweifel daran geltend, daß der Vorsitzende der KPD noch am Leben sei. Als sie am 19. Mai schließlich zu Thälmann gebracht wurden, zeigten sie sich auch von den faschistischerseits unternommenen Versuchen unbeeindruckt, den Inhalt dieses Zusammentreffens zu beeinflussen. Sie überbrachten Thälmann die Grüße der Arbeiter des Saargebietes und sie hörten von ihm über die Schikanen und Mißhandlungen, die er in der faschistischen Gefangenschaft zu erdulden hatte.

[40] Arbeiter-Zeitung, Nr. 110, 15. 5. 1934. – Thomas starb in sowjetischer Emigration. Stauner lebt heute als Rentner in Blieskastel/Saar. Zum ganzen Ereignis und seiner Vorbereitung vgl. die Berichte von Hans Pink, Dora Weyrich und Wilhelm Stauner.
[41] IML ZPA St 3/94.

Ins Saargebiet zurückgekehrt, sprachen die Delegierten in vielen Versammlungen. Es erschienen Presseberichte und eine von den Angehörigen der „Thälmann-Delegation“ verfaßte Broschüre. Auch außerhalb Deutschlands traten die saarländischen Antifaschisten öffentlich hervor. Nachdem Thomas die Einreise nach England zunächst verweigert worden war, sprach er schließlich doch vor Mitgliedern des englischen Unterhauses. Zwei Mitglieder der Delegation berichteten in Paris über ihren Besuch bei Thälmann.[42] Die Thälmann-Delegation gab dem Kampf um die Freilassung Thälmanns und aller anderen politischen Gefangenen des faschistischen Regimes Auftrieb — richtig schrieb der „Gegenangriff“, die Saararbeiter hätten die Gestapo besiegt —, und stärkte auch antifaschistische Kräfte im Saargebiet in ihrem Kampf um dessen Zukunft. Das galt auch für den Bezirk der KPD selbst.

Die Organisation der Kommunisten umfaßte in der Mitte des Jahres 1934 mehr als 7 500 Mitglieder, die in 142 Ortsgruppen und 24 Betriebszellen zusammengefaßt waren.[43]

Schon im Spätsommer und Frühherbst 1934, das kennzeichnet ebenso die soziale Zusammensetzung der KPD-Organisation wie ihre Wirkungsmöglichkeiten in den Betrieben — war mehr als die Hälfte der Parteimitglieder arbeitslos.[44] Dennoch konnte ein zeitgenössischer Bericht feststellen: „Wir sind in fast jedem Betrieb des Saargebiets verankert und dort wird im Verhältnis die beste Arbeit geleistet.“ Und von den kommunistischen Kadern in den Röchling-Betrieben wird gesagt, sie seien gut, fleißig und rührig.[45] Dieses — an seiner Aufgabe gemessen — kleine Heer von Kommunisten wurde in seinem schweren Kampf von vielen Parteimitgliedern unterstützt, die durch den Faschismus zur Emigration aus dem Reich gezwungen worden waren. Ihnen und ihren Familien sowie den Inhaftierten und deren Angehörigen in Deutschland leistete die KPD/Saar umgekehrt die vielfältigste Hilfe. Das Saargebiet war für die Kommunistische Partei zu einem Zentrum ihres Kampfes und zu einer Drehscheibe für die Organisation der illegalen Tätigkeit geworden. Hier hielten sich 1933/34 Mitglieder und Mitarbeiter des Zentralkomitees und des Politbüros auf, um

[42] Vgl. u. a. die Zeitungsberichte in Deutsche Freiheit Nr. 118, 25. 5. 1934; Arbeiter-Zeitung Nr. 113, 23. 5. 1934, 114, 24. 5. 1934, 116, 26. 5. 1934, 117, 27./28. 5. 1934, Nr. 119, 30. 5. 1934, Nr. 120, 31. 5. 1934 sowie Berichte der englischen und französischen Presse, die gesammelt sind in: IML ZPA P St 3/94, sowie auch den „Gegenangriff“ (Prag) Nr. 22, 3. 6. 1934.

[43] Vgl. IML ZPA P St 3/401 und P St 3/82. Im Monat Juli wird die Mitgliederzahl mit 7 584, im August mit 7 709, im September mit 7 934 angegeben; im Oktober 1934 wird sie rückläufig. – 1934 legte die Gestapo auch bereits Mitgliederübersichten der KPD/Saar für ihre Aktionen nach der Angliederung an. Vgl. IML ZPA St 3/224 II. An dieser Arbeit war u. a. der Mitarbeiter der Gestapo Welsch beteiligt.

[44] IML ZPA P St 3/78.

[45] IML ZPA P St 3/82.

sich mit illegal aus dem Reich eingereisten Genossen zu beraten und Schulungen abzuhalten.[46]

Hier wurde antifaschistische Literatur gedruckt und mit Hilfe saarländischer Kommunisten, welche die Grenze kannten, illegal nach Deutschland transportiert. Paul Eisenschneider[47], der im Mai 1937 von den Faschisten zu lebenslanger Zuchthausstrafe verurteilt wurde, Josef Wagner[48], den die Henker im September 1943 in Berlin-Plötzensee hinrichteten und Karl Molter[49] gehörten zu den vielen Organisatoren dieser Arbeit. Zu denen, die zwischen den Leitungen der Partei im Reich, im Saargebiet und in anderen Emigrationszentren Kurierdienste leisteten, gehörte Paul Kärcher.[50] Von der Saar gingen auch erfahrene einheimische Kommunisten zu illegalen Einsätzen ins Reichsgebiet, unter ihnen Erich Honecker und Fritz Nickolay.[51]

Für die unmittelbare Tätigkeit der KPD/Saar wirkte sich die Anwesenheit von Hunderten emigrierter Kommunisten, unter ihnen eine große Zahl qualifizierter Kader, in vieler Hinsicht befördernd aus. Sie verstärkten die Leitungen der Parteiorganisation auf allen Ebenen, halfen bei der Herstellung antifaschistischer Zeitungen und Traktate und verstanden es, obwohl ihnen durch die Regierungskommission politisches Wirken verboten war, viele Wege der Arbeit zu finden und zu beschreiten. In jener Zeit waren die Kommunisten Alexander Abusch, Arthur Becker, Erich Gentsch, Erich Glückauf, Wilhelm Herzog, Hans Jennes, Hans Maassen, Hans Schrecker, Anton Switalla und viele andere mit dem antifaschistischen Kampf an der Saar besonders eng verbunden. Sie lebten in den kleinen, ärmlichen Wohnungen der saarländischen Kommunisten, teilten mit ihnen das Wenige, was die Arbeitslosenunterstützung hergab, und wurden, durch eine gemeinsame Sache verbunden, rasch zu engen Kampfgefährten.[52]

Ein besonders ermutigendes Beispiel des unermüdlichen antifaschistischen Einsatzes stellte das Wirken Erich Weinerts im Saarland dar. Auf ein Ersuchen der KPD/Saar begann Weinert, der aus Gründen seiner Sicherheit im französischen Grenzort Forbach untergebracht wurde, am 1. Oktober 1933 in Veranstaltungen mit Wort und Lied gegen den Faschismus zu kämpfen und für die Einheitsfront zu werben.[53] In mehr als 60 Ver-

[46] IML ZPA St 3/233 I, P St 3/94.
[47] IML ZPA P St 3/94 und NJ 1626/1.
[48] IML ZPA NI 1686. Vgl. auch: Vor dreißig Jahren hingerichtet: Josef Wagner, Lockweiler. Herausg.: DKP-Saar, Saarbrücken.
[49] ZStA Potsdam, RMdI, Nr. 25 742, Bl. 198 ff.
[50] IML ZPA NJ 3717. Die Polizeiverwaltung von Wiebelskirchen lieferte der Gestapo auf deren Ersuchen einen ausführlichen Bericht zur Person Kärchers. Ebd., P St 3/94.
[51] Nach Aussagen von H. Pink und Fritz Bäsel. Vgl. auch: Erich Honecker, Skizze seines politischen Lebens, Berlin 1977.
[52] Vgl. IML ZPA P St 3/94, auch: Niederschrift des Vf. über Gespräch mit H. Schrecker.
[53] Erich Weinert erzählt, Berlin 1955, S. 55 ff.

anstaltungen — allein für die Monate Dezember 1933 und Januar 1934 standen 29 Auftritte des proletarischen Dichters auf einem Kalender — appellierte er leidenschaftlich und, wie die eingesetzten Polizeispitzel vermerkten, aufreizend an die Werktätigen der Saar.[54] Mit alten und auch erst unter dem Eindruck der politischen Szene geschriebenen Gedichten rüttelte er auf, stärkte Mut, Opferbereitschaft und selbstlose Hingabe an den antifaschistischen Kampf. Allein in Völklingen trat Weinert in jenen Monaten dreimal in Veranstaltungen auf. Wie er und mit ihm wirkten der Komponist Hanns Eisler und die Arbeiterschriftsteller Hans Marchwitza und Theodor Balk, die aus ihren Werken lasen. Balk, der zugleich für kommunistische Zeitungen schrieb, verfaßte in jener Zeit das Buch „Hier spricht die Saar — ein Land wird interviewt“, das heute zu den wichtigen Quellenwerken über den Kampf jener Jahre zählt.

Bündnis zum Kampf gegen Hitler

Schon im Januar 1934 hatte die Bezirksleitung der KPD/Saar beschlossen, einen Einheitsfrontkongreß einzuberufen, der die Bestrebungen nach dem Zusammenschluß aller antifaschistischen Kräfte im Saargebiet auf eine breitere organisatorische Grundlage stellen sollte.[1] Dieser Kongreß tagte am 8. April 1934 in Saarbrücken. Seine Zusammensetzung zeigte, in welcher Weise die Partei gearbeitet hatte, um alle sozialen und politischen Kräfte gegen den Hitlerfaschismus zu mobilisieren. Die Mehrzahl der 602 Delegierten waren Parteilose, 183 gehörten der KPD an und 35 Teilnehmer waren Mitglieder in katholischen Organisationen. Nur 12 Anwesende bekannten sich als Sozialdemokraten. Unter den Delegierten befand sich eine große Zahl Frauen — insgesamt 189 —, und 59 waren in jugendlichem Alter. Die Anwesenheit von nur 3 Kleingewerbetreibenden machte deutlich, welchem Boykott seitens der „Deutschen Front“ damals schon diejenigen ausgesetzt waren, die antifaschistisch hervortraten. Die Feststellung Karl Merkels, der den Kongreß leitete, daß alle von dem Willen beseelt wären, beim Aufbau der Einheitsfront mitzuhelfen, bestätigten die 25 Diskussionsredner.[2]

Von diesem Kongreß gingen verstärkte Bemühungen vor allem zur Gewinnung der sozialdemokratischen und der katholischen Arbeiterschaft für die „Antifaschistische Freiheitsaktion“ aus. Keine Gelegenheit blieb ungenutzt, um mit den sozialdemokratischen Klassengenossen zu sprechen, die antikommunistischen Vorurteile abzubauen und gleichzeitig die Fragen

54 Vgl. die Berichte im Stadtarchiv Völklingen vom 17. 10. 1933, 4. 3. und 2. 6. 1934.
1 IML ZPA 47/1/356.
2 Arbeiter-Zeitung Nr. 82, 14. 4. 1934, IML ZPA P St 3/94. S. a. ZStA Potsdam, Saarbildarchiv Nr. 55.

der Taktik des Kampfes zu beraten. Als Pfingsten ein Treffen der Roten Arbeitersportler von der Regierungskommission verboten wurde, gingen die Kommunisten zu einer sozialdemokratischen Parallelveranstaltung.[3]

Vom Kongreß der antifaschistischen Einheitsfront war auch die Initiative ausgegangen, eine Delegation nach Genf, dem Sitz des Völkerbundes, zu entsenden, dort die Auffassungen über die politische und soziale Lage im Saargebiet und seine Perspektiven zu entwickeln und eine Denkschrift zu unterbreiten. Anfang Juni reisten drei Delegierte — der Bergarbeiter Richard Kraushaar aus Wiebelskirchen, der Hüttenarbeiter Willi Purper aus Völklingen und Gustav Regler, ein Schriftsteller aus Merzig — in die Schweiz.[4] Die Entsendung dieser Delegation bedeutete auch im Rahmen der kommunistischen Taktik eine neue Variante. Im Völkerbundsrat stand die Entscheidung über das Stattfinden der Abstimmung und ihren Termin unmittelbar bevor. Daher entschloß sich die KPD/Saar, ungeachtet ihrer geringen Hoffnung auf eine Unterstützung der Antifaschisten durch den Rat, die Ansichten der Hitlergegner darzutun und zugleich auf die einseitige, die „Deutsche Front" und den Faschismus begünstigende Rolle der Regierungskommission aufmerksam zu machen. Zugleich sollten die Delegierten in Genf verdeutlichen, daß die von den Kommunisten geführte Bewegung sich im Abstimmungskampf für den Status quo einsetzen würden.

Die Erfahrungen der Genf-Reise, wo die Delegierten vom Präsidenten der Regierungskommission, Geoffry Knox, empfangen werden mußten und ihm das Memorandum überreichten, bestätigten, daß für die Organe des Völkerbunds die Zukunft des Saargebiets faktisch bereits entschieden war. Was sie mit der Reichsregierung noch auszuhandeln hatten, betraf sogenannte Sicherheitsgarantien für im Saargebiet lebende Personen und deren Rechtsansprüche. Sie galten vor allem den Beamten im saarländischen Staatsapparat. Indem der Völkerbund sich für sie einsetzte, wollte er denjenigen, die seiner Politik gedient hatten, einen gewissen Schutz angedeihen lassen. Das Schicksal der Antifaschisten im Saarland stand zwischen dem Völkerbund und der Reichsregierung hingegen nicht zur Diskussion. Für manche Antifaschisten und für die jüdischen Bürger im Saarland brachten die Abmachungen zwischen dem Völkerbund und der Reichsregierung nur einen kurzfristigen Aufschub der Verfolgungen. Im Gespräch mit Knox hatte Willi Purper, den Wert all dieser Garantien richtig charakterisiert, als er die Reichsregierung eine „Regierung aus notorischen Lügnern, der Konzentrationslager, der Erschießungen auf der Flucht" nannte. Ihre Garantien seien nicht mehr als papierne Pakte.

3 Arbeiter-Zeitung Nr. 115, 25. 5. 1934.

4 Rundschau Nr. 35, 7. 6. 1934. Gustav Regler wurde später ein Renegat und als solcher nach 1945 von den antikommunistischen Kräften hoch gelobt und dekoriert. Darüber geriet auch sein damaliges Eintreten natürlich in absichtsvolle Vergessenheit.

Leeres Gerede war auch die Beteuerung von Knox, „für die Abstimmungsperiode eine unbeeinflußte Propagandamöglichkeit für alle ohne Unterschied der Partei“[5] zu gewährleisten. Nach allen Erfahrungen mit dem terroristischen Vorgehen der „Deutschen Front“ und der Haltung des saarländischen Staatsapparates bedeutete Knox’ Hinweis auf die beabsichtigte Einrichtung einer Abstimmungskommission und eines Abstimmungsgerichts nicht mehr als die parlamentarische Ausstaffierung der Abstimmungsszene. Klar war, und das kam den Delegierten freilich nicht unerwartet, daß die Völkerbundsorgane keine Verbündeten der saarländischen Hitlergegner sein würden. Die Anschlußgegner mußten sich selber helfen.[6] So war die Entscheidung der KPD/Saar für den Status quo mit zwei grundlegenden, durch den Klassenkampf seit dem Beginn des Jahres 1933 erhärteten Erfahrungen verbunden. Die eine betraf das Ziel des Kampfes: Status quo konnte nicht einfach Fortdauer des bisherigen Völkerbundsregimes heißen, sondern mußte mit der Gewährung größerer demokratischer und sozialer Rechte an die Werktätigen verbunden sein, die freilich selbst wieder nur der eigenen Aktivität entspringen konnten. Und die andere bezog sich auf die Taktik des Kampfes für einen so verstandenen Status quo: sie hatte davon auszugehen, daß nur der breiteste Zusammenschluß der Antifaschisten an der Saar und ihre politische Aktion Erfolgschancen bieten konnten. Weder aus Genf noch von den Regierungen der kapitalistischen Großmächte in Westeuropa war auch nur eine Hilfestellung zu erhoffen.

Die Entscheidung der KPD für den Status quo, nachdem sie seit langem einen Anschluß an Nazideutschland wie an Frankreich strikt abgelehnt hatte, bedeutete einen zeitweiligen politischen Kompromiß. Er galt, solange im Reich die faschistische Diktatur nicht gestürzt war. Und er war mit der klar ausgesprochenen Absicht verbunden, wie Wilhelm Florin in einem „Leninistische Taktik der Saarfrage“ überschriebenen Artikel auseinandersetzte, „die verhältnismäßig größte Möglichkeit für die Entfaltung und Steigerung des antifaschistischen Klassenkampfes“ zu schaffen und zu nutzen.[7]

Den kommunistischen Bestrebungen kam in dieser Zeit auch der Umstand zugute, daß sich in der sozialdemokratischen Mitgliedschaft mehr und mehr der Standpunkt durchsetzte, daß der Kampf gegen den Anschluß mit tauglichen Mitteln geführt werden müsse. Die im Reichsgebiet gewonnene Erkenntnis, daß dem Faschismus mit dem Stimmzettel nicht beizukommen war, führte Funktionäre und Mitglieder der SPD/Saar dazu, den starken Worten ihrer Führer zu mißtrauen und zu fragen, wie der

5 AZ, Nr. 126, 8. 6. 1934. Vgl. auch: Rundschau, Nummer 11, Sondernummer, 30. 1. 1934, S. 421.

6 Vgl. AZ, Nr. 124, 6. 6. 1934.

7 Rundschau, Nr. 35, 7. 6. 1934.

Kampf gegen den Anschluß konkret zu führen sei. Die Kommunisten gaben darauf eine klare Antwort: „Kämpfen heißt: Einheitliche Kampfkomitees gegen den Anschluß in den Betrieben und Orten, Kampfaktionen der Belegschaften, Organisierung des gemeinsamen Selbstschutzes, Forderung nach Demonstrations-, Presse- und Streikfreiheit der Arbeiter, für Wahl von Betriebsräten, Amnestierung der Antifaschisten, Befreiungsaktionen für Thälmann und alle in Hitlers Kerkern." Und zusammenfassend lautete die Parole: „Nur Massenaktionen schlagen Hitler an der Saar!"[8]

Nach der Rückkehr der Genfer Delegation, die am 7. Juni 1934 auf einer Kundgebung der „Antifaschistischen Freiheitsaktion" in Völklingen über ihre Reise berichtete, verstärkte die KPD/Saar ihre Einheitsfrontaktivität in zweierlei Weise. Sie strebte danach, in den einzelnen Orten und Betrieben Kampfkomitees zu schaffen, die auf der Grundlage von Abmachungen mit den sozialdemokratischen Vorständen zustande kamen und arbeiteten. Und sie versuchte zugleich, den Bezirksvorstand SPD/Saar und Max Braun zu drängen, den unfruchtbaren antikommunistischen Standpunkt zu verlassen. In einem Bericht der Bezirksleitung (B. L.) hieß es: „Schon bei der Veröffentlichung der Erklärung der B. L. zur Saarabstimmung am 1. Juni waren wir uns darüber einig, mit einem Spitzenangebot an die SP heranzutreten. Aus taktischen Gründen, um besonders einige schon organisierte gemeinsame Versammlungen in den Orten durchzuführen und in einer weiteren Anzahl von Orten gemeinsame Komitees zu schaffen, dadurch auf die Führung der SPD einen starken Druck ausüben zu können, haben wir mit dem Angebot einige Tage gewartet."[9] Die Anstrengungen, die Einheitsfront von Kommunisten und Sozialdemokraten gleichzeitig „von unten" und „von oben" zu befördern, brachten im Verlauf des Monats Juni endlich Fortschritte. Obwohl der sozialdemokratische Emigrationsvorstand, der vom 2. bis 4. Juni 1934 in Neunkirchen eine Konferenz mit sozialdemokratischen Funktionären aus dem Reich abhielt, weshalb auch der Parteivorsitzende Wels im Saargebiet anwesend war, auf den Bezirksvorstand einzuwirken trachtete, konnte doch nicht verhindert werden, daß in Landsweiler ein „Einheitskomitee" zwischen den Ortsgruppen der KPD und der SPD gebildet wurde. Für ihre Genossen unterzeichneten der Kommunist Robert Bier und der Sozialdemokrat J. Klemm eine Abmachung, in welcher das gemeinsame Eintreten für den Status quo, die Schaffung eines wehrhaften Massenselbstschutzes und der Kampf gegen Verbotsmaßnahmen der Saarregierung beschlossen wurde.[10] Damit war ein erster Erfolg erreicht, der um so schwerer wog, als sich die Mitglieder der beiden Parteien nicht nur über das nächste Ziel, sondern auch über wesentliche Mittel, die zu seiner Erreichung führen sollten, geeinigt hatten.

8 AZ, Nr. 125, 7. 6. 1934.
9 IML-ZP A: I 3/24/21.
10 AZ, Nr. 125, 7. 6. 1934.

Es heißt den Prozeß, der nun in Gang gebracht war, freilich mißdeuten, wenn E. Kunkel ihn mit den Worten charakterisiert: „Draußen im Lande bahnte sich, ohne das Zutun der Führung, die Einheitsfront an; sie entstand einfach aus gemeinsamen Aktionen."[11]

Das ist in doppelter Hinsicht falsch. Die kommunistische Führung im Saargebiet hatte im Einklang mit ihren Mitgliedern die Einheitsfront angestrebt und daher nahm sie das in Landsweiler geschaffene Beispiel augenblicklich auf und empfahl, es im ganzen Saargebiet zu befolgen. Davon zeugt insbesondere die Würdigung, welche die Tat von Landsweiler in der „Arbeiter-Zeitung" erfuhr. Aber auch für den Bezirksvorstand der SPD/Saar trifft nicht zu, daß er dem Geschehen tatenlos zugesehen hätte. Zunächst wurde versucht, die Ausbreitung dieses Beispiels mit dem Hinweis zu blockieren, daß sich die Führungen der beiden Arbeiterparteien in Saarbrücken erst einigen und die Kommunisten zuvor einem ideologischen „Nichtangriffspakt" zwischen KPD und SPD zustimmen müßten. Bei dieser Forderung, mit welcher der Parteivorstand schon vor dem 30. Januar 1933 im Reichsgebiet Einheitsfrontbestrebungen in der eigenen Partei abgewiegelt und unterdrückt hatte, handelte es sich im wesentlichen darum, die Führung innerhalb einer Einheitsfront zu beanspruchen. So sehr theoretische Auseinandersetzungen über die proletarische Revolution und den Sozialismus in diesem Stadium des Kampfes gegen den Faschismus zurückgestellt werden konnten, um das nächste gemeinsame Ziel ins Auge zu fassen und anzustreben, so konnte doch gerade um dieses Zieles willen die sachliche und kameradschaftliche Diskussion und auch Kritik in einer Hinsicht nicht unterbleiben: sie betraf die Frage, welche Mittel im antifaschistischen Abwehrkampf taugten und welche durch geschichtliche Erfahrungen bereits als stumpfe Waffen erwiesen waren.

Häufig lehrte auch das immer frechere und brutalere Auftreten der Faschisten die Arbeiter in der KPD und SPD, wie dringend es war, sich endlich zusammenzuschließen. In Saarlouis fanden sich antifaschistische Kräfte beider Parteien zu einer Besprechung zusammen, nachdem die Nazis ein Verkehrslokal ihrer Gegner überfallen hatten.[12] Auch hier stand der Aufbau eines einheitlichen Selbstschutzes im Mittelpunkt. Von der großen und wachsenden Popularität des Einheitsgedankens, zugleich aber auch von den noch fortwirkenden Widerständen zeugte eine gemeinsame Versammlung von Mitgliedern beider Arbeiterparteien in St. Arnual, während der es Funktionären der SPD gelang, eine Abstimmung über ein einheitliches Vorgehen zu verhindern.[13]

Die bisherigen Erfahrungen resümierend, verpflichtete die Bezirksleitung der KPD/Saar alle Kommunisten, in jedem Ort, in jeder Abteilung

[11] Ernst Kunkel, a. a. O., S. 91.
[12] AZ, Nr. 131, 15. 6. 1934.
[13] Ebenda.

eines Betriebes an die Mitglieder der SPD mit konkreten Vorschlägen für gemeinsame Forderungen und Aktionen heranzutreten. Einen wichtigen und wirkungsvollen Schritt stellte die Bildung eines „Kampfkomitees der Arbeiter der Kommunistischen Partei, der Sozialdemokratischen Partei, des Roten Frontkämpferbundes und des Schutzbundes“ in Ottweiler dar, das sich am 20. Juni 1934 mit dem Aufruf an die Öffentlichkeit wandte, in einer einheitlichen Front den Anschluß des Saargebiets an Hitlerdeutschland zu verhindern und für die Verbesserung der Lebenslage der arbeitenden Bevölkerung zu kämpfen.[14] Auf fünf Forderungen, in denen sich die Ergebnisse der beharrlichen Überzeugungsarbeit der Kommunisten ausdrückten, hatten sich die Vertreter der Parteien geeinigt: „1. Volle Versammlungs-, Demonstrations-, Presse-, Koalitions- und Streikfreiheit zur Verhinderung der Versklavung der Arbeiterschaft. 2. Sofortige Amnestie für sämtliche politischen gefangenen Antifaschisten. 3. Beseitigung des faschistischen Terrors an der Saar. 4. Bildung des wehrhaften Massenselbstschutzes aller Antifaschisten. 5. Für höhere Löhne und Erwerbslosenunterstützungen. Gegen Faschismus und Krieg.“[15]

Mit dieser Entwicklung und insbesondere mit dem Abkommen von Ottweiler konfrontiert, konnte der sozialdemokratische Bezirksvorstand nicht länger schweigen. In einem Artikel in der „Volksstimme“ verlangten die Führer der SPD/Saar die Einstellung des „Bruderkampfes“. Künftig sollten „alle Beschimpfungen“ unterbleiben. Mit dieser Erklärung wandte sich der Bezirksvorstand der SPD/Saar von der Methode ab, die KPD und ihre politische Taktik im Kampf gegen die Angliederung der Saar an das faschistische Reich zu verteufeln und die revolutionäre Partei als die „Hilfstruppe des Faschismus“ zu diffamieren.[16] Zugleich erhob die Führung der SPD/Saar eine Anzahl von Forderungen, an denen sich der gemeinsame Kampf der beiden Arbeiterparteien ausrichten sollte. Sie lauteten: „1. Versammlungs-, Demonstrations-, Presse-, Koalitions- und Streikfreiheit. 2. Eine gerechte Justiz. 3. Amnestie der wegen politischen Vergehen inhaftierten Antifaschisten. 4. Rücksichtslose Anwendung der Gesetze gegen den nationalsozialistischen Terror an der Saar. 5. Energische Maßnahmen gegen die schikanöse Behandlung der Erwerbslosen durch die vernaziten Kommunalbehörden. 6. Aktionen gegen den legalen Mord, gegen die Barbarei der Konzentrationslager und für die Befreiung aller politischen Gefangenen Hitlerdeutschlands. 7. Gemeinsame Abwehr des nationalsozialistischen Terrors.“[17]

Diese Forderungen zeigten, daß sich der SPD-Vorstand in Saarbrücken eine Anzahl der Forderungen zu eigen gemacht hatte, welche die Kom-

14 AZ, Nr. 136, 21. 6. 1934.

15 Ebenda.

16 Vgl. beispielsweise die Darstellung der KPD-Politik in diesem Sinne, in: Volksstimme, Nr. 81, 7. 4. 1934.

17 Ebenda, Nr. 142, 22. 6. 1934.

munisten und Sozialdemokraten in Ottweiler tags zuvor gemeinsam angenommen hatten. In anderer Hinsicht aber enthielten die Forderungen der saarländischen SPD-Führung einfach illusionäre Vorstellungen oder blieben, insbesondere auf sozialem Gebiet, hinter denen zurück, die von der eigenen Mitgliedschaft für gerechtfertigt und notwendig gehalten worden waren. Unrealistisch war namentlich der Gedanke, es lasse sich unter den Bedingungen des Völkerbundsregimes und der deutschnationalen und faschistischen Richter und Staatsanwälte eine „gerechte Justiz" schaffen, welche die „Gesetze gegen den nationalsozialistischen Terror" auch wirklich anwende.[18] Die Erfahrungen in der Weimarer Republik hatten in den Jahren der Weltwirtschaftskrise und auch schon vordem gezeigt, daß jegliche bürgerliche Gesetzgebung gegen die sogenannten Staatsfeinde immer gegen die Kräfte der politischen Linken, solche innerhalb der Sozialdemokratie eingeschlossen, gekehrt worden waren. Dafür sorgten, unabhängig von den Absichten der Gesetzgeber, die meist selbst schon reaktionärer politischer Haltung entsprangen, die Gerichte. So war es seit Jahren auch mit den Gesetzen und den Verordnungen der Regierungskommission im Saargebiet gegangen. Und insbesondere 1933/34 hatten die Kommunisten die nach dem Vorbild der Brüning-Regierung im Reich erlassenen politischen Notverordnungen zu spüren bekommen, während die Faschisten sich des Wohlwollens und der Nachsicht jener Justizbeamten erfreuten, die auch nach dem Abstimmungstag im faschistischen Reich ihre Posten behalten und Karriere machen wollten.

Charakteristisch war für die Forderungen der saarländischen sozialdemokratischen Führung auch, daß sie sozialpolitisch wenig aussagten. Die Lohnfrage wurde ganz ausgespart, und was die Erwerbslosen anging, so beschränkten sich die Forderungen darauf, deren bessere Behandlung durch die Behörden zu verlangen. Tatsächlich aber ging es doch darum, ihre elenden Lebensumstände zu verändern. Hatten sich die rechten Führer auch in vielerlei Belangen nicht von ihren reformistischen staats- und sozialpolitischen Konzepten der Vergangenheit lösen können, so blieb — und das war für die KPD/Saar die entscheidende Tatsache bei der Bewertung der sieben unterbreiteten Forderungen — der Umstand einer Annäherung der SPD-Funktionäre an diejenigen politischen Kräfte, die nach einem wirkungsvollen Zusammenschluß der beiden Arbeiterparteien verlangten.[19]

18 Ebenda.

19 Von diesen Illusionen über die Rolle der Regierungskommission, die innerhalb des Saarbrücker SPD-Vorstands existieren, zeugte noch im Mai eine Veröffentlichung in der „Volksstimme" (Ausgabe Nr. 110 vom 14. 5. 1934) in der von dem Präsidenten der Kommission, der die Verordnungen nach dem Vorbild der Brüning-Regierung erlassen hatte, geschrieben wurde: „Der Mann tut seine Pflicht ... Wir sind überzeugt, daß er auch weiterhin ... korrekt und gerecht seine Aufgaben an der Saar ... erfüllen wird."

Am Tage, nachdem die Forderungen der SPD/Saar veröffentlicht worden waren, antwortete die Bezirksleitung der KPD in einem neuen förmlichen Appell zur „Kampfeinheit gegen den gemeinsamen Feind“. Darin stellte sie, ohne auf das „Recht der klaren, sachlichen revolutionären Kritik an der Politik der sozialdemokratischen Partei- und Gewerkschaftsführung“ zu verzichten, die Erkenntnis in den Vordergrund, „daß jede Stunde Verlust in der Schaffung der Einheitsfront Unterstützung des Faschismus bedeuten würde“.[20] Daher auch verzichtete der KPD/Saar auf jedes polemische Wort über die Unzulänglichkeiten des Katalogs von Forderungen, den der sozialdemokratische Vorstand verbreitet hatte, sondern hob diejenigen politischen Ziele in das Gesichtsfeld von Kommunisten und Sozialdemokraten, in denen sich eine weitgehende Übereinstimmung anzubahnen begonnen hatte. Dabei zogen die Mitglieder der Bezirksleitung der KPD/Saar auch in Betracht, daß es gegenwärtig unmöglich sein würde, in der gewünschten kurzen Frist die rechten Führer dazu zu bewegen, in der Lohnfrage einen auf Kampf orientierten Standpunkt einzunehmen. Obwohl die KPD/Saar von der gesicherten Erfahrung der Arbeiterbewegung ausging, daß der „Kampf um Lohn und Brot“ für die Arbeiterklasse in keiner Phase nur eine „Magenfrage“ darstellte, sondern immer eine Vorbedingung für die breitere Entfaltung sozialer und politischer Auseinandersetzungen mit der Bourgeoisie bedeutete, erklärte sich die KPD damit einverstanden, die Lohnfragen nicht zum Streitpunkt zu machen und sie aus den „Mindestforderungen“ herauszunehmen. Wie in diesem Fall, so ging die Bezirksleitung der KPD/Saar auch in anderen davon aus, daß sich in der gemeinsamen Aktion neue Einsichten herausbilden und festigen werden.

Wie die veränderte Haltung der sozialdemokratischen Führer und Max Brauns in hohem Grade das Produkt der Vorgänge im Saarland war, so wirkte die Erklärung der SPD/Saar und die darauf ergangene kommunistische Antwort ihrerseits augenblicklich fördernd auf die Bestrebungen, überall antifaschistische Aktionsbündnisse zu schaffen. Ein weiterer Schritt dazu wurde in Burbach getan, wo J. Rodenbusch für die KPD und Heinrich Barth für die SPD eine gemeinsame Erklärung unterzeichneten. Zwei Tage später fand in Saarbrücken eine Einheitsfrontdemonstration statt, deren Anlaß die Rückkehr von Arbeitersportlern aus Belgien war. Dieses Ereignis wurde wenige Tage später durch die erste gemeinsame Kundgebung von Kommunisten und Sozialdemokraten übertroffen, zu der die Leitung beider Parteien aufgerufen hatten.[21] An den bisher erreichten Einheitsaktivitäten anknüpfend, unterbreitete nun die KPD/Saar-Bezirksleitung ihr „Spitzenangebot“. Sie schrieb am 29. Juni den Vorstand der SPD/Saar an und betonte in dem Brief: „Die antifaschistisch gesinnte Arbeiterschaft muß durch die stürmische Entfaltung des Massenkampfes die Auslieferung

[20] Arbeiter-Zeitung, Nr. 138, 23. 6. 1934.

[21] Der Aufruf zur gemeinsamen Kundgebung wurde in der Arbeiter-Zeitung, Nr. 142, 28. 6. 1934 veröffentlicht.

des werktätigen Saarvolkes an das faschistische Blut- und Hungerregime Hitlers verhindern ... Durch die Aktionseinheit der sozialdemokratischen und kommunistischen Arbeiter wird es möglich sein, Tausende von christlichen Arbeitern in die Front der antifaschistischen Arbeiterschaft einzureihen und die heute noch unter dem moralischen und materiellen Druck des Faschismus stehenden, aber bereits schwankenden Mittelschichten mitzureißen."

Es wurden fünf Forderungen formuliert, welche die inhaltlichen Grundlagen für die Einheitsfront bilden sollten. Sie stimmten mit denen überein, auf die sich das Komitee in Ottweiler geeinigt hatte.[22]

Auf der Kundgebung in Burbach sprachen für die KPD Fritz Pfordt, für die SPD Max Braun. Pfordt begründete das Angebot der Kommunisten an die sozialdemokratischen Genossen, fortan in fester Aktionseinheit gemeinsam für die inzwischen fixierten fünf Forderungen zu kämpfen. Braun stimmte dem in seiner Ansprache ohne Einschränkungen zu.[23] So wurde der 30. Juni 1934 zu einem entscheidenden Wendepunkt in den Beziehungen der beiden Arbeiterparteien im Saargebiet. Von der Saarbrücker Kundgebung breitete sich die Einheitsfront nun im ganzen Lande aus. Diesen Prozeß förderte die KPD/Saar durch ständig neue Initiativen. Bei Bekanntwerden der „Röhm-Affaire" (vgl. Seiten 113—115) wandte sie sich sofort an die SPD/Saar. In dem schon zitierten Bericht der KPD-Bezirksleitung hieß es dazu: „Auf Grund der Ereignisse im Reich hat die B. L. am Sonntag, dem 1. Juli, einen Genossen zu der Landesleitung der SP geschickt mit der Forderung, sofort Sonntagnachmittag eine gemeinsame Besprechung durchzuführen mit dem einzigen Tagesordnungspunkt, sofortige Organisierung von gemeinsamen Demonstrationen zu Dienstag, den 3. Juli. Die SP-Leitung erklärte daraufhin, daß sie mit der Durchführung einer solchen Demonstration grundsätzlich einverstanden ist ..."[24]

Die gemeinsame Beratung, an der 4 KPD- und 5 SPD/Saar-Vertreter teilnahmen, fand am Montag, dem 2. Juli, statt. Man einigte sich auch darauf, „daß die Leitungen in kürzeren Abständen immer wieder zusammenkommen, um die Durchführung dieser Aufgaben und die Festlegung weiterer Aufgaben zu besprechen".[25]

Am nächsten Tag erschien in der kommunistischen Arbeiter-Zeitung eine in lakonischen Worten gehaltene Mitteilung. Sie begann mit den Worten: „Auf Grund eines Einheitsfrontvorschlages der Bezirksleitung der Kommunistischen Partei an die Sozialdemokratische Partei hat heute eine

[22] IML-ZPA: I 3/24/28.
[23] AZ, Nr. 145, 1. 7. 1934.
[24] IML-ZPA: I 3/24/21.
[25] Ebenda.

Besprechung zwischen Vertretern der beiden Parteien stattgefunden. Die Besprechung nahm einen für die Bildung der kämpfenden Einheitsfront gegen den Faschismus und gegen den Anschluß an Hitlerdeutschland günstigen Verlauf ..."[26]

Das praktische Resultat dieser Beratung hielten die Arbeiter und andere demokratische und antifaschistische Kräfte wenig später in Extraausgaben der Zeitungen in der Hand — die gemeinsame Vereinbarung war überschrieben „An das Saarvolk. Aufruf der Kommunistischen und Sozialdemokratischen Partei des Saargebiets".[27] Was darin als Kampfprogramm der beiden Arbeiterparteien beschlossen war, konnten viele Kräfte als Ergebnis ihrer ausdauernden und hartnäckigen Bemühungen ansehen; in erster Linie die deutschen Kommunisten und mit ihnen viele sozialdemokratische Mitglieder und Funktionäre, unter ihnen auch Max Braun und andere Mitglieder des Vorstandes, die — über Hindernisse im Prager Emigrationsvorstand hinweg — die ausgestreckte Hand ergriffen hatten.

Der 30. Juni 1934, der Tag der ersten gemeinsamen Kundgebung in Saarbrücken, und der Tag der gemeinsamen Vereinbarung, der 2. Juli 1934, stehen heute in vielen, auch in den bürgerlichen Chroniken zur Geschichte des Saargebiets. Nicht zufällig findet das zusammengehörende Ereignis ganz unterschiedliche Beachtung und Würdigung. Bürgerliche Kräfte, die ihre eigene faschistische oder pronazistische Rolle vergessen machen möchten, erwähnen es nur nebenbei. Soweit sozialdemokratische Publikationen darauf eingehen, ist das Interesse deutlich zu spüren, den Vorgang als eine Episode zu kennzeichnen und möglichst zu übergehen. Viele sozialdemokratische Historiker schreiben das Zustandekommen der Aktionseinheit auf falsche Konten, und manche Politiker schmücken sich mit fremden Federn. Zu ihnen gehört auch Herbert Wehner, dessen Biographie in einer gewissen, wenn auch losen Verbindung mit den Ereignissen vom Juni/Juli 1934 steht und durch keine Tatsache rechtfertigt, daß er die geistige und praktische Vaterschaft für das Zustandekommen der Einheitsfront für sich beansprucht.[28]

Abgesehen davon, daß Wehner erst zu einem Zeitpunkt im Saargebiet eintraf, da die Bewegung weit vorangeschritten war, standen weder Max Richter (d. i. Hermann Schubert) noch Herbert Wehner damals auf einheitsfrontförderlichen Positionen. Das politische Konzept, das Walter Ulbricht in dem Artikel „Für die Einheitsfront gegen den Hitlerfaschismus" entwickelte und der nach Wehners eigenem Geständnis „in der Bejahung und Förderung der praktischen Maßnahmen an der Saar" am wei-

26 AZ, Nr. 146, 3. 7. 1934.

27 Arbeiter-Zeitung, Extra-Ausgabe, auch Nr. 147, 4. 7. 1934 und in Rundschau, Nr. 39/1934, S. 1558.

28 Notizen (Nach- oder Raubdruck), darin: Zwischenspiel an der Saar.

testen ging, hatte er selbst sich keineswegs zu eigen gemacht. Mehr noch: er stellte sich diesem konstruktiven Kurs — aus welchen Gründen auch immer — zeitweilig auf einer sektiererischen Linie entgegen.[29]

Einheitsfront — Volksfront

Von den Vereinbarungen, die in Saarbrücken zwischen den Leitungen der beiden Arbeiterparteien getroffen worden waren, ging ein Impuls aus, der sich in den Organisationen von KPD und SPD im ganzen Saarland auswirkte. In den Monaten Juli und August kamen zu den bestehenden Einheitsfrontkomitees rasch neue hinzu, so in Außen (Schmelz), Neunkirchen, Güdingen, St. Ingbert, Wemmetsweiler, Völklingen, Friedrichsthal-Bildstock, Neunweiler, Ludweiler, Limbach, Erbach-Reiskirchen, Herrensohr und Sulzbach, im Höcherberg-Gebiet, in Fraulautern und Saarbrücken-Malstatt.[1] Verlief der Prozeß, in dem sich örtliche Komitees der Einheitsfront bildeten, im ganzen reibungslos, da er den schwer gewonnenen Erfahrungen der Mitglieder und Funktionäre der beiden Parteien entsprang und jeder spürte, daß die Zeit drängte, so traten in Einzelfällen doch Hindernisse auf, was nach dem feindlichen Verhältnis vieler Jahre niemanden verwundern konnte. Althergebrachte und fest verwurzelte Vorurteile gegen die Kommunisten einerseits, sektiererische Vorbehalte andererseits traten an einzelnen Orten störend dazwischen, wurden aber — wie in Merchweiler, wo die Angehörigen der beiden Parteien bei ihrer ersten Zusammenkunft nicht über gegenseitige Vorwürfe hinausgekommen waren[2], bald überwunden.

In den Tagen, da sich im Saargebiet die Einheitsfrontbewegung ausbreitete und siegte, kam der Konsolidierungsprozeß der faschistischen Macht im Reichsgebiet zu einem relativen Abschluß. Die Art und Weise, wie das geschah, offenbarte vor den demokratischen Kräften des Auslands noch einmal die Grausamkeit und Brutalität der faschistischen Diktatur. Spezialkommandos der SS, die in München unter dem direkten Befehl Hitlers und in Berlin unter dem unmittelbaren Kommando Hermann Görings handelten, ermordeten eine Gruppe hoher und höchster SA-

[29] Vgl. dazu vor allem IML ZPA, EA 1089 und 1/12/24 und zum ganzen Zusammenhang auch S. Vietzke, S. 151 ff.

[1] Arbeiter-Zeitung Nr. 148 und folgende Ausgaben, 5. 7. 1934 und später; Rundschau, Nr. 41, 19. 7. 1934, S. 1688.

[2] ZStA Potsdam, Saarbildarchiv Nr. 57. Soweit die Hemmnisse in nicht überwundenen sektiererischen Positionen ihre Ursache hatte, setzte sich die Bezirksparteiarbeiter-Konferenz der KPD am 12. August 1934 ausdrücklich mit ihnen auseinander. Vgl. Arbeiter-Zeitung Nr. 184, 16. 8. 1934, Nr. 185, 17. 8. 1934 und Nr. 187, 19./20. 8. 1934.

Führer, darunter auch den Stabschef Ernst Röhm. Auf diesem Wege sollte denjenigen Kräften in der SA die Führung genommen werden, welche mit den Resultaten der „nationalsozialistischen Revolution“ unzufrieden waren und nach einer „zweiten Revolution“ verlangten, die in das „vierte Reich“ führen sollte. In der gleichen mörderischen, wider jedes — selbst das faschistische — Recht durchgeführten Aktion ließen die faschistischen Machthaber auch eine Anzahl nationalistischer, konservativer und katholischer Politiker umbringen. Unter ihnen befanden sich die ehemaligen Reichswehrgenerale Kurt von Schleicher, der Hitlers Vorgänger im Reichskanzleramt gewesen war, und Kurt von Bredow. Zu ihnen gehörte auch der Führer der Katholischen Aktion in der Diözese Berlin, Klausener, der vor der Machtübernahme an die Hitlerfaschisten im Preußischen Innenministerium die Polizei-Abteilung geleitet hatte. An ihm und anderen Politikern, die sich in irgendeiner Form dem an die Macht drängenden Faschismus einmal entgegengestellt hatten, nahmen die Nazis nun späte Rache.

Die „Röhm-Affäre“, wie die mörderische Aktion bald genannt wurde, erregte wegen ihres blutigen, jedweder menschlichen Gesittung hohnsprechenden Charakters im Ausland Abscheu. Auch Menschen, denen bisher das Geschick der politischen Gegner des Faschismus aus den Reihen der Arbeiterklasse gleichgültig gewesen war, horchten nun auf und begannen sich zu fragen, welche Folgen es für Europa haben würde, wenn dieses grausame Regime erst über die Mittel verfügen würde, eine gewaltsame Außenpolitik zu treiben. Angesichts der bevorstehenden Abstimmung mußte die „Röhm-Affäre“ die Einwohner des Saargebiets besonders beschäftigen. Von ihr ging eine doppelte Wirkung aus. Zum einen demonstrierte das Ereignis noch einmal, daß die faschistischen Machthaber gegen jedermann ohne Rücksicht auf Recht und Gesetz und mit allen bereitstehenden Mitteln vorging, und insofern war es geeignet, Bewohner des Saargebiets einzuschüchtern und sie zu veranlassen, sich dem Druck der faschistischen „Deutschen Front“ zu beugen. Zum anderen führte die Beobachtung dieser mörderischen Szene eine Reihe von Saareinwohnern endgültig zu dem Entschluß, sich der Angliederung an dieses Reich aus politischen und moralischen Motiven zu widersetzen. Das traf vor allem für katholische Geistliche und Laien zu, die bislang noch geschwankt und geglaubt hatten, es würde sich für sie und die Betätigung ihres christlichen Glaubensbekenntnisses innerhalb der faschistischen Diktatur doch ein Raum finden. Der Oberpräsident der Rheinprovinz gelangte im Juli 1934 zu dem Gesamturteil, daß „die Ereignisse des 30. Juni (gemeint waren die Morde — d. Vf.) nebst ihren Folgewirkungen zweifellos eine starke Niedergeschlagenheit gebracht“ haben. Er schätzte, daß „etwa 30 Prozent der katholischen Geistlichkeit des Saargebiets durch ihre scharfe und oft verallgemeinernde Kritik an einzelnen kulturpolitischen Vorgängen im Reich und an der angeblichen Grundhaltung des Nationalsozialismus und durch ihre bedauerliche Zurückhaltung gegenüber der Deutschen Front tatsächlich den Gegnern der Rückgliederung Unterstützung" gäben. Auch die Bildung der Einheitsfront zwischen KPD und SPD, so stellte der höchste Regierungsbeamte der Rheinprovinz fest, beginne sich auszuwirken.[3]

Die KPD/Saar und die Kräfte der Einheitsfront konnten die Ereignisse im Reichsgebiet ausnutzen, um vor der Bevölkerung des Saarlandes zu zeigen, daß alle Spekulationen, daß es sich bei den faschistischen Gewaltakten nur um eine zeitweilige Erscheinung handele, grundlos waren. Der konterrevolutionäre, volksfeindliche Terror gehörte zu den Lebensgesetzen dieses Regimes. Zugleich durften sich die Antifaschisten auch nicht der Hoffnung hingeben, daß die Anwendung der blutigen Gewalt, die insbesondere Teile der katholischen Bevölkerung „tief aufgewühlt" hatte, automatisch Kräfte des Widerstandes wecken würde. Tägliche Erfahrungen zeigten, daß der Terrorismus im Reich und im Saargebiet auch Niedergeschlagenheit, Resignation und Schicksalsergebenheit zu verbreiten vermochte. Im zweiten Halbjahr 1934, nachdem die grundlegenden Vereinbarungen über die Einheitsfront geschlossen waren, hing für die weitere Entwicklung des Saargebiets schließlich alles davon ab, ob sich die gemeinsame Front der Arbeiterparteien zu einer antifaschistischen Volksfront würde verbreitern lassen. Für die Anhänger der Einheitsfront bedeutete dies eine dreifache Aufgabe: Kampf um die Gewinnung der katholischen Werktätigen, Überwindung der Spaltung der gewerkschaftlichen Bewegung im Saarland und Zusammenführung der reformistischen, christlichen und revolutionären Gewerkschaftsverbände zu gemeinschaftlicher antifaschistischer Aktion und schließlich die Befreiung der Jugend aus den Fängen nationalistischer und chauvinistischer Propaganda und ihre Formierung für den Kampf gegen den Hitlerfaschismus.

Angesichts der Tatsache, daß ein großer Teil der Saareinwohnerschaft katholisch-gläubig war und sich auch in seinen politischen Handlungen von den Parolen der katholischen Geistlichkeit und insbesondere des Episkopats beeinflussen ließ, kam dem Ausgang des Ringens um die saarländischen Katholiken für das Ende des Abstimmungskampfes letztlich ausschlaggebende Bedeutung zu, von ihrem Verhalten und ihrem Votum hing — wie in einem kommunistischen Artikel vom Juni 1934 treffend geschrieben wurde — „das Schicksal der kommenden Kämpfe entscheidend" ab.[4] Die Schwierigkeit, diese Katholiken zu einer Entscheidung für den Status quo zu führen, ergab sich nicht nur daraus, daß viele von ihnen in den Kräften der Arbeiterbewegung, den sozialdemokratischen wie den kommunistischen, einfach Gottlose sahen und es folglich katholisches Vorstellungsvermögen überstieg, mit diesen Atheisten jemals gemeinsam für irdische Ziele kämpfen zu können. Die katholischen Gläubigen im Saargebiet standen, je näher die Abstimmung rückte, unter einem sich verstärkenden

[3] ZStA Potsdam, RMdI Nr. 25 742, Bl.
[4] Rundschau, Nr. 41, 19. 7. 1934, S. 1687.

ideologischen Druck der Mehrheit ihrer geistlichen Hirten und Oberhirten. Der Bischof von Speyer, der für das kleinere Territorium des katholischen Verwaltungsbereichs im Saarland zuständig war, mehr noch aber der Bischof von Trier, Franz Rudolf Bornewasser, dem die überwiegende Zahl der Katholiken jenseits der Grenze untergeben war, griffen offen und in einem durchaus profaschistischen Sinne in die politischen Auseinandersetzungen um die Zukunft des Saargebiets ein. An beider Verhalten zeigte sich, wie wenig sich die Bischöfe an den immer wieder verkündeten Grundsatz hielten, daß sie politische Fragen nur insoweit interessierten, wenn dadurch die Betätigung des katholischen Glaubens berührt würde. Sie war in den Jahren gesichert gewesen, in denen das Saargebiet vom Reich losgetrennt war, und auch eine Fortdauer des Status quo brachte für die Katholiken keinerlei Gefahr. Bedrohung ging, wie die Entwicklung der Beziehungen zwischen dem faschistischen Staat und den christlichen Kirchen im Reich erwiesen hatte, vor allem von einem Anschluß dieses Territoriums an das Reich aus. Dennoch nahmen beide Bischöfe und in ihrem Gefolge die Mehrheit der katholischen Priester ihrer Diözesen die Partei der „Deutschen Front". Darin drückte sich zum einen aus, daß die Bischöfe, selbst alles andere als unpolitische Menschen, schlechtweg zu den konservativen deutschen Nationalisten zählten und politische Gegner des Versailler Vertrages um jeden Preis waren und nach 1933 blieben. Zugleich aber, und das machte die Motive des Handelns des deutschen Episkospats noch fragwürdiger, wurde von der katholischen Obrigkeit in der Saarfrage 1934 ein Spiel mit verteilten Rollen begonnen. Während der Vatikan jede Stellungnahme zu den Abstimmungsalternativen vermied, gedachte die führende Geistlichkeit des deutschen Katholizismus für ihre Mithilfe bei der Angliederung bessere Bedingungen kirchlichen Wirkens im Reich einzuhandeln. So wenig sich diese Spekulation erfüllte — wenngleich die faschistische Regierung zu zeitweiligen Zugeständnissen bereit war und beispielsweise die Verabschiedung von Gesetzen zurückstellte, von denen sie erwarten konnte, daß sie katholischerseits auf Mißbilligung stoßen würden —, sie hat im Saarkampf eine verhängnisvolle Wirkung gehabt, beschränkten sich doch die Beschöfe nicht darauf, die Geistlichkeit zu orientieren und innerhalb der Deutschen Front zu mobilisieren. Sie nutzten die hohe geistliche Autorität, die sie bei den Gläubigen besaßen, ohne Bedenken aus, direkt politisch für den Anschluß zu werben, halten, wie es Bischof Bornewasser bei dem katholischen Jugendtag in Saarbrücken am 29. Juli 1934 tat, Bedenken der Laien wegen der Entwicklung der Gedanken- und Glaubensfreiheit im Reich zu zerstreuen und diskriminierten diejenigen Katholiken, die für den Status quo eintraten. Auf diese Weise blockierten sie eine Entwicklung, die sich innerhalb des saarländischen Katholizismus im Mai 1934 anbahnte. Der katholische Politiker und Journalist Johannes Hoffmann, der Hitler schon 1933 als Teilnehmer des Empfangs der bürgerlichen Saardelegation unerwünscht und deshalb von den Beratungen des Hitler-Röchling-Konzepts ausgeschlossen worden war, gründete eine „unabhängige Tageszeitung für christliche und deutsche Kultur“ unter dem Namen „Neue Saar-Post“, die den Versuch unternahm, katholische Kreise des Saargebiets für die Parteinahme des Status quo zu gewinnen.

Auch andere Ereignisse wiesen daraufhin, daß sich katholische Kräfte von den profaschistischen Weisungen der Bischöfe lösten. Ehemalige Mitglieder des Zentrums, Angehörige der katholischen Arbeiter-, Jugend- und Sportorganisationen trafen sich zu Gottesdiensten, auf denen Pastoren sprachen, die Gegner des Anschlusses waren. Sie forderten auf politischen Veranstaltungen — so im katholischen Vereinshaus zu Kleinblittersdorf — Sühne für die im Reich ermordeten Katholiken, Pressefreiheit für die katholischen Zeitungen und ungehinderte Betätigungsmöglichkeiten für die kirchlichen Organisationen.[5] In mancher Beziehung kamen diese Aktivitäten, wenn sie nur in gewissen Grenzen blieben, den Bischöfen und den anderen geistlichen Parteigängern der „Deutschen Front“ recht, ließen sich doch auf diese Weise Forderungen gegenüber der Reichsregierung mit dem Willen des Kirchenvolkes motivieren. Sobald derartige Kundgebungen aber in den Aufruf mündeten, sich für den Status quo zu entscheiden und sich der faschistischen Barbarei und ihrem Eindringen in das Saargebiet zu widersetzen, war die Grenze überschritten, bis zu der die Obrigkeit solche Eigenmächtigkeiten zuließ. Dann wurden alle Mittel der kirchlichen Disziplinierung eingesetzt, um das Eintreten der saarländischen Katholiken für den Anschluß durchzusetzen und die Einheit des Kirchenvolkes unter episkopaler Führung wiederherzustellen.

Unter diesen Bedingungen konnten nur wenige gläubige Katholiken zur Einheitsfront stoßen.[6] Nichtsdestoweniger unternahmen die Kommunisten unausgesetzt Anstrengungen, um den katholischen Werktätigen zu zeigen, daß die Angliederung an das faschistische Reich für sie unter keinem Gesichtspunkt erstrebenswert sein konnte. Die Arbeiter-Zeitung veröffentlichte Ende Juli „Zehn Thesen eines christlichen Arbeiters“.[7] Arthur Mannbar verfaßte eine Schrift „Katholiken und Status quo“. Besonders Anstrengungen gingen von kommunistischer Seite aus, um die Arbeiter in den christlichen Gewerkschaften zu erreichen, in denen die antisozialistischen Vorbehalte auf Grund der gemeinsamen Klassenlage relativ schwächer waren als unter der kleinbürgerlichen katholischen Bevölkerung. In den christlichen Gewerkschaften selbst waren Kräfte hervorgetreten, die

5 Vgl. ZStA Potsdam, Saarbildarchiv Nr. 30.

6 Vgl. Arbeiter-Zeitung, Nr. 167, 26. 7. 1934, in der festgestellt wird, daß katholische Werktätige „zu der zwischen Kommunisten und Sozialdemokraten geschlossenen Einheitsfront stoßen“. Jedoch nahm diese Entwicklung trotz aller Anstrengungen auch in den folgenden Monaten keinen allgemeineren Charakter an.

7 Arbeiter-Zeitung, Nr. 168, 28. 7. 1934.

sich gegen die profaschistische Rolle Kiefers in der Deutschen Front gewandt haben, wodurch „dessen Stellung innerhalb der Christlichen Gewerkschaften geschwächt“ war.[8] Eine dramatische Form nahm die Auseinandersetzung zwischen faschistischen und antinazistischen Kräften im Christlichen Metallarbeiterverband (CMV) des Saargebiets an, dessen Bezirksleiter Pick gegen die Auslieferung der christlichen Arbeiter an die „Deutsche Front“ und später an die Deutsche Arbeitsfront (DAF) im Reichsgebiet auftrat. Die profaschistischen christlichen Gewerkschaftsführer glaubten Pick durch einen Coup ausschalten zu können. Sie ließen eine illegale, von korrumpierten Funktionären besetzte Konferenz des CMV zusammentreten, ließen einen Beschluß des Landgerichts über die Versiegelung der Räume des CMV und die Einsetzung von Kommissaren herbeiführen, die den Verband auflösen und seine Neuformierung im Sinne der „Deutschen Front“ bewerkstelligen sollten.[9] In dieser Situation alarmierte die KPD/Saar augenblicklich die Öffentlichkeit und half, den Anschlag abzuwehren. Eine legale Konferenz der christlichen Metallarbeiter erteilte dem faschistischen Handstreich eine endgültige Abfuhr und bestätigte Pick in seiner Funktion als Amtsleiter.[10] Das ZK der KPD nahm das Ereignis zum Anlaß, in einer Solidaritätserklärung an die christlichen Metallarbeiter die Notwendigkeit des „Zusammenschlusses von kommunistischen, sozialdemokratischen und christlichen Arbeitern in breiten Selbstschutzformationen“ hervorzugehen.[11] In diesen entscheidungsvollen Monaten gewann die Kommunistische Partei im Saargebiet bleibende Erkenntnisse für den Kampf um die katholischen Werktätigen und ihre Heranführung an die antifaschistische Volksfront. Sie ließ keine Gelegenheit ungenutzt, um ihre Strategie und Taktik im Kampf gegen den Hitlerfaschismus vor den gläubigen Katholiken zu verdeutlichen, Vorurteile abzubauen und das gemeinsame Interesse an der Verteidigung der Gedanken-, Meinungs- und Glaubensfreiheit zu betonen. Als die katholischen Jugendverbände Ende Juli in Saarbrücken aufmarschierten, forderte die „Arbeiter-Zeitung“, daß sich die „katholischen Arbeitsbrüder“ in die große „Antifaschistische Front des werktätigen Saarvolkes“ einreihten.[12] Wenig später wandte sich die Bezirksparteiarbeiterkonferenz in einer besonderen Adresse an die katholischen Werktätigen des Saarlandes, in der die Verfolgung des Glaubens, der religiösen Äußerungen und Handlungen, die Drangsalierung von Personen und Einrichtungen der Kirchen verurteilt und abschließend erklärt wurde: „Jeder Katholik, der die Glaubens- und die Religionsfreiheit will, kämpft mit uns für den Status quo!“[13] Die Fort-

8 ZStA Potsdam, RMdI, Nr. 25 742.
9 Arbeiter-Zeitung, Nr. 208, 12. 9. 1934. Vgl. auch IML ZPA 1/12/24, Bl. 72.
10 Arbeiter-Zeitung (Sonderdruck) vom 24. 9. und 1. 10. 1934.
11 Arbeiter-Zeitung, Nr. 213, 18. 9. 1934.
12 Arbeiter-Zeitung, Nr. 170, 31. 7. 1934.
13 Arbeiter-Zeitung, Nr. 182, 14. 8. 1934.

schritte, die auf dem Wege von der Einheitsfront zur Volksbewegung erreicht worden waren, dokumentiert die Kundgebung, die von den beiden Arbeiterparteien für den 26. August 1934 in Sulzbach vorbereitet wurde. Sie richtete sich gegen die von der faschistischen NSDAP, der Reichsregierung und der „Deutschen Front“ am gleichen Tage auf dem Ehrenbreitstein bei Koblenz veranstalteten Demonstration, auf der — wie schon 1933 auf dem Niederwald — Hitler selbst als der Hauptredner auftrat. In Sulzbach sprachen vor Zehntausenden Antifaschisten aus dem gesamten Saargebiet nicht nur ein Vertreter der KPD und der SPD, sondern auch ein katholischer Geistlicher, der — wie eine Minderheit seiner Glaubensbrüder — es wagte, sich offen dem Druck von seiten der „Deutschen Front“ und des Episkopats zu widersetzen. In Sulzbach trug Erich Weinert sein Gedicht „Einheitsfront wachse“ vor — und das war das Programm und die Hoffnung aller, die den Hitlerfaschismus an der Saar schlagen wollten. Von der Sulzbacher Demonstration ging für die Anhänger der Einheitsfront und des Status quo ein mächtiger moralischer Auftrieb aus. Ihr Verlauf beeindruckte auch die faschistischen Kräfte, die deutlich spürten, daß sich eine politische Kraft zu formieren begann, welche die Deutsche Front in die Schranken fordern konnte.

Indessen blieben die katholischen Werktätigen und ihr Verhalten in den kommenden Monaten die große Unbekannte.[14] Das kommt auch in der Äußerung des bekannten Pastors und Zentrumspolitikers Franz Bungarten zum Ausdruck, der alle Hoffnung auf eine 2. Abstimmung setzte und sagte: „Wenn morgen eine solche Erklärung kommt, so stelle ich mich an die Spitze des Status quo. Wir sind immer gehemmt, weil man uns erzählt, daß alles, was hier geschieht, Rückwirkungen auf die Katholiken im Reich hätte.“[15] Auch in der antinazistischen Presse des Auslands wurden bis kurz vor dem Wahltag immer wieder Erörterungen und mitunter auch Spekulationen darüber angestellt, welche Haltung die gläubigen Katholiken schließlich einnehmen, ob sie den Bischöfen folgen oder ihrem eigenen Urteil über das faschistische System im Deutschen Reich trauen würden. Die Kommunisten aber ließen nichts unversucht, um die antikommunistische geistige Umklammerung der Gläubigen zu durchbrechen. In einem Gedicht „An die katholischen Kameraden“ mahnte Erich Weinert: „Gebt Eure Saar nicht aus der Hand, bis daß es an der Zeit ist, und bis das ganze Vaterland von Schimpf und Schand befreit ist.“[16] Wie sehr die profaschistischen Kreise innerhalb des saarländischen Katholizismus fürchteten, daß ihre Anhänger sich der Volksfront gegen Hitler anschließen könnten, machten auch die drakonischen Maßnahmen deutlich, die allen angedroht wurden, die aus der „Deutschen Front“ ausbrachen. Der katholische Geist-

[14] Vgl. IML ZPA P St 3/82.
[15] IML-ZPA: I 3/24/27.
[16] AZ, Nr. 196, 29. 8. 1934.

liche Wilhelm, der bis zur Auflösung des Zentrums dessen Landesratsfraktion angehört hatte und Mitglied des Führerrats der „Deutschen Front" war, ließ die katholischen Arbeitslosen, die sich zur Status-quo-Lösung bekannten, von dem gratis ausgegebenen Mittagessen ausschließen, das caritative Organisationen verteilten. Wilhelm schreckte auch nicht davor zurück, die Gegner der Deutschen Front zur schlimmsten katholischen Kirchenstrafe zu verurteilen, der Verweigerung der Absolution.

Das Einheitsfrontabkommen vom 2. Juli 1934 schuf auch für die antifaschistische Bewegung in den Zechen, Hütten und Werken des Saarlandes einen neuen Ausgangspunkt. Hier erklärten die antifaschistischen Kräfte vor allem, was die Arbeiterschaft erwartete, wenn sie unter das Arbeitsordnungsgesetz des faschistischen Reiches geriet und ihr die Möglichkeit, ihre ökonomischen Kampfmittel einzusetzen, durch Gesetzgebung, Justiz und Gestapo genommen wurde. Obwohl die Arbeitslosigkeit im Reichsgebiet im Verlauf des Frühjahres und Sommers 1934 weiter zurückging und als Folge der sich ausbreitenden Rüstungskonjunktur immer mehr Arbeiter in die Betriebe zurückkehrten, lebten die Proletarier im Reich unter den denkbar schlechtesten sozialen Umständen. Das monopolkapitalistische Herrschaftssystem faschistischer Prägung sorgte dafür, daß die Löhne auf dem niedrigen Krisenniveau gehalten wurden. Lohnforderungen der Arbeiter begegneten die nazistischen Führer mit der These, erst müßten alle Werktätigen wieder Arbeitsplätze erhalten, und bis das geschehen sei, könnten Lohnerhöhungen aus „sozialen Gründen" nicht vorgenommen werden. Wer dennoch verlangte, daß die jämmerlichen Lohnsätze erhöht wurden, den erklärte die Propaganda der Nazis als unsolidarisch und zum „bolschewistischen" Propagandisten.

Wenn ein Blick über die Reichsgrenzen vielfach auch zeigen konnte, was der Faschismus den Arbeitern tatsächlich brachte, so schwächten doch die nicht weniger dürftigen und ärmlichen Verhältnisse der Saararbeiter in vielen Fällen diesen Eindruck ab. Daher konnten die Antifaschisten nur Einfluß gewinnen, wenn sie verdeutlichten, daß die einheitliche Arbeiterklasse und geschlossen handelnde Belegschaften unter den Bedingungen des Status quo — und nur dann — die Möglichkeit besitzen würden, für die Besserung ihrer Lebens- und Arbeitsverhältnisse ohne Furcht vor der faschistischen Gewalt und den Konzentrationslagern einzutreten. Indessen gab es — abgesehen von jenen Hindernissen, die aus der tatsächlichen Lage der Saararbeiter hervorwuchsen und häufig den Widerstandswillen gegen den Anschluß abschwächten oder lähmten — auch nicht wenige Barrieren gegen die Formierung der antifaschistischen Volksfront in den Betrieben selbst. Eigentümer, Direktoren und Vorgesetzte schufen in vielen Produktionsstätten und Verwaltungen ein ausgesprochen terroristisches profaschistisches Betriebsklima. Offene Bekenntnisse zur „Deutschen Front", die Verwendung des faschistischen Grußes „Heil Hitler", der sich im

Reichsgebiet immer mehr durchsetzte und dessen Benutzung von amtswegen verordnet wurde, sollten die Gegner der „Deutschen Front“ zwingen, sich an ihren Arbeitsplätzen erkennen zu geben, wodurch sie den Betriebsleitungen namentlich bekannt wurden und bei Entlassungen auf die ersten Plätze gesetzt werden konnten. Namentlich die Röchling-Werke waren dafür berüchtigt, daß in ihnen nur Anhänger der politischen Richtung geduldet wurden, die der Chef des Unternehmens maßgeblich mitgeprägt und -formiert hatte. Die Herausbildung einer Volksfront in den Betrieben stieß aber auch auf den Widerstand sozialdemokratischer und freigewerkschaftlicher Funktionäre. In der Besprechung am 2. Juli hatten sie den KPD-Vorschlägen weitgehend ihre Zustimmung gegeben. „Die Sache wurde aber sofort anders, als wir unsere Vorschläge machten zur Durchführung von Betriebsversammlungen, Wahl von Kampfkomitees in den Betrieben und Einbeziehung der Gewerkschaften in die Kampfkomitees. Hier leisteten sie (die SPD-Funktionäre — d. Vf.) sofort den schärfsten Widerstand und waren sofort bereit, die Verhandlungen über die Fragen abzubrechen.“[17] Seine Überwindung wurde, ähnlich wie die Neutralisierung der profaschistischen Geistlichen, zu einer über Erfolg oder Mißerfolg des Kampfes gegen den Anschluß entscheidenden Frage. Nachdem die Führungen der beiden Arbeiterparteien sich zur Einheitsfront bekannt hatten, unterbreitete der kommunistisch geführte Einheitsverband der Bergarbeiter (EVdB) der Bezirksleitung des freigewerkschaftlichen Bergarbeiterverbandes den Vorschlag, auch auf gewerkschaftlicher Basis zusammenzuwirken. Wie der Einheitsfrontbeschluß der beiden Parteien durch die Initiative in einzelnen Orten des Saarlandes vorbereitet worden war, so gingen auch diesem Schritt Verständigungen zwischen den Arbeitern verschiedener Zahlstellen voraus, u. a. in Landsweiler, Heiligenwald, Ottweiler und Bexbach.[18] Am 11. Juli 1934 kam es in Saarbrücken zwischen den Leitungen der beiden Verbände zu einer ersten gemeinsamen Beratung, aber es gelang den Kommunisten nicht, den Widerstand der reformistisch orientierten Spitze des Bergarbeiterverbandes zu überwinden. Julius Schwarz, der als 2. Vorsitzender der saarländischen SPD-Organisation die Einheitsfront der Parteien nicht hatte verhindern können, trat strikt gegen die Einbeziehung der Gewerkschaften in die antifaschistische Front auf. Unter seinem Einfluß nahm der Vorstand eine Erklärung an, die am 14. Juli 1934 von der „Saar-Bergarbeiter-Zeitung“ veröffentlicht wurde. Ihr Kernsatz lautete: „Diese gemeinsamen politischen Aktionen für ein gemeinsames politisches Ziel sind eine Angelegenheit der politischen Parteien.“ Damit war ein Standpunkt eingenommen, der alle politischen Erfahrungen des Jahres 1933 ignorierte und selbst noch hinter die Haltung zurückführte, die viele ADGB-Verbände unter den Regierungen Papen und Schleicher, mit denen

17 IML-ZPA: I 3/24/21.

18 AZ, Nr. 155, 13. 7. 1934.

der Faschismus im Reich heraufzog, eingenommen hatte. „Im gegenwärtigen Entscheidungskampf über das wirtschaftliche und soziale Leben der Zukunft unserer Mitglieder und ihrer Familien“, hieß es in der Erklärung des Bergarbeitervorstandes weiter, „haben wir wichtigere Arbeit, als uns mit kommunistischen Parolen in unseren Verbandsreihen zu beschäftigen.“[19] Die Leitung des roten Einheitsverbandes ging — und darin zeigte sich u. a., daß in den kommunistischen Reihen die strategische und taktische Position im Saarkampf rasch verstanden worden war — auf die antikommunistische und tief rückständige Haltung der reformistischen Bergarbeiterführer um Schwarz nicht ein. Sie blieb bei ihrer Forderung, im Interesse der Bergarbeiter selbst die Aktionseinheit herzustellen, und schlug vor, sich in den Schächten und an den Zahlstellen zu verständigen und Einheits- und Kampfausschüsse zu wählen.[20] Das gelang auf der Grube Reden, obwohl Schwarz noch auf einer Funktionärskonferenz des ADGB am 15. Juli erneut gegen gemeinsame Mitgliederversammlungen der beiden Verbände gesprochen und sich insbesondere gegen Streiks gewandt hatte, für die „jetzt keine Zeit“ sei. Allerdings traten bereits bei dieser Zusammenkunft, was die veränderte Situation innerhalb der sozialdemokratischen Arbeiterschaft zeigte, andere Funktionäre dafür ein, mit den Kommunisten zusammen zu kämpfen.[21]

Die reformistischen Führungskräfte, die selbst durch die Ereignisse im faschistischen Reich nicht belehrt waren, vermochten auf die Dauer die Einheitsfrontbewegung auch in den Gewerkschaften nicht aufzuhalten, aber sie verschuldeten eine erhebliche zeitliche Verzögerung dieses Prozesses. Zuerst schlossen sich die Verbände der Bau-Holz-Arbeiter zu gemeinsamer Aktion zusammen. Im November 1934 folgten diejenigen der Eisenbahner. Erst am 16. Dezember, bis zum Abstimmungstag blieb nicht einmal mehr ein voller Monat, kam es zu einer Verständigung der Bergarbeiterverbände.[22] Sie konnte nun die Ereignisse nur noch wenig beein-

[19] zitiert in: AZ, Nr. 156, 14. 7. 1934.

[20] AZ, Nr. 158, 17. 7. 1934.

[21] Ebenda.

[22] Von den Anstrengungen der Kommunisten, die Gewerkschaftseinheit gegen Hitler zu formieren, zeugt auch ein Artikel von F. Stark (d. i. F. Schulte) „Der Kampf um die Gewerkschaftseinheit an der Saar“ (Rundschau, Nr. 64, 13. 12. 1934, S. 2931 f.) in dem es hieß: „Die Funktionärskonferenz des BAV am 16. Dezember muß zu einem gewaltigen Bekenntnis werden für den Status quo, für die Verwirklichung der Gewerkschaftseinheit. Auf dieser Konferenz müssen die BAV-Funktionäre eindeutig von ihrem Vorstand, insbesondere von ihrem Verbandsführer Schwarz eine klare Stellungnahme zu diesen beiden Fragen fordern.“ Auch Max Reimann betonte, daß er selbst – zusammen mit den Genossen Erich Gentsch und Alfred Zeidler – in der zweiten Jahreshälfte 1934 im Saargebiet tätig war und sich in dieser Zeit insbesondere für die Einheit der Bergarbeiter eingesetzt hatte. A. Zeidler und Max Reimann bemühten sich dabei sehr intensiv, Julius Schwarz über die notwendige Gewerkschaftseinheit zu überzeugen. Vgl. Gespräch mit Max Reimann, Düsseldorf 8. 5. 1974.

flussen. Vor allem behinderte das späte Zustandekommen der Aktionseinheit von roten und freigewerkschaftlichen Verbänden den notwendigen nächsten Schritt: das gemeinsame antifaschistische Werben um die in den christlichen Gewerkschaften organisierten katholischen Arbeiter.

Der Widerstand der rechten Gewerkschaftsfunktionäre gegen die Aktionseinheit und die Bewahrung des Standpunktes, daß unter den Bedingungen der Krise und hoher Arbeitslosigkeit Streikkämpfe erfolgreich nicht geführt werden könnten, hatte vielfältige Auswirkungen. Die in ihrer Mehrheit profaschistische saarländische Bourgeoisie behielt in den Betrieben die politische Initiative. Das Ausbleiben ökonomischer Kämpfe in jenen entscheidungsvollen Monaten nahm den Anhängern der „Deutschen Front" auch die Furcht, daß die Arbeiterklasse sich gegen den Anschluß zum Generalstreik entschließen und formieren könnte. Befriedigt sah die saarländische Bourgeoisie, daß die politischen und gewerkschaftlichen Ströme innerhalb des saarländischen Proletariats nicht zeitig genug vereinigt worden waren und ein Teil der Arbeiterklasse sich vor allem als Folge seiner Beeinflussung durch die katholische Kirchenobrigkeit und die christlichen Gewerkschaftsführer indirekt unter faschistischem Einfluß befand. Trotz aller Anstrengungen der KPD/Saar gelang es insgesamt nicht, wie Wilhelm Pieck im Dezember 1934 in einem Artikel gefordert hatte, „eine breite Massenbewegung für die Verbesserung der wirtschaftlichen Lage und für die Erkämpfung größerer Rechte des schaffenden Saarvolkes" zu formieren. Der Plan, rechtzeitig und mit „allem Ernst" die Stillegung von Betrieben vorzubereiten — ihm lagen die Erfahrungen des 30. Januar 1933 zugrunde —, konnte angesichts der Uneinigkeit der proletarischen antifaschistischen Bewegung an der Saar nicht verwirklicht werden.[23]

Während sich die Einheitsfrontbewegung innerhalb der sozialdemokratisch geführten Gewerkschaften nur langsam und schleppend durchsetzte, fanden die Jugendorganisationen der KPD/Saar und der SPD/Saar ungleich rascher zueinander und zu gemeinsamer Aktion. Die Leitungen des Kommunistischen Jugendverbandes und der Sozialistischen Arbeiterjugend im Saargebiet veröffentlichten bereits am 12. Juli 1934 in Saar-

23 Wilhelm Pieck, Gesammelte Reden und Schriften, Bd. 5, Berlin 1972, S. 78 f.— Von den Anstrengungen der KPD/Saar zur Mobilisierung der Arbeiter zum ökonomisch-politischen Kampf zeugen in der „Arbeiter-Zeitung" die vielen Betriebsreportagen und andere gewerkschaftliche und sozialpolitische Beiträge. Die KPD/Saar und die roten Gewerkschaftsverbände verbreiten außerdem eine große Zahl von Flugblättern und Traktaten, die sich speziell an Betriebsbelegschaften und Arbeitslose wandten. Sie trugen u. a. die Überschriften „Hitlers Drittes Reich ohne Maske!", „Wir rufen Deutschland", „Illegal von Paris nach Berlin", „Die Kommunisten zur Saarabstimmung", „Frauen! Es geht um die Existenz und Zukunft eurer Familie!", „Aktionseinheit siegt!", „Gegen die braunen Verbandszerstörer! Für höhere Löhne!", „Metallarbeiter! Angreifen!" (IML ZPA, P St 3/401 und Archiv des Vf.). Unter denen, die für die Texte verantwortlich zeichneten, finden sich immer wieder die Namen von Hans Pink und August Hey.

brücken einen gemeinsamen Aufruf gegen die Angliederung, in dem sie auch demokratische und soziale Forderungen erhoben, denen der gemeinsame Kampf der antifaschistischen Jugend gelten sollte.[24] An diesen Fortschritten besaßen der Sekretär des KJVD/Saar, Erich Honecker, und das Mitglied des Zentralkomitees des KJVD, Hans Jennes, besonderen Anteil.[25] Noch im Juli trafen sich junge Kommunisten und Sozialdemokraten in Saarbrücken zu einer Kundgebung der Einheitsfront, auf der Fritz Nikolay und der Vorsitzende der saarländischen SAJ, Ernst Braun, sprachen.[26] Mit den 100 Delegierten der Bezirkskonferenz des KJVD konnten am 7. Oktober auch 150 Gäste, und unter ihnen sozialdemokratische, christliche und parteilose Jungarbeiter begrüßt werden.[27] Honecker, der das Hauptreferat hielt, verlangte verstärkte Anstrengungen, um „in allen Betrieben und allen Orten an der Saar"[28] die kämpfende Aktionseinheit zu verwirklichen. Wie es die Kommunisten überall taten, so wandte sich der KJVD-Sekretär auch diesmal ausdrücklich an die christliche Jugend: „Wir schließen uns der Erklärung der Partei vollinhaltlich an und versichern der christlichen Jugend, daß wir sie nie an der Ausübung ihrer Religions-, Glaubens- und Gewissensfreiheit hindern werden."[29] Leidenschaftlich wandte sich Honecker gegen die Auslieferung der Jugend des Saarlandes an „die sadistischen Jugendverderber des Dritten Reiches" und gegen ihre ökonomische Ausbeutung und politische Verführung durch Kapitalisten wie Röchling und Politiker wie den Leiter der Deutschen Front Pirro. „Wir schauen mit Stolz auf die illegal kämpfende Jugend in Deutschland, wir schauen auf die jungen Erbauer des sozialistischen Staates in der Sowjet-Union. Wir sind gewiß, daß die Sympathie und die Liebe der werktätigen Jugend der ganzen Erde unser ist, der Kampf gegen Hitler, im Kampf der Jugend für eine freie glückliche Zukunft."[30]

Tatsächlich war der Kampf an der Saar in seiner Bedeutung längst über ein territoriales Ereignis hinausgewachsen. Die Gegner des Faschismus in vielen Staaten Europas spürten, daß die Entscheidung über Anschluß oder Status quo vielfältige Rückwirkungen auf die gesamte politische Lage haben mußte. Siegte Hitler, dann konnte der Faschismus dies als seinen ersten außenpolitischen Erfolg ansehen. Er würde die Machthaber in Berlin zu weiteren Schritten ermutigen, die zunächst darauf angelegt waren, das Deutsche Reich durch die Wiedergewinnung der Gebiete zu vergrößern, die es im Versailler Vertrag unmittelbar an seinen Grenzen

24 Arbeiter-Zeitung, Nr. 154, 12. 7. 1934. Vgl. auch: Geschichte der deutschen Arbeiterbewegung, Bd. 5, S. 65.
25 Vgl. dazu auch: Unsere Zeit, Düsseldorf, Nr. 287, 10. 12. 1975.
26 Arbeiter-Zeitung, Nr. 163, 22./23. 7. 1934.
27 Ebenda, Nr. 231, 9. 10. 1934.
28 Ebenda.
29 Ebenda.
30 Ebenda.

verloren hatte. Auf ein ökonomisch starkes Reich gestützt und mit Hilfe seiner demographischen Kräfte wollten die deutschen Imperialisten sich dann in einer zweiten Etappe ihrer Außenpolitik für die Niederlage des Jahres 1918 revanchieren. So stand die Entscheidung über das Saargebiet am Beginn einer — zunächst mit friedlichen Mitteln betriebenen — Politik, die auf Landgewinnung, Eroberung, Herrschaft über andere Völker und absolute Vorherrschaft in der Welt zielte. Die Unterstützung des antifaschistischen Kampfes im Saarland durch die Hitlergegner in anderen Ländern, namentlich in den an das faschistische Reich angrenzenden Staaten, war daher Bestandteil ihres eigenen Abwehrkampfes gegen Gefahren, die ihnen selbst drohten. Den Gedanken der internationalen Solidarität im Kampf gegen den Faschismus nahmen vor allem die Kommunisten Frankreichs auf, die im eigenen Lande den andrängenden und durch die deutschen Ereignisse aktivierten Faschisten widerstanden. Gemeinsam mit dem Zentralkomitee der KPD und der Bezirksleitung Saargebiet nahm das Zentralkomitee der Kommunistischen Partei Frankreichs Mitte Juni einen Aufruf an die Mitglieder beider Parteien an, indem die ökonomischen und politischen Hintergründe des Kampfes um die Saar aufgedeckt wurden: „Der französische und deutsche Imperialismus, das Comité des Forges und die deutsche Schwerindustrie, Wendel und Röchling kämpfen um die Saarkohle.“[31] Diese Auseinandersetzung betreffe nicht nur die Frage, wer die Profitmasse erhalte, die aus der Ausbeutung der Saararbeiterschaft zu schlagen war, sondern sie gelte auch bereits den ökonomischen und territorialen Ausgangspositionen des nächsten Krieges. Im Kampf um die Zukunft des Saargebiets, so setzte die Erklärung der Parteien auseinander, erzeuge der Hitlerfaschismus „eine Atmosphäre des Menschenhasses“, die dazu bestimmt sei, den kommenden Krieg ideologisch vorbereiten zu helfen. Eindringlich wurde dargelegt, was der Anschluß an Hitlerdeutschland für die Saararbeiterschaft und insbesondere für die werktätige Jugend bedeuten würde: Auslieferung an die Unternehmerdiktatur, Zerschlagung ihrer Organisationen, restlose Vernichtung der Versammlungs-, Koalitions-, Streik- und Pressefreiheit, Arbeitsdienstlager, Zwangsarbeit, Kasernenhofschinderei und letzten Endes Krieg im imperialistischen Interesse der Krupp, Thyssen und Röchling. Das Zentralkomitee der KPF gab im Namen der Kommunisten Frankreichs die Versicherung, daß der Rat der Werktätigen des Saarlandes, sich für den Status quo zu entscheiden, nicht gleichbedeutend mit ihrer Auslieferung an das französische Finanzkapital sei. Wie beim Einmarsch der Armee Frankreichs in das Ruhrgebiet 1923, so werde die revolutionäre französische Arbeiterklasse auch nun die imperialistische Politik der eigenen Regierung und der eigenen Bourgeoisie — Seite an Seite mit den Werktätigen des Saarlandes — bekämpfen.[32]

31 AZ, Nr. 132, 16. 6. 1934.
32 Rundschau, Nr. 37, 21. 6. 1934, S. 1482 f.

Die Resolution der beiden Parteien, die mit einem Aufruf zur Aktionseinheit ausklang, wies den Weg für vielfältige gemeinsame Aktionen der französischen Antifaschisten und der Hitlergegner an der Saar. Die Eisenbahner im angrenzenden Lothringen, deren Organisation wegen der notwendigen illegalen Kommunikation über die Grenze für den Widerstand besonders wichtig war, erklärten sich mit dem Kampf im Saargebiet solidarisch.[33] Betriebe in der französischen Hauptstadt entsandten Delegierte in das Saarland, die in öffentlichen Versammlungen sprachen. Die Gemeinde Gennerwilliers im Gürtel von Paris übernahm eine Patenschaft, mit der sie sich ausdrücklich zur Unterstützung der Antifaschisten in Völklingen verpflichtete.[34] 200 Sportler aus dem Saargebiet fuhren im August 1934 nach Paris, um an einem internationalen antifaschistischen Sporttreffen teilzunehmen.[35] Aber auch Antifaschisten, die von den Ereignissen geographisch weit entfernt lebten, gaben in jenen Monaten kund, daß sie die Tragweite des Kampfes an der Saar verstanden und die Sache, die dort ausgetragen wurde, als ihre eigene ansahen. Das versicherten u. a. sowjetische Staatsbürger deutscher Nationalität, die in Schreiben zugleich Rechenschaft darüber gaben, wie sie beim Aufbau des ersten sozialistischen Staates vorankamen.[36]

Ein harter und ungleicher Kampf

Ungeachtet der höchsten Anforderung an Opfermut, Energie und Ausdauer, die der tägliche Kampf gegen die Eingliederung des Saargebiets an das faschistische Reich stellte, ließ sich die KPD/Saar auch in dieser letzten Etappe von dem Grundsatz leiten, daß richtiges politisches Handeln gedankliche Klarheit in den Fragen der revolutionären Strategie und Taktik voraussetzt. Die Bildung der Parteimitgliedschaft blieb ein fester Bestandteil der kommunistischen Arbeit. In den Spalten der „Arbeiter-Zeitung" erschien regelmäßig wöchentlich die Rubrik „Ich schule mich als Marxist-Leninist". Zu den Themen, die in den Monaten Juli bis September 1934 behandelt wurden, gehörten u. a. der „Klassencharakter der Hitlerdiktatur", „Die Notwendigkeit der proletarischen Diktatur", die Beantwortung der Fragen „Warum Status quo?" und „Wie lange dauert die Einheitsfront?" sowie die Haltung der kommunistischen „Stellung zum Separatismus".[1]

[33] Arbeiter-Zeitung, Nr. 153, 11. 7. 1934.
[34] Ebenda, Nr. 251, 15. 11. 1934.
[35] Ebenda, Nr. 184, 15. 8. 1934.
[36] Ebenda, Nr. 184, 16. 8. 1934 und IML ZPA P St 3/82.
[1] Vgl. die AZ-Ausgaben vom 14. und 21. 7.; 25. 8. und 9. 9. 1934.

Aktiv beteiligten sich die Kommunisten im Saargebiet an der Vorbereitung des VII. Weltkongresses der Komintern, der für das Jahr 1935 nach Moskau einberufen und in einer breiten Diskussion in allen kommunistischen Parteien der Welt vorbereitet wurde. Dieses gespannte Interesse war um so begründeter, als die praktische Tätigkeit der KPD/Saar und die eingeschlagene neue Einheitsfrontpolitik aufs engste mit den Überlegungen korrespondierte, die über strategische und taktische Probleme der kommunistischen Weltbewegung in vielen Ländern und auch in den leitenden Gremien der Komintern in jener Zeit angestellt wurden.

Als das Politbüro der KPD am 30. Oktober 1934 den Beschluß über die Durchführung der Diskussion zum VII. Weltkongreß der Komintern faßte, konnte er im Saargebiet noch legal publiziert werden und die saarländischen Kommunisten waren noch imstande, sich in legalen Zusammenkünften über die aufgeworfenen Fragen der revolutionären Theorie und Praxis zu verständigen.[2] Schon am 1. November 1934 nahm die Bezirksleitung der KPD/Saar zu dem Beschluß des Politbüros Stellung und konstatierte: „Wir kämpfen im Saargebiet um die Herstellung der breitesten Einheitsfront mit den sozialdemokratischen und christlichen Arbeitern und um die Gewinnung breiter Schichten der werktätigen Massen auf dem Lande und in der Stadt für den Sieg des Status quo, für die Niederlage Hitlers an der Saar."[3] Am 18./19. November 1934 veröffentlichte die Bezirksleitung Hinweise „zur Vorbereitung des VII. Weltkongresses für unsere Partei im Saargebiet"[4] mit dem ausdrücklichen Bemerken, daß die Aussprachen in den Organisationen der Partei „die Tagesarbeit zu befruchten"[5] hätten. Es gelte, das theoretische Niveau der Kommunisten zu erhöhen, sich die Erfahrungen der anderen Parteien zu eigen und zunutze zu machen und jene Fragen klären zu helfen, „die durch die veränderten Klassenbeziehungen und veränderten Bedingungen des Klassenkampfes aufgeworfen worden sind".[6]

Da im Saargebiet erste erfolgreiche Schritte der Einheitsfrontbewegung gelungen waren, ihre Verbreiterung zur Volksfront aber nur schleppend vorankam, konzentrierte sich die Aussprache überall darauf, wie die Hindernisse niedergerissen werden könnten, die „einer breiten Volksfront gegen Hitler" im Wege standen.[7]

In den letzten Monaten und Wochen vor der Abstimmung zeigte sich, daß höchste praktisch-politische Aktivität und angestrengte geistige Konzentration sich wechselseitig befruchten können. Die Publikation von Artikeln der kommunistischen Führer Georgi Dimitroff, O. Pjatnizki, Bela

2 AZ, Nr. 242, 4./5. 11. 1934.
3 Ebenda.
4 AZ, Nr. 254, 18./19. 11. 1934.
5 Ebenda.
6 Ebenda.
7 Vgl. Ebenda.

Kun u. a. in der „Arbeiter-Zeitung“ sowie die Veröffentlichung von Stellungnahmen aus der Feder von Mitgliedern des Politbüros der KPD half den saarländischen Kommunisten die Tragweite des Kampfes und seines Ausgangs zu begreifen, den sie mit Mut und Zähigkeit führten.

In einem Artikel Georgi Dimitroffs wurde geschrieben: „Das Saargebiet ist ein deutsches Gebiet und soll deutsch bleiben. Die Saarländer werden immer für die Wiedervereinigung mit dem deutschen Volk kämpfen, aber sie werden diesen Kampf erst in dem Augenblick führen, in dem es im wirklichen Interesse Deutschlands und der Saar liegt. Die Saarländer können nicht um jeden Preis und unter allen Umständen für die staatliche Wiedervereinigung eintreten. Der Anschluß des Saargebiets an Deutschland bedeute heute, daß sich die Saar der Hitlerherrschaft unterwirft ... Jeder Saarländer, der für die Freiheit des Saarvolkes, für den Frieden eintritt, der die erworbenen Rechte der Werktätigen nicht preisgeben will, der wirklich sein eigenes Volk liebt, der sich die Leiden der Millionen Brüder in Deutschland zu Herzen nimmt — der muß mit aller Kraft und aller Entschiedenheit gegen den Anschluß des Saargebietes an Hitlerdeutschland eintreten.“[8] In diesem Artikel war nicht nur der — wie sich bald erweisen sollte — weltgeschichtliche Zusammenhang zwischen der Saarfrage und der Friedensfrage hergestellt. Aus ihm sprach eindringlich auch die humanistische und patriotische Haltung der Kommunisten, in deren Denken und Handeln Internationalismus und Vaterlandsliebe zusammen gehörten.

Historische Tatsache ist, daß die Kommunisten auf ihrer Seite alle Barrieren niederrissen, die einer erfolgreicheren Arbeit blockierend entgegenstanden. In einem Leitartikel hieß es Ende November 1934: „Wir sind deshalb bereit, mit jeder Organisation, jeder Gruppe zusammenzugehen, die für den Status quo und gegen den Anschluß an Hitlerdeutschland ist, ganz gleich, welche politischen und weltanschaulichen Auffassungen diese Organisationen vertreten mögen. Deshalb richtet sich unser Ruf zur Schaffung der Volksfront für Status quo vor allem an die katholische Bevölkerung.“[9]

Nach dieser Devise bestimmte die KPD/Saar auch ihre Haltung zum „Deutschen Volksbund für christlich-soziale Gemeinschaft“, der am 30. November 1934 begründet worden war. Er stellte in letzter und später Stunde den Versuch dar, diejenigen politischen Kräfte im katholischen und evangelischen Christentum — zu seinen Gründern gehörten Hoffmann, Kühnen, Pick und auch Geistliche — organisatorisch zusammenzuführen, die für den Status quo eintraten und sich der kirchlichen Obrigkeit nicht unterwarfen. Indessen konnte diese Gründung den Differenzierungsprozeß innerhalb der gläubigen Bevölkerung kaum noch beinflussen, deren

[8] AZ, Nr. 232, 10. 10. 1934.
[9] AZ, Nr. 256, 21. 11. 1934. Der Artikel war von dem Mitglied des Politbüros Richter (d. i. Hermann Schubert) gezeichnet.

überwiegende Mehrheit die profaschistischen Parolen bis in die Abstimmungskabinen hinein befolgte.

In den entscheidenden Wochen vor dem 13. Januar 1935 offenbarte sich immer mehr, daß an der Saar ein ungleicher Kampf ausgetragen wurde. Es war für keinen Beobachter mehr ein Geheimnis, daß sich unter dem zunehmenden faschistischen Druck die Möglichkeiten des politischen Kampfes für die Kräfte der Einheitsfront und alle Anhänger des Status quo immer mehr verschlechterten. Schon als im September 1934 eine internationale Kommission von Juristen und Politikern im Saarland weilte und sich von den Bedingungen des Abstimmungskampfes ein Bild machte, gelangte sie zu dem Schluß, daß die Zustände durch organisierte Terror- und Gewaltakte gekennzeichnet waren, und daß sich diese offenkundigen Pressionen „mit schwerem offenem und heimlichem Druck gegen Saarbewohner" paarten, „die als Gegner des Hitlerregimes bekannt sind".[10] Weit verbreitet sei die Überzeugung, so stellen die Kommissionsmitglieder Lord Marley (Großbritannien), W. O. Thompson (USA), Georg Branting (Schweden) und Graf M. Karoly (Ungarn) in ihrem abschließenden Bericht fest, „daß das bevorstehende Plebiszit weder geheim noch frei" sein werde.[11] Aber diese Feststellungen, die von der im Namen des Welthilfskomitees für die Opfer des Hitlerfaschismus entsandten Kommission getroffen worden waren und dem Völkerbund zusammen mit 14 Vorschlägen zur Sicherung einer freien und geheimen Wahl unterbreitet wurden, bewirkten nichts. Faktisch nahm der offene und geheime, gewaltsame und gewaltlose Druck auf die Gegner des Faschismus immer mehr zu.

Die Faschisten in der „Deutschen Front" wandten die Kampfmittel und -methoden an, die schon bei der Vorbereitung der Machtübergabe im Deutschen Reich eine wichtige Rolle gespielt hatten. Sie terrorisierten ihre politischen Gegner in Versammlungen, auf Kundgebungen, auf offener Straße und selbst noch in ihren Behausungen, am Arbeitsplatz und vor den Stempelstellen, um auf diese Weise Macht zu demonstrieren, einzuschüchtern und abzuschrecken. Betriebe, Verwaltungen, der staatliche Apparat der Regierungskommission, Schulen und viele andere Einrichtungen waren de facto faschistisch unterwandert. Die überlieferten Wochenberichte, die in der Gestapo-Stelle Trier angefertigt wurden, zeigen, daß es gelungen war, ein Netz faschistischer V-Männer (sogenannter Vertrauensmänner, richtig: Spitzel und Denunzianten) über das Saargebiet zu spannen. Wer sich für den Status quo exponierte, mußte gewärtigen, daß mit ihm nach dem Abstimmungstag nach faschistischer Manier abgerechnet wurde. Folglich verlangte, angesichts der Ungewißheit, die über dem Ausgang der Volksbefragung lag, das Auftreten gegen Hitler höchste Selbstlosigkeit. Ungeniert stenografierten — um nur ein Beispiel für die Überwachung der

10 Rundschau, Nr. 55, 18. 10. 1934, S. 2489.
11 Ebenda.

Saarbevölkerung zu geben — Agenten der Gestapo Predigten von Pfarrern, die sich nicht auf die Linie der „Deutschen Front" begaben. Geistliche, welche die Status-quo-freundliche „Saar-Post" abonnierten, wurden an die Gestapo denunziert; ein Bericht vom 10. September 1934 enthielt allein 36 benannte Pfarrämter und Geistliche. Bei dieser schmutzigen Arbeit tat sich u. a. der einstige saarländische Justizbeamte H. Welsch als Helfershelfer der faschistischen Geheimpolizei hervor, der übrigens 1955 zum Ministerpräsidenten des Saarlandes avancieren konnte.[12]

Je näher der Abstimmungstag rückte, um so drastischer wurden die Schikanen und Pressionen gegen die Einheitsfrontbewegung. Gastwirte, selbst Nachteile befürchtend, verweigerten die Vermietung von Sälen. Kommunalbehörden beauftragten die Polizeikräfte, Einlaßkontrollen vor den Einheitsfront-Versammlungen durchzuführen. Hinzu kam, daß sich die diplomatischen Beziehungen zwischen dem faschistischen Reich und Frankreich in einer Weise entwickelten, die den Eindruck machte, daß die Abstimmung nur noch eine Formsache sein würde. Die Regierungen hatten sich über die Modalitäten des Übergangs des Saargebietes in die Hände des Reichs und auch über die Übergabe der Saargruben bereits verständigt.[13] Die Abstimmungskommission des Völkerbundes, die sich in Saarbrücken etablierte, diente eher dazu, die Fiktion einer freien Abstimmung zu vervollständigen, als ein derartiges Votum tatsächlich zu garantieren. Die gleiche objektive Rolle fiel den schwedischen, schweizerischen und holländischen Truppenkontingenten zu, die vom Völkerbund in das Saargebiet entsandt wurden, um für Ruhe und Ordnung zu sorgen. Alles deutete darauf hin, daß die Regierungen der kapitalistischen Großmächte Westeuropas sich über der Frage nach der Zukunft des Saargebiets nicht nur mit den faschistischen Machthabern in Berlin nicht verfeinden, sondern bei dieser Gelegenheit — wenn alles nur vereinbartermaßen vor sich ginge — ihre Kompromißwilligkeit bekunden wollten. Diese Haltung bildete gewissermaßen den Eröffnungszug in einem teuflischen Spiel, daß schließlich in der Auslieferung ganzer Staaten an den deutschen Imperialismus gipfelte.

Trotz all dieser Tatsachen standen der Monat Dezember 1934 und die erste Januarwoche 1935 im Zeichen vieler Demonstrationen der Antifaschisten. Den gemeinsamen Auftakt für die entscheidende letzte Etappe des Kampfes gab ein Aufruf der beiden Arbeiterparteien unter der Parole „Volksfront gegen Hitler".[14] Am 9. Dezember 1934 veranstaltete der KPD-Bezirk Saar einen „Generalappell", der noch einmal dazu diente, alle Mitglieder der Partei „im Kampf gegen Nationalismus und Chauvinismus

[12] ZSt.A Potsdam, Saarbildarchiv Nr. 82.

[13] Vgl. Reichsgesetzblatt, 1935, Teil II, 25. Februar 1935 sowie Gertrud Markus, a. a. O., S. 350–353.

[14] Arbeiter-Zeitung vom 28. 11. 1934.

richtig einzustellen". Am gleichen Tag versammelte sich ein Saarbauernkongreß, an dem Delegierte aus nur 39 Dörfern teilnahmen, so daß die Schwäche der Einheitsfront auf dem Lande deutlich wurde — eine Tatsache, die angesichts des Mangels an politischen Kräften nicht mehr verändert werden konnte.[15]

Eine Woche darauf veranstalteten die beiden Arbeiterparteien und die anderen Organisationen der Einheitsfront gemeinsam einen „Sozialpolitischen Kampfkongreß".[16] In diesem Zusammenhang wurden in einem Dokument, das den Titel „Programm nach dem Siege" trug, zehn Grundforderungen formuliert, nach denen das Leben an der Saar unter den Bedingungen des Status quo ausgestaltet werden sollte. Erst jetzt war gemeinsam ausgesprochen, daß sich die Einheitsfront nicht einfach mit den augenblicklichen sozialen Zuständen im Saargebiet identifizierte und ihre Konservierung wollte. Monatelange Diskussionen mit den Führern der sozialdemokratischen Organisation waren so spät zum Abschluß gekommen, daß sie faktisch auf die Entscheidung des 13. Januar 1935 keine nennenswerte Wirkung mehr auszuüben vermochten.[17] So blieb der sozialpolitische Kongreß, auf dem der Kommunist Philipp Daub und die Sozialdemokratin Luise Schiffgens (die später eine enge Mitarbeiterin Otto Niebergalls im Comité Freies Deutschland für den Westen wurde) sprachen, ein Schritt, der Möglichkeiten, aber auch Schwierigkeiten des Kampfes um die Einheitsfront demonstrierte. Es war nun der Weg von der Übereinstimmung in der nationalen Frage zur Verständigung in sozialpolitischen Belangen zurückgelegt worden, der sich angesichts der verfestigten reformistischen Illusionen und der langjährigen Praxis der Klassenzusammenarbeit als besonders kompliziert erwies. Zum gemeinsamen Kampf um die vereinbarten Ziele aber kam es nicht mehr.

Parallel zum sozialistischen Kongreß tagte Mitte Dezember ein Saarjugendkongreß, auf dem für die Kommunisten Erich Honecker redete, der in den Wochen vorher bereits in vielen gemeinsamen Veranstaltungen mit Sozialdemokraten gesprochen und u. a. im Naturfreundehaus Kirkel gemeinsam mit dem SAJ-Genossen Willi Melwig und in Landsweiler gemeinsam mit Luise Schiffgens für die Einheits- und Volksfrontbewegung geworben hatte. Nun, auf der letzten legalen Zusammenkunft von 663 Jugendlichen, sagte der Politische Leiter des KJVD/Saar, auf die Frage eingehend, daß die Jugend nicht nur materielle Interessen besitze, sondern auch Ideale brauche: „... das höchste Ideal der Jugend aller Zeiten, das war der Kampf um ihre Freiheit gegen Tyrannei, das war der Kampf um

15 Vgl. Rundschau vom 27. 12. 1934, S. 3055 und auch die Artikel der Arbeiter-Zeitung, die sich mit Fragen der Bauern und des Mittelstandes befassen, in den Ausgaben vom 16./17. 9., 1. und 11. 12. 1934.

16 Vgl. GdA, Bd. 5, S. 65 und Arbeiter-Zeitung Nr. 278 vom 18. 12. 1934.

17 Vgl. IML-ZPA: 47/1/405.

die Verwirklichung ihrer Forderungen, das war der Kampf um ihr Lebensrecht ... Wer den Krieg als ein Ideal hinstellt, ... wer der Jugend die Freiheit ihrer Organisationen, die Freiheit ihrer Gedanken und die Freiheit ihres Glaubens nimmt, der zerstört jede Grundlage dafür, daß die Jugend für die Erfüllung ihrer eigenen Ideale kämpfen kann."[18]

Den abschließenden Höhepunkt des antifaschistischen Kampfes für den Status quo bildete am 6. Januar 1935, eine Woche vor dem Abstimmungstag, eine Massenkundgebung in Saarbrücken, bei der auf dem Kieselhumes-Gelände Zehntausende von Hitlergegnern aufmarschierten. Der Kommunist Karl Merkel und der Sozialdemokrat Wilhelm Kaupp teilten sich die Aufmarschleitung. August Hey, Fritz Pfordt und Max Braun sprachen zu den Versammelten und legten noch einmal die Ziele der Einheitsfront und den Ernst der bevorstehenden Entscheidung dar.[19] Es war das auf Jahre hinaus letzte legale gemeinsame Auftreten von Kommunisten und Sozialdemokraten an der Saar.

Wir sind da und wir bleiben da

Am 13. Januar 1935 fiel die Entscheidung an der Saar. Die inneren und äußeren Bedingungen der Abstimmung waren die denkbar ungünstigsten für die Antifaschisten und die denkbar besten für die Parteigänger der Angliederung an den faschistischen Staat. Im Innern des Saarlandes gebärdete sich die „Deutsche Front" als Sieger, noch bevor die Wahllokale überhaupt eröffnet waren. Es war ihr gelungen, die Mehrheit der Saarbevölkerung mit den Mitteln des geistigen und physischen Drucks so einzustimmen, daß sie ein Votum gegen den Anschluß an das faschistische Deutschland fälschlicherweise als nationalen Verrat verstand. Auch diejenigen, die noch zögerten oder sich ihr Votum bis zu einem späteren Zeitpunkt bedenken wollten, sahen keine Chance, denn die Völkerbundsmächte widerstanden allen Aufforderungen, den Wahlgang zu verschieben.

Von den 539 541 Stimmberechtigten gingen 528 005 an die Urnen. Unter ihnen waren auch jene Saarländer, die im Reichsgebiet lebten und die eigens zum Abstimmungstag mit Sonderzügen in ihre früheren Wohnorte gefahren wurden. Manche von ihnen waren auf Grund zentraler Weisungen der faschistischen Partei für diese Reise erst durch die Nationalsozialistische Volkswohlfahrt (NSV), eine zu demagogischen Zwecken geschaffene caritative Organisation, soweit eingekleidet worden, daß ihr ärmliches Erscheinungsbild nicht gegen die Machthaber im faschistischen Staat spre-

[18] Arbeiter-Zeitung, Nr. 278, 18. 12. 1934.
[19] Status quo. (Illustrierte Schrift), verantwortlich: Richard Schuler (SP).

chen konnte. Die Einreise dieser Saarländer, die von der „Deutschen Front" in Privatquartieren untergebracht wurden, bildete obendrein einen der letzten Propagandaschlager vor dem Abstimmungstag.

Für die Angliederung an den faschistischen Staat votierten 477 199 Stimmberechigte, während der Status-quo-Liste 46 613 Stimmen gegeben wurden. 2 124 Saarländer wollten die Eingliederung in den französischen Staat und 2 197 warfen ungültige Scheine in die Urnen. Die Würfel waren gefallen.[1] Am 1. März 1935 erfolgte die Übergabe des Saargebiets an den faschistischen Staat. Zur Inbesitznahme des Landes kam in Hitlers Auftrag der Reichsinnenminister Wilhelm Frick nach Saarbrücken, einer aus jener politischen Führungsgruppe, die ein Jahrzehnt später wegen Kriegs- und Menschheitsverbrechen von einem internationalen Militärtribunal auf die Anklagebank gesetzt werden wird. Als Hitler selbst wenig später in der Hauptstadt des Saargebiets eintraf, erreichte der nationalistische und chauvinistische Taumel einen ekstatischen Höhepunkt. Kleinbürgerliche und bürgerliche Massen umjubelten den obersten Faschistenführer wie einen Befreier.

Mit dem Anschluß des Saarterritoriums an das Reich war der erste Teil des Hitler-Röchling-Konzepts verwirklicht. Seine Fortsetzung bedeutete die rascheste und effektvollste Einbeziehung der materiellen und menschlichen Ressourcen dieses Gebietes in die Aufrüstung und Kriegsvorbereitung des deutschen Imperialismus. Wenige Tage bevor das Saarland in das faschistische Reich eingegliedert wurde, hatte dessen Regierung zwei wichtige Bestimmungen des Versailler Vertrages einseitig und demonstrativ für null und nichtig erklärt. Am 16. März 1935 war die allgemeine Wehrpflicht wieder eingeführt worden. Diese Maßnahme stand in offenem Widerspruch zu der im Friedensdiktat getroffenen Bestimmung, wonach das Deutsche Reich lediglich eine 100 000-Mann-Armee besitzen sollte. Für die jungen Saarländer hatte dieses faschistische Gesetz zur Folge, daß sie ab Herbst 1935 zunächst noch in die weiter ostwärts gelegenen Kasernen der Naziwehrmacht einrücken mußten. Die andere Maßnahme betraf den Übergang zum offenen forcierten Aufbau der Luftwaffe als des dritten Wehrmachtsteils neben dem Heer und der Marine. Obwohl es Deutschland nach den Bestimmungen des Versailler Vertrages verboten war, Kriegsflugzeuge zu besitzen, hatten die Faschisten, sich auf illegale Vorarbeiten der Weimarer Republik stützend, mit dem Aufbau militärischer Fliegereinheiten bereits 1933 begonnen. Nun war diese Entwicklung bis zu einem Punkt gediehen, an dem die Reichsregierung kein Hehl mehr aus ihren Vorbereitungen für den Luftkrieg machen konnte. Auch dieser Schritt des deutschen Militarismus schlug später, als die anglo-amerikanischen Luftflotten im Zweiten Weltkrieg die Übermacht gewannen und

[1] Das Saarland, Saarbrücken 1958, S. 40.

Stadtzentren wie das Saarbrückens in die Fadenkreuze ihrer Bombenzielgeräte gelangten, auf das Saargebiet zurück. Hätte die wahlberechtigte Bevölkerung des Saargebiets im Januar 1935 dieses Reich gewählt, wenn sie auch nur eine ungefähre Vorstellung davon bessesen hätte, was sie als Bürger des Nazistaates erwartete? Die Frage stellen, heißt sie verneinen. Die Tragik der Entscheidung des Abstimmungstages lag jedoch darin, daß die Perspektiven faschistischer Politik zum Zeitpunkt der Abstimmung keineswegs in undurchdringlichem Dunkel lagen. Daß Hitler Krieg bedeutete, hatte die KPD bereits während der Wahlkämpfe um die Reichspräsidentschaft 1932 immer wieder gesagt und begründet. 1934/35 verbreitete auch die kommunistisch-sozialdemokratische Einheitsfront an der Saar unausgesetzt Warnungen vor der faschistischen Kriegspolitik. Sie wurden nur von einer Minderheit gehört und verstanden. Erst als vor Kriegsbeginn 1939 Kinder aus dem Saarland von ihren Eltern getrennt und ins Innere des faschistischen Staates evakuiert wurden, begannen manche Saarländer über ihr Votum vom Januar 1935 neu nachzudenken ...

Den Kommunisten an der Saar stand es nicht an, sich über die verhängnisvolle Entscheidung zugunsten der Angliederung an das Deutsche Reich leichtfertig hinwegzusetzen. Der Tatbestand der politischen Massenverführung und Massenverwirrung, wie er in der Geschichte der Klassenkämpfe immer wieder angetroffen werden kann, ist für die Kommunisten nicht Quelle der Resignation. Niederlagen gaben wirklichen Revolutionären stets Anlaß, sich gründlicher zu fragen, wie der reaktionäre Einfluß auf das Denken und Handeln der Werktätigen zurückgedrängt und schließlich gebrochen werden kann, damit die Angehörigen der Klassen und Schichten des Volkes ihre wahren Interessen begreifen und verfechten lernen. Nach diesem Grundsatz handelten auch die Kommunisten an der Saar. In einem Artikel, den die in der Schweiz erscheinende „Rundschau" nur zehn Tage nach der Abstimmung publizierte, schrieb Alexander Abusch, der kommunistische Politiker, über die Reaktion der KPD Saar: „Die Kommunistische Partei hat inmitten einer chauvinistischen Raserei am 15. Januar, die die Tage nach der Reichstagsbrandstiftung an nationalsozialistischer Trunkenheit der Massen weit übertrafen, sofort ihre klaren Kampflosungen herausgegeben: ‚Wir sind da und wir bleiben da. Und der Sieg wird unser sein; trotz alledem!' Am Todestag Karl Liebknechts warf sich die Kommunistische Partei des Saargebiets allen Panikstimmungen entgegen und zog die Fahne des revolutionären Kampfes gegen den Strom des Chauvinismus auf.

In den Stunden, in denen sich der faschistische Terror zu schweren Exzessen steigerte, begann unsere Partei die illegale Weiterarbeit der Arbeiter des Saargebiets als einem Teil der deutschen Arbeiterklasse zu schaffen. Die ‚Arbeiter-Zeitung' erschien als einzige antifaschistische Zeitung täglich weiter und trotzte den größten Schwierigkeiten. Mutige Antifaschisten brachten sie in die unter dem faschistischen Terror stehenden

Orte des Saargebiets hinaus und halfen damit, neuen Kampfeswillen und neues Kraftbewußtsein auch unter den sozialdemokratischen Arbeitern zu schaffen. Als unserer Zeitung Gas und elektrischer Strom von der hitlerfaschistischen Stadtverwaltung abgesperrt wurde, erschien die ‚Arbeiter-Zeitung' von Hand gesetzt und von Hand durch die Maschine gedreht, so daß sie am 19. Januar und auch am 22. Januar in Saarbrücken gedruckt werden konnte."[2]

In dem gleichen Artikel gab Abusch eine erste Analyse der Ursachen und Faktoren, die zur Niederlage der antifaschistisch-demokratischen Kräfte am 13. Januar 1935 führten. Nachdem der Autor darauf verwiesen hatte, daß die Demonstrationen und Versammlungen kein wirklicher Maßstab für die Abstimmung sein konnten, weil von 820 000 Saareinwohnern nur 450 000 stimmberechtigt waren und u. a. alle saarländischen Einwohner, die vor 1919 im Saargebiet lebten oder nach 1919 zuzogen, trotz saarländischer Bürgerschaft kein Abstimmungsrecht erhielten, schrieb er weiter: „Die Hauptursache für den Sieg Hitlers an der Saar liegt darin, daß es dem Hitlerfaschismus im Laufe der letzten zwei Jahre gelungen ist, das Land unter den Bann eines terroristischen Chauvinismus zu bringen und dabei — im Gegensatz zum übrigen Deutschland — stark in die Reihen der Arbeitermassen einzubrechen. Der Druck des riesigen Landes mit 65 Millionen Menschen und mit Milliarden Geldern, die faschistischen Drohungen auf ‚Abrechnung' im Jahre 1935, die Ächtung jedes Antifaschisten als ‚Landesverräter' und ‚Separatisten' lastete auf dem kleinen Ländchen mit unerhörter Wucht. Es war dem Hitlerfaschismus schon lange vor der Bildung der antifaschistischen Einheitsfront gelungen, die Massenorganisationen der christlichen Gewerkschaften gleichzuschalten. Der Chauvinismus hatte sich besonders bei den Bergarbeitern, die fünfzehn Jahre lang von der französischen Grubenverwaltung ausgebeutet wurden und glaubten, noch schlechtere Arbeitsbedingungen zu haben als die Ruhrkumpels, tief eingefressen. Alle Parteien an der Saar hatten seit fünfzehn Jahren eine Politik für den Wiederanschluß an Deutschland geführt und unsere Kommunistische Partei war an der Spitze der Bergarbeiterkämpfe gegen die französische Grubenverwaltung gestanden. Es ist klar, daß der Kampf in diesem von Deutschland abgerissenen Landstück besonders kompliziert sein mußte und daß die Losung: ‚Schlagt Hitler an der Saar!' auch von manchem Hitlergegner damit beantwortet wurde, daß sie trotz Hitler für Deutschland stimmten. Unsere Partei hat im Kampfe für den Sieg des Status quo an der Saar die nationale Frage in leninistischer Weise dem Interesse des proletarischen antifaschistischen Befreiungskampfes untergeordnet. Sie schlug eine Schlacht von höchster Erbitterung gegen den Chauvinismus ... Es wäre falsch, die Abstimmung an der Saar nur mit dem nationalen Moment zu erklären ...

2 Rundschau, Nr. 4, 24. 1. 1935, S. 190.

Die Nazis siegten vor allem durch den terroristischen Charakter ihres Chauvinismus, der die brutalsten und gerissensten Provokationsmethoden á la Reichstagsbrandstiftung auf die besonderen Bedingungen des Saargebiets anzuwenden verstand.

Es ist bereits vor der Abstimmung sehr stark darauf hingewiesen worden, daß im Saargebiet mit Hilfe der Blockwarte, der faschistischen Bürgermeistereien, der faschistischen Polizeibeamten und der hitlertreuen Unternehmer das raffinierteste Bespitzelungssystem über jeden Schritt der Bewohner aufgebaut worden ist — ein System, wie es der Faschismus sonst nirgends vor seiner Machteroberung zustande bringen konnte. Die stärkste Stütze dieses Bespitzelungssystems war der konzentrierte Druck der Macht des Dritten Reiches auf das kleine Gebiet. Die Organisierung des chauvinistischen Terrors in dem kleinen Saargebiet wurde, ohne zu übertreiben, mit Hunderten von Millionen Mark der Hitlerregierung organisiert. Es ging für das Hitlerregime an der Saar um eine Prestigefrage auf Leben und Tod ...

Die Regierungskommission, an deren Spitze der Engländer Knox stand, war in den letzten Monaten offensichtlich durch den Einfluß der englischen Regierung selbst in den bescheidensten Handlungen gegenüber dem faschistischen Terror in zunehmendem Maße gelähmt. Es bestand offenbar ein fertiges Komplott zwischen der Hitlerregierung und der englischen Regierung, daß der englische Imperialismus alles tun würde, um Hitlerdeutschland die Eroberung an der Saar zu erleichtern. Der neue Kommandant der Völkerbundspolizei an der Saar, Major Hennessy, entpuppte sich als ein direkter Begünstiger des Hitlerfaschismus, in der dreiköpfigen Abstimmungskommission, die nicht einen Finger gegen den faschistischen Terror und für die Sicherung einer wirklichen Abstimmungsfreiheit rührte, bestand die Mehrheit (der Schwede Rodhe und der Holländer de Jongh) aus Freunden des deutschen Faschismus ...

Neben dem Terror, der jeden Anhänger des Status quo in seinem Leben und seiner Existenz bedrohte, kam der Deutschen Front natürlich ihr großer Vorsprung im Gleichschaltungskampf zugute. Sie hatte durch die Eroberung der christlichen Gewerkschaften wirkliche Massenorganisationen unter ihrem faschistischen Einfluß. Sie war gleichzeitig zersetzend in die freien Gewerkschaften eingedrungen, unterstützt durch die reformistischen Gewerkschaftsführer, die bis kurz vor der Abstimmung vielfach aus Gründen der ‚Rückversicherung' nicht das geringste gegen die Zugehörigkeit von zahlreichen Gewerkschaftsmitgliedern zur Deutschen Front unternommen hatten. Die Gewerkschaftseinheit wurde von ihnen monatelang sabotiert und selbst in den letzten Wochen vor dem Abstimmungskampf in verschiedenen Orten nicht bis zum Ende verwirklicht. Der christliche Volksbund wurde durch die Erlasse der Bischöfe und die Erklärungen der Dechanten des Saargebiets für den Anschluß an Hitlerdeutschland, sowie durch das Einschleichen einiger Gestapoprovokateure in seine Spitze (Affäre Rossenbeck, Fall Kriesbach, korruptes Überlaufen des Redakteurs Hagn usw.) faktisch torpediert, so daß seine Existenz von den Nazis teilweise noch zur Einengung der Status-quo-Anhängerschaft durch ununterbrochene ‚Enthüllungen' im Rundfunk und der Presse ausgenützt werden konnte. Neben dem Rundfunk erwies sich die Schule als eine der gefährlichsten Waffen der faschistischen Reaktion: Die planmäßig verhetzten Kinder wurden zu Hunderten als Vortrupp gegen die antifaschistischen Zeitungsverteiler eingesetzt, und im Hintergrund lauerten stets erwachsene Faschisten, schwer bewaffnet, um die Kinder zu ‚schützen'. So wurde die moralische ‚Ächtung' der Antifaschisten bis ins letzte gesteigert.

Die Nazis hatten zwar gegenüber der fremdartigen Losung Status quo den Vorteil solcher Losungen wie: ‚Heim zur deutschen Mutter', ‚Nix wie hemm!', ‚Heim zum ewigen Deutschland!' — aber niemals hätten sie ohne die gewaltige Unterstützung durch das Hitlerregime, ohne den Einsatz von Tausenden SA- und SS-Leuten und Arbeitsdienstlern aus dem Reich, bei gleichzeitiger Ausschaltung der Regierungskommission durch internationale Einflüsse ein solches Abstimmungsergebnis erringen können.

Das scheint uns das Entscheidende bei der Bewertung der Saarabstimmung zu sein, wenn sich auch in bezug auf die Durchführung der Einheitsfrontpolitik, die Politik der SP, unsere Antwort auf den braunen Terror und die Funktion der Einheitsfrontkomitees im Saargebiet viele wichtige Lehren ergeben, die untersucht und für den internationalen antifaschistischen Kampf ausgewertet werden müssen . . ."[3]

Alexander Abusch ist deshalb hier so ausführlich zu Wort gekommen, weil seine Analyse auch nach dem Abstand von 40 Jahren als die schlüssigste Untersuchung und Darstellung des Abstimmungsresultates gelten kann. Sie gibt ein musterhaftes Beispiel für die Kraft der dialektischen Methode, zeitgenössische Ereignisse auf ihre Ursachen, Triebkräfte und Bedingungen zu erforschen. Die Erfahrungen und Lehren des Saarkampfes gingen auch in die Beratungen des VII. Weltkongresses der Komintern (Juli/August 1935) und der Brüsseler Parteikonferenz der KPD (Oktober 1935) ein. Das galt insbesondere für das Erfahrungsgut, das die Einheitsfrontbewegung von Kommunisten und Sozialdemokraten und die Ansätze zu ihrer Verbreiterung zur Volksfront enthielten. Gemeinsam mit neuen Erkenntnissen, welche in den Kämpfen der Kommunisten Frankreichs, Spaniens, Österreichs und weiterer Länder gewonnen wurden, bildeten sie das praktische Fundament der Beschlüsse über die Einheits- und Volksfront, mit denen die kommunistische Weltbewegung 1935 die marxistisch-leninistische Revolutionstheorie dauernd bereicherte und für ihren Kampf gegen Faschismus und Krieg einen neuen Ausgangspunkt erreichte.

[3] Ebenda, S. 189 f.

Programmatische Erklärung der KP-Vertretung im Landesrat des Saargebietes — 19. Juli 1922

Die Regierungskommission ist auf Grund des Versailler Machtfriedens durch den Völkerbund, einer Vertretung kapitalistischer Staaten, als Sachwalterin über das Saargebiet eingesetzt worden. Als solche hat sie die Aufgabe, die Interessen der französischen Bourgeoisie, der das Saargebiet auf 15 Jahre zur Ausbeutung überlassen ist, wahrzunehmen. In Erfüllung dieser Aufgabe muß die Regierungskommission gegen die Interessen der arbeitenden Klasse, die den größten Teil der Bevölkerung des Saargebietes ausmacht, naturnotwendig verstoßen.

Im Laufe ihrer bisherigen Tätigkeit hat die Regierungskommission unter Mißachtung ihres so oft gegebenen Versprechens, „loyal" mit der Bevölkerung zusammenarbeiten zu wollen, fortgesetzt gegen die Interessen der arbeitenden Bevölkerung verstoßen.

Sie hat, entgegen dem Wortlaut des Versailler Friedensvertrages die Begutachtung der Gesetze und Verordnungen durch die von der Bevölkerung gewählten Vertreter nicht beachtet, sie hat vielmehr in ihrem 11. periodischen Bericht an den Völkerbund, den gewählten Vertretern die Befähigung zur Begutachtung abgesprochen. Die Forderungen der Gewerkschaften sind von ihr, trotzdem diese nur das Minimum dessen sind, was die Arbeiterklasse zu ihrer Erhaltung vom Staate zu fordern hat, vollständig unberücksichtigt geblieben.

Das Treiben unverantwortlicher Elemente, deren Bestrebungen auf die Zerstörung der wirtschaftlichen Organisationen der Arbeiterschaft und auf eine Stärkung der Annexionspropaganda zugunsten Frankreichs hinauslaufen, findet die stillschweigende Duldung der Regierungskommission.

Die Anwesenheit des französischen Militärs im Saargebiet, die im Gegensatz zum Wortlaut des Friedensvertrages steht, bedeutet eine ständige Bedrohung der Arbeiterklasse.

Die Einführung des Lohnsteuersystems, die Kohlen- und Umsatzsteuer sind eine unerträgliche Belastung der arbeitenden Bevölkerung.

Die bestehenden Steuergesetze gestatten dagegen der besitzenden Klasse, die Steuern auf die Schultern der arbeitenden Bevölkerung abzuwälzen und sich so ihrer Verpflichtung dem Staate gegenüber zu entziehen.

Die werktätige Bevölkerung leidet unter der herrschenden Bevölkerung und unter dem sich im Saargebiet besonders breitmachenden Wucher doppelt schwer.

Die Regierungskommission hat bisher nichts getan, um die Teuerung und den Wucher zu bekämpfen.

Die beabsichtigten Massenentlassungen im Bergbau und bei der Eisenbahn sind eine Bedrohung der gesamten werktätigen Bevölkerung des Saargebietes. Die Regierungskommission, deren Schutz die gesamte Bevölkerung im Saargebiet anvertraut ist, hat durch keinerlei Maßnahmen versucht, diese Gefahr von der Arbeiterschaft abzuwenden.

Die Maßnahmen der Regierungskommission sind der Ausfluß ihres Klassencharakters. Die Schaffung des Landesrates bedeutet nichts weiter als einen Versuch, die werktätige Bevölkerung des Saargebietes über den wahren Charakter der Regierungskommission zu täuschen.

Die Schaffung des Begriffes „Saareinwohner", die Bestimmung, daß nur im Saargebiet geborene Personen zum Landesrat wählbar sind, sind Maßnahmen, die sich ausschließlich gegen die Arbeiterklasse richten.

Die Nichtgewährung der Immunität der Abgeordneten, die Tatsache, daß der Landesrat nur die von der Regierungskommission geschaffenen Gesetze begutachten darf, sonst aber keinerlei Einfluß auf den Inhalt und auf die Durchführung der Gesetze hat, sind weiter ein Beweis dafür, daß das Verhalten der Regierungskommission diktiert wird von dem Klasseninteresse der französischen Bourgeoisie. Durch diese feststehenden Tatsachen wird der Landesrat zu einer Parlamentskomödie und zu einem Betrug an der werktätigen Bevölkerung des Saargebietes. Die politische Rechtlosigkeit der Bevölkerung bleibt nach wie vor bestehen.

Aber nicht nur politisch, sondern auch auf wirtschaftlichem Gebiet ist die werktätige Bevölkerung des Saargebietes vollständig entrechtet. Sie ist der Willkür eines brutalen Unternehmertums ausgeliefert. Der Ausbeutung sind keine Schranken gesetzt, die soziale Gesetzgebung versagt vollkommen. Die soziale Fürsorge, so mangelhaft sie selbst in Deutschland ist, versagt durch das Bestreben der Regierungskommission, dieselbe von der des deutschen Reiches loszulösen, fast vollständig. Die soziale Not der Saarbevölkerung äußert sich zu einem großen Teil in der Wohnungsnot, zu der die Anwesenheit des französischen Militärs besonders beiträgt.

Die kommunistischen Abgeordneten des Landesrates fordern von der Regierungskommission zur Beseitigung dieser, die soziale Lage der werktätigen Bevölkerung aufs äußerste gefährdenden Mißstände:

1. Aufhebung der Lohn-, Kohlen- und Umsatzsteuer, steuerliche Erfassung des Besitzes.
2. Gesetzliche Maßnahmen gegen Teuerung, Wucher und Schleichhandel.

3. Nachprüfung durch den Landesrat aller Maßnahmen der Regierung, die Massenentlassungen im Bergbau und im Eisenbahnbetrieb zur Folge haben. Bis zur Entscheidung des Landesrates Aufhebung der bereits erfolgten Kündigungen.
4. Die gesetzliche Festlegung des Achtstundentages, gesetzliche Einführung der Betriebsräte mit mindestens denselben Rechten, wie die der Betriebsräte in Deutschland.
5. Gesetzliche Festlegung des Mitbestimmungsrechtes der Betriebsräte bei Einstellung und Entlassung von Arbeitern und die Kontrolle der Produktion durch die Betriebsräte.
6. Ausbau der sozialen Gesetzgebung und der sozialen Fürsorge.
7. Zur Hebung der Wohnungsnot umfassende Maßnahmen.
8. Die Entfernung des französischen Militärs.

Die kommunistischen Abgeordneten des Landesrates sind sich bewußt, daß die Regierungskommission der Durchführung dieser Forderungen den heftigsten Widerstand entgegensetzen wird und daß die Forderungen, welche die Mindestforderungen der werktätigen Bevölkerung sind, nur durchgeführt werden, wenn die gesamte Arbeiterklasse des Saargebietes sich mit allem Nachdruck hinter dieselben stellt. Die kommunistischen Abgeordneten, als die von dem klassenbewußten Teil der Arbeiterschaft in den Landesrat gesandten Vertreter sagen der Regierungskommission und der hinter ihr stehenden Bourgeoisie den schärfsten Kampf an.

Die Bestimmung des Versailler Friedensvertrages, die Maßnahmen des Völkerbundes und der Regierungskommission können die Vertreter der arbeitenden Bevölkerung in ihrer Haltung nicht beeinflussen. Der Versailler Friedensvertrag bildet in seiner Gesamtheit einen Vertrag zwischen kapitalistischen Staaten und ist zugleich ein Anschlag auf die gesamte Arbeiterklasse der Welt. In gemeinsamer Front mit der internationalen Arbeiterschaft wird der klassenbewußte Teil der Saararbeiter gegen den Versailler Machtfrieden zu kämpfen wissen.

Stenographische Berichte des Landesrates des Saargebietes vom 19. 7. 1922 bis 16. 12. 1922, Band 1, S. 343, Landesarchiv: St. Nr. Z 25, S. 27–30.

Offener Brief der KPD/Saargebiet an die Bezirksleitungen des ADGB und der SPD des Saargebiets — Mai 1925

Die Redner der freien Gewerkschaften haben bei den Maidemonstrationen eine Entschließung der Bezirksleitung des ADGB vorgelegt und zur Abstimmung gebracht, die eine Reihe wirtschaftlicher und politischer Forderungen enthält. Diese Forderungen sind teilweise unzulässig und kautschukartig formuliert. Aber die Kommunistische Partei ist bereit, mit dem ADGB und der SPD den Kampf um die Verbesserung der Lage der Arbeiter, Angestellten und Beamten im Saargebiet aufzunehmen.

Die Kommunistische Partei weiß, daß diese Forderungen nicht durch Verhandlungen und Arbeitsgemeinschaftspolitik mit den Unternehmern durchgeführt werden können ...

Aus diesen Gründen fragen wir die Bezirksleitung des ADGB und der SPD vor den Augen der gesamten Saararbeiterschaft, ob sie gewillt sind, den Kampf für ihre am 1. Mai aufgestellten Forderungen aufzunehmen.

Die Kommunistische Partei schlägt dem ADGB und der SPD vor, mit allen Mitteln die Verwirklichung folgender Abwehrmaßnahmen durchzuführen:

1. Kampf gegen jeden Lohnabbau, für eine 40prozentige Lohnerhöhung. Darüber hinaus: Kampf um den Friedensreallohn. Gleicher Lohn für Arbeiter und Arbeiterinnen.

2. Kampf gegen jede neue Arbeitszeitverlängerung. Für den achtstündigen Maximalarbeitstag und die Siebenstundenschicht im Bergbau, die trotz Washingtoner Abkommen von der Regierung und den Unternehmern beseitigt worden sind.

3. Kampf gegen jede neue Entlassung von Arbeitern und Angestellten und gegen jeden neuen Abbau von Beamten. Einreihung der Erwerbslosen in den Produktionsprozeß, Wiedereinstellung der abgebauten Beamten, Erhöhung der Unterstützungssätze der Erwerbslosen, Kriegsopfer, Sozial- und Altersrentner auf das Existenzminimum.

4. Kampf für das uneingeschränkte Koalitionsrecht, für Einführung von Betriebsräten und Kontrolle der Betriebe durch dieselben.

5. Erbitterter Kampf gegen alle indirekten Steuern und jegliche neue steuerliche Belastung der Arbeiterschaft. Zugleich Kampf gegen den sechsprozentigen Steuerabzug vom Lohn. Weg mit der Mietssteuer! Befreiung der Konsumgenossenschaften von jeder steuerlichen Belastung.

6. Kampf gegen die Wohnungsnot, für Rationierung und Bereitstellung von staatlichen Mitteln zum Bau von Arbeiterwohnungen. Sicherstellung und Verbilligung der Ernährung der Industriebevölkerung durch Aufhebung jeder Zoll- und Handelsabschnürung und durch dauernde scharfe Kontrolle der Preise durch die Organisationen der Arbeiterschaft.

7. Kampf gegen jede Ausnahmebestimmung für Nichtsaarländer, für Zurücknahme aller bisher getätigten Ausweisungen. Gegen die Denunzierung und den Abbau von deutschen Arbeitern und Beamten und deren Ersetzung durch französische, nationalistisch eingestellte Elemente. Entlassungen und Einstellungen nur unter Kontrolle der Arbeiter- und Beamtenorgane. Für Gleichstellung der einheimischen Beamten und Lehrer in ihrer Anstellung, Beförderung und Besoldung mit den französischen Beamten und Lehrern, diese müssen die deutsche Sprache beherrschen, bereits angestellte müssen zur Erlernung der deutschen Sprache verpflichtet werden. Kampf für die Zurückziehung des französischen Militärs.

8. Kampf gegen alle Versuche, das Proletariat in neue imperialistische Kriege zu stürzen. Kampf gegen den Sicherheitspakt, insbesondere: „Hände weg von Sowjetrußland"!

Zur Durchführung dieser für jeden Arbeiter selbstverständlichen Forderungen schlagen wir vor:

Sofortige Mobilisierung aller Organisationen der freien Gewerkschaften des Saargebiets durch die Bezirksleitung des ADGB.

Einberufung von Gewerkschaftsversammlungen.

Einberufung von öffentlichen Gewerkschaftsversammlungen.

Vorbereitung und Organisierung von Demonstrationen der Saararbeiterschaft durch den ADGB, die SPD und KPD.

Vorbereitung und Organisierung eines Kongresses der Saararbeiterausschüsse zur Mobilisierung der gesamten Saararbeiterschaft in den Betrieben, Hütten und Gruben.

Zur Führung dieses Kampfes auf breiter Grundlage ist es notwendig, daß eine rege Propaganda und Agitation für die Stärkung und Einheitlichkeit der freien Gewerkschaften national und international durchgeführt wird.

Zur Unterstützung dieser gewerkschaftlichen Agitation und zur Herstellung der einheitlichen gewerkschaftlichen Kampffront schlägt die Kommunistische Partei vor, für das Saargebiet ein gewerkschaftliches Einheitskomitee zu bilden, das die Aufgabe hat, den Bundesvorstand des ADGB zu veranlassen, sofort mit dem englisch-russischen Gewerkschaftskomitee in Verbindung zu treten.

Ferner schlagen wir vor, daß die Bezirksleitung des ADGB und das zu bildende gewerkschaftliche Einheitskomitee des Saargebiets eine Delegation nach Sowjetrußland entsendet, die nachprüft, inwieweit die Berichte der bürgerlichen, sozialdemokratischen und kommunistischen Presse über Sowjetrußland zutreffen.

IML-ZPA: I 3/24/28

Aufruf der KPD Bezirk Saargebiet an die werktätige Jugend an der Saar — 1. Juli 1931

Hunger, Elend, Not, Millionenerwerbslosigkeit, Youngausbeutung, Lohnlenkung, Unterdrückung und Entrechtung herrscht in der kapitalistischen Welt. In der Sowjet-Union kennt man keine Krise, dort gibt es keine Ausbeutung und Unterdrückung, die Erwerbslosigkeit ist liquidiert, der sozialistische Aufbau macht gewaltige Fortschritte. Erfolgreich wird der Fünfjahresplan in 4 Jahren durchgeführt. Vorwärts geht es auf allen Gebieten. Sozialistischer Aufstieg und kapitalistischer Niedergang charakterisieren die heutige Weltlage.

Schwer lasten die Auswirkungen der Krise in Deutschland und Frankreich auf den Werktätigen, die auch an der Saar besonders die arbeitende Jugend treffen. Durch Lohnabbau und Feierschichten, Kurzarbeit, Massenentlassungen, Einführung der Zwangsarbeit als eine weitere Kette in der Steigerung der Ausbeutung und des Antreibersystems. Verschärfung des faschistischen Kurses der Saarregierung, die das Produkt des Versailler Schand- und Raubvertrages ist, gestützt auf eine Notverordnung vom Jahre 1923, und der Anwendung des reaktionären Reichsvereinsgesetzes vom Jahre 1908, worin allen Jugendlichen bis zum 18. Lebensjahre verboten ist, an politischen Kundgebungen und Versammlungen teilzunehmen. Auf Grund dieses Vereinsgesetzes Verbot von öffentlichen Jugendversammlungen in Völklingen, Wehrden und Bous. Durch eine systematische Ausplünderung und Unterdrückung durch die deutsch-französischen Ausbeuter wollen sie die Krise auf Kosten der Werktätigen überwinden.

Gegen diese Hungeroffensive und politische Entrechtung organisieren wir die Jugendoffensive gegen alle Feinde der werktätigen Jugend. In dem Bergbau, in der Eisenindustrie, in den Kleinbetrieben und Kaufhäusern, sowie auf dem Lande wird gerade die Jugend am schwersten von diesen Maßnahmen betroffen.

Im Bergbau angetrieben, aufs letzte ausgebeutet, und von Ketten der Aufseher oder Steiger geschlagen, mißhandelt, mit schweren Strafen belegt. Durch das Steigen des Antreibersystems werden immer mehr die Sicherheitsmaßnahmen zum Schutze der jungen Bergarbeiter mißachtet. Täglich ereignen sich Unglücksfälle, wo junge Arbeiter Opfer dieses unmenschlichen Antreibersystems werden. Der junge Bergarbeiter verletzt, ihm wird das Abfahren verboten, ja sogar mit Bestrafung gedroht, wenn er es wagen sollte, trotz seiner Verletzung abzufahren. Es ereignen sich Fälle im Bergbau, daß junge Bergarbeiter, wenn sie am Schacht zur Ausfahrt stehen, von dem Steiger trotz ihrer Verletzung in die Abteilung zurückgejagt werden.

Als Lohn für die schwere Arbeit erhält der jugendliche Bergarbeiter wenige Franken, ja sogar wurden bei der letzten Lohnzahlung Jungarbeiter mit nichts nach Hause geschickt: das ist das Leben der jungen Bergkumpels. In der Schwerindustrie und Fertigungsindustrie nimmt die Ausbeutung immer schärfere Formen an. Dies kommt besonders zum Ausdruck, wo Jungarbeiter in Abteilungen der Erwachsenen gesteckt werden und dort dieselbe Arbeit verrichten müssen, aber bei gleicher Arbeitsleistung einen viel geringeren Lohn beziehen. In den Montageabteilungen, Konstruktionswerkstätten, Kesselschmieden, Gießereien und Federfabriken sind die jungen Arbeiter den Schikanen eines Monteurs ausgesetzt. In ihrer lebensgefährlichen Arbeit werden sie mit allerlei Schimpfworten bedroht, in vielen Fällen noch geschlagen. In den Kleinbetrieben, wo vorwiegend jugendliche Arbeiter und Arbeiterinnen beschäftigt sind, haben wir zu verzeichnen, daß sie dort 10, ja sogar 12 Stunden arbeiten müssen und dafür einen Stundenlohn von 50 Sts. bzw. 1 Fr. erhalten.

In den Kaufhäusern wurde der Lohnabbau durchgeführt, das Personal abgebaut; auch dort sehen wir eine Verschärfung der Methoden zur Ausbeutung der Jungangestellten. Vielfach müssen sie nach Geschäftsschluß noch Überstunden leisten, ohne dafür Lohn zu erhalten.

Auf dem Lande gilt für den jungen Landarbeiter die Parole: „4 Uhr aufstehen und ins Feld", geschuftet wie ein Stück Vieh und abgearbeitet, zurück aufs Gut und das Vieh gefüttert und dann kann er ins Bett, damit er am anderen Morgen wieder seine schwere Arbeit verrichten kann. Trostlos ist die Lage der Landarbeiterjugend. Durch die Verschärfung der Agrarkrise macht sich auch bei der Kleinbauernjugend eine rapide Verelendung bemerkbar.

8 000 Jungerwerbslose im Saargebiet. Tausende unter ihnen, die keinerlei Unterstützung beziehen. Dem Jungerwerbslosen von 14—16 Jahren wird keine Unterstützung gewährt, anderen Jungerwerbslosen wird die Unterstützung entzogen, wenn noch ein Ernährer in der Familie vorhanden ist. Der Jungerwerbslose von 16—18 Jahren erhält eine Unterstützung von 4 Frs. pro Tag, von 18—21 Jahren 6 Frs. pro Tag und über 21 Jahre 8 Frs. Die Regierungskommission hat die Pflichtarbeit eingeführt, wovon alle Erwerbslosen betroffen werden und jeder Erwerbslose wird gezwungen, seine Unterstützung abzuverdienen. Statt Unterstützung, Arbeit und Brot den Jungerwerbslosen und Jungwerktätigen zu geben, schmiedete die Regierungskommission neue Sklavenketten.

Nur die KPD und der KJBD haben in ihrem Arbeitsbeschaffungsplan für die 1,5 Millionen Erwerbslosen in Deutschland Wege zur Schaffung von Beschäftigung für jeden Werktätigen aufgezeigt und auch die Mittel ihrer Finanzierung nachgewiesen. Elend, Not und Ausbeutung auf der einen Seite, aber in der Sowjet-Union, die frei ist von Ausbeutung und Entrechtung, dort sind die Jungwerktätigen mit die Herren des Betriebs. Die jugendliche Arbeiterin und der jugendliche Arbeiter sind gleichberechtigt, für sie gilt die Losung: Gleichen Lohn für gleiche Arbeit.

In der Sowjet-Union hat der jugendliche Arbeiter von 14—16 Jahren den vierstündigen, von 16—18 den sechsstündigen Arbeitstag. Vierwöchentlichen bezahlten Erholungsurlaub, zwei Freifahrten in der Sowjet-Union. Jungarbeiterklubs und sonstige kulturelle Einrichtungen sind in den Dienst gestellt, um die Jugend auszubilden, ihre Entwicklung vorwärtszutreiben. Von Tag zu Tag verbessert sich die Lage der Jungarbeiter in der Sowjet-Union. Dort hat die Jugend eine Aufstiegsmöglichkeit. Dieses praktische lebendige Beispiel der Sowjet-Union trägt dazu bei, die werktätige Jugend der ganzen Welt zu überzeugen, daß nur der einzige Ausweg aus der kapitalistischen Barbarei der Befreiungskampf des werktätigen Volkes unter der Hegemonie des Proletariats, unter Führung der Kommunistischen Partei, die Beseitigung des Kapitalismus und der Aufbau des Sozialismus sein kann.
Die Saarjugend schmachtet unter dem Doppeljoch der deutsch-französischen Ausbeutung.

Für sie gilt es, den Kampf zu organisieren mit der deutschen und französischen Jugend gegen ihre gemeinsamen Ausbeuter. Keine Grenzen können uns hindern, das Kampfbündnis zu schließen; der Kapitalismus kennt auch keine Grenzen in der Ausbeutung. Nach wie vor steht die Saarjugend an der Seite der werktätigen Jugend Deutschlands im Kampf gegen Brüning-Diktatur, Notverordnung, gegen Völkerbundsregierung, für ein Sowjet-Deutschland.

Immer drohender wird die Gefahr eines Krieges gegen die Sowjet-Union. In der ganzen Welt wird gerüstet, Steigerung der Ausgaben für die Kriegsrüstung sind in allen Ländern zu verzeichnen. In Elsaß-Lothringen hat man die Garnisonen verstärkt. Das französische Militär lagert an der lothringischen Grenze. Im Falle eines Krieges gegen die Sowjet-Union sollen sie die Grenze überschreiten und das Saargebiet soll das Durchmarschgebiet der französischen Truppen werden.

Die deutsche und französische Jugend wird sich mit dem deutschen und französischen Proletariat zum Schutz der Sowjet-Union zu einem eisernen Block zusammenschließen, an dem die Kriegspläne der imperialistischen Kriegstreiber zerschellen. Der Kommunistische Jugendverband organisiert zum ersten Male im Saargebiet einen Kongreß aller Schichten der werktätigen Jugend am 11. und 12. Juli in Saarbrücken.

Gegen Lohnabbau, Feierschichten, Massenentlassungen und weitere Verelendung. Zeigte sich doch im Verlaufe der Kämpfe der Arbeiterschaft des Saargebietes gegen den Lohnabbau, daß die christlichen und reformistischen Gewerkschaftsbürokraten Hand in Hand mit Unternehmertum und Regierungskommission marschieren. Schändlich ist die Rolle der christlichen und reformistischen Jugendsektionen. Noch spielen sie sich als die

„Interessenvertreter“ der werktätigen Jugend auf. Sie sprechen von „Unterstützung“ und „Hilfe“, aber was machen sie in der Praxis? Nichts wurde ihrerseits unternommen, den Lohnabbau, der im Saargebiet in allen Industriezweigen durchgeführt wurde, abzuwehren. Man hat Entschließungen gefaßt und von der „Ungerechtigkeit“ des Lohnabbaus gesprochen, aber nicht gewagt, ein Wort des Kampfes zu sagen, viel weniger den Kampf gegen einen jeden Frs. Lohnabbau zu organisieren.

Sie begrüßen die Einführung der Zwangsschule und Pflichtarbeit. Als Begründung führen sie an, daß dies eine Maßnahme sei, um die Jugendlichen von der Straße zu bringen. Sie vor dem „sittlichen und moralischen Untergang zu retten“. In Wirklichkeit bedeutet es nichts anderes, als die Jungerwerbslosen abzuhalten vom Befreiungskampfe. Sie im nationalistischen, faschistischen und militärischen Sinne zu erziehen, um im Falle eines Krieges gegen die Sowjet-Union billiges Kanonenfutter zu haben, sie bei kommenden Wirtschaftskämpfen als Streikbruchgarden einzusetzen.

Jungwerktätige des Saargebiets ohne Unterschied eurer Organisationszugehörigkeit, parteilose, sozialdemokratische und christliche Jungarbeiter: Wir rufen Euch alle, aus Betrieb, Stempelstelle, Werkstatt, Kontor und vom Lande, zum gemeinsamen revolutionären Massenkampf. Seite an Seite mit unseren erwachsenen Klassengenossen müssen wir den Kampf auf allen Fronten organisieren.

Nur unter Führung des Kommunistischen Jugendverbandes, dieser revolutionären Jugendorganisation, werden wir siegen.

In allen Betrieben gilt es zu kämpfen gegen jene reformistischen und christlichen Arbeiterausschüsse, die zu feige sind, die Interessen der Jugend und der Arbeiter zu vertreten. An uns liegt es, uns eigene revolutionäre Jugendbetriebsvertrauensleute zu schaffen. Nur sie sind in der Lage, unsere Forderungen konsequent zu vertreten, sie sind unsere Interessenvertreter, deshalb schafft in allen Betrieben Jugendvertrauensleute. Wählt Kampfausschüsse der werktätigen Jugend gegen Lohnabbau, gegen jede wirtschaftliche, politische Unterdrückung und Entrechtung der werktätigen Jugend. Jungerwerbslosenausschüsse zu bilden, ist gegenwärtig eine wichtige Aufgabe, um in den Gemeinden den Streik gegen Pflichtarbeit und Zwangsschulen zu organisieren. Unter Führung des Kommunistischen Jugendverbandes und der Jugend-RGD organisieren wir den Kampf gegen unsere Peiniger und Ausbeuter. Nur der Kommunistische Jugendverband und die Jugend-RGD ist in der Lage, der werktätigen Jugend den Ausweg aus der Krise zu zeigen.

Keine kapitalistische Macht kann die kampfentschlossene Jugend hemmen und Streiks um Lohn und Brot gegen die Hungeroffensive des Kapitals zu organisieren. Vorwärts im Kampf gegen unsere Peiniger und Unterdrücker. Folgt dem Beispiel der russischen Jugend. Wir haben nur unsere Sklavenketten zu verlieren, aber eine neue sozialistische Welt zu gewinnen. Diese neue Welt ist das freie sozialistische Deutschland, für das die begeisterte, kampfentschlossene Jugend vorwärtsstürmt, immer bereit, ihr Leben einzusetzen.

Organisiert mit uns den Kampf für folgende Forderungen:

1. Arbeitszeit:

Für alle Jugendlichen von 14—18 Jahren sechsstündige Arbeitszeit, 34-Stunden-Woche und 44stündige Sonntagsruhe.

2. Urlaub:

Für alle Jugendlichen von 14—18 Jahren vier Wochen und von 19—21 Jahre drei Wochen bezahlten Urlaub. Jugendliche Arbeiter am Feuer und im chemischen Betrieb sechsstündige Arbeitszeit mit einer halbstündigen bezahlten Pause. Stellung von Kleidung und Schutzmitteln sowie Getränke in den genannten Betrieben.

3. Lohn:

Verringerung der Lohnspanne und gleicher Lohn für gleiche Arbeit. Bezahlung der Sonntagszulage in den gesundheitsschädigenden Betrieben. Bezahlung der Pausen und der Berufsschulzeit. Erhöhung der Bezüge der Lehrlinge. Bezahlung der Lehrlinge: im ersten Jahre 30 Prozent; im zweiten Jahre 50 Prozent; und im dritten Jahre 80 Prozent vom Facharbeiterlohn. Verbot einer jeglichen Bestrafung von jugendlichen Arbeitern und Arbeiterinnen. Erhöhung der Bezüge für Hausangestellte, Dienstmädchen, Laufmädchen, Arbeitsburschen usw. Beseitigung der Gehaltsstaffelung und Reduzierung der Gehaltsgruppen sowie Erhöhung des Lohnes bei den Jungangestellten. Beseitigung jeglicher Naturalentlohnung für jugendliche Landarbeiter und Landarbeiterinnen. Erhöhung des Arbeitslohnes für jugendliche Landarbeiter und Landarbeiterinnen bis zum Niveau des durchschnittlichen Realarbeiterlohnes der Jugendlichen in der Industrie.

4. Lehrlingsfrage:

Beseitigung aller privaten oder individuellen Lehrverträge. Ersetzung durch Kollektivverträge. Herabsetzung der Lehrlingszeit auf zwei Jahre, einschließlich der Probezeit. Höchstdauer der Lehrzeit drei Jahre. Bezahlung der Sozialversicherung durch den Lehrherrn. Verbot jeglicher Arbeit, die mit den Lehrvorgängen in keiner Verbindung steht. Gleichberechtigung und Koalitionsrecht der Lehrlinge in allen arbeitsrechtlichen Fragen.

5. Erwerbslosen:

Verbot der Entlassung nach Beendigung der Lehrzeit. Weiterbeschäftigung mindestens ein Jahr bei tariflicher Entlohnung. Verbot der Entlassung aus

Gründen der Arbeitseinschränkung und Entlassung aus anderen Gründen nur mit Zustimmung der Jugendvertrauensleute und der Betriebsausschüsse. Anerkennung der gewählten Jugendvertrauensleute in den Betrieben. Bezahlung der Gewerbslosen- und Wohlfahrtsunterstützung an alle jugendlichen Erwerbslosen ohne Unterschied des Alters. Beseitigung jeglicher Altersgrenze, Zahlung der Unterstützung, auch wenn noch beschäftigte Angehörige vorhanden sind. Bezahlung von Gewerbslosenunterstützung für die erwerbslosen Kleinbauernsöhne. Schaffung von Jugendaufenthaltsräumen und Jugendheimen. Verwaltung derselben durch den Vertrauensmann der Jungerwerbslosen. Beseitigung jeglicher Pflichtarbeit und Zwangsschule, Wiedereinreihung in den Produktionsprozeß und Arbeitsbeschaffung bei beruflichen Bedingungen.

6. Berufsschulen:

Verlegung der Berufsschulen in die Arbeitszeit und Bezahlung derselben. Schaffung von Schulvertrauensleuten, gewählt in Schülerversammlungen zur Aufstellung und Schaffung des Lehrplans, Beseitigung des Lehrfaches Lebenskunde sowie aller sonstigen Lehrgänge, die dem Interesse der Berufsschüler widersprechen. Verbot der nationalistischen und militaristischen Beeinflussung der Schüler durch das Lehrpersonal. Beseitigung der Prügelstrafen sowie alle anderen Bestrafungen, sofortige Beseitigung des Lehrpersonals, das sich Mißhandlungen den Schülern gegenüber erlaubt.

7. Jugendschutz und Jugendrecht:

Verbot jeder Nacht- und Sonntagsarbeit, Beteiligung der Jungarbeiter bei den betrieblichen, sozialpolitischen und sonstigen Vertretungen (Arbeiterausschüsse usw.). Erweiterung und Ausbau der gesetzlichen Bestimmungen für Betriebsschutz und sonstigen Vorschriften. Kontrolle durch die gewählten Jugendvertrauensleute. Beseitigung der Jugendfürsorgeerziehung. Beseitigung jeglicher Verbote der Teilnahme an politischen und gewerkschaftlichen Veranstaltungen und Betätigungen.

Gegen imperialistischen Krieg und Kriegsführung.

Gegen das Doppeljoch der deutsch-französischen Ausbeutung.

Gegen die Völkerbundsregierung und aller sonstigen aus dem Versailler Diktat sich ergebenden Bestimmungen.

Gegen das reaktionäre Reichsvereinsgesetz vom Jahre 1908.

Gegen den National- und Sozialfaschismus.

Gegen den Polizeiterror, gegen Jugendausbeutung und Entrechtung.

Für die Verteidigung der Sowjet-Union.

Für den gemeinsamen Kampf der jungen und erwachsenen Arbeiter.

Für die Streikfreiheit aller Jugendlichen und Lehrlinge.

Für den revolutionären Klassenkampf.
Für den Volkssturm gegen den Faschismus.
Für das nationale und soziale Befreiungsprogramm der KPD.
Für die Volksrevolution zur Errichtung eines Sowjet-Deutschlands.

Arbeiter-Zeitung, Nr. 127, vom 1. Juli 1931

Arbeitsbeschaffungsplan der KPD für das Saargebiet — 3. Juli 1931

Wir kämpfen für Brot und Arbeit für alle Werktätigen
Schließt euch zusammen gegen die Hunger- und Katastrophenpolitik des bankrotten kapitalistischen Systems

Am 26. Januar 1931 fanden Besprechungen der Regierungskommission mit Vertretern der volksfeindlichen Parteien: des Zentrums, deutsch-saarländische Volkspartei und der SPD statt. Das Ergebnis der Besprechung über „Arbeitsbeschaffung für die Saar", waren hohle Phrasen der Volksfeinde. Bis heute ist noch kein Schritt zur produktiven Arbeitslosenfürsorge unternommen worden. Während Geld vorhanden ist für Riesengehälter, für die Unterhaltung des staatlichen Unterdrückungsapparates: Polizei und Gerichte, währenddessen ist kein Geld da, um den fast 30 000 Erwerbslosen an der Saar, das nackte Leben, die notdürftigste Existenz für sich, ihre Frauen und Kinder zu sichern. Man kürzte ihnen durch die Regierungskommission ihre erbärmliche Unterstützung um weitere 10 Prozent. In dieser Situation proklamiert die KPD, Bezirk Saar, auf der Grundlage des Arbeitsbeschaffungsplans unseres Zentralkomitees, einen Arbeitsbeschaffungsplan für das Saargebiet.

Nur die Kommunisten vermögen einen solchen praktischen Ausweg aufzuzeigen, weil sie sich allein als einzige antikapitalistische Partei nicht um den Profit der Kapitalisten, sondern um die Interessen des arbeitenden Volkes kümmern. Der Arbeitsbeschaffungsplan der KPD wird zum Kampfprogramm der Werktätigen. Er ist ein Lichtblick und eine Waffe im großen Ringen zweier Klassen: Unterdrückte und Unterdrücker.

Die Kommunisten trommeln zur Volksaktion für Brot, Arbeit und Freiheit gegen die Hungeraktion der Volksfeinde.

Die Kommunisten zeigen den Hungernden den Weg!

Fast 30 000 Arbeiter in Stadt und Land schmachten unter der Geißel der Arbeitslosigkeit, dem sichtbarsten Zeichen der ausweglosen kapitalistischen Krise. Die Versprechungen auf Arbeitsbeschaffung durch die Völkerbundsregierung wurden nicht erfüllt. Von neuem schwillt die Arbeitslosigkeit an: Massenentlassungen im Bergbau, Schwer- und Fertigindustrie, Betriebsstillegungen sind angekündigt in: Dillingen, Burbach, Brebach und Neunkirchen. Dazu kommt die steigende Kurzarbeit in einer Reihe von Betrieben, die die Hungerlöhne um ein weiteres herabdrückt.

Gegen die wahnsinnige Katastrophenpolitik, die Räuberplage der Trust- und Finanzgewaltigen, die Hungerdiktatur der Völkerbundsregierung, setzen die Kommunisten ihren Arbeitsbeschaffungsplan, der den hungernden Massen Arbeit und Brot geben kann.

Die Kommunisten fordern folgende Maßnahmen und rufen die unterdrückten Massen auf, im revolutionären Volkskampf in Stadt und Land die Forderungen in die Tat umzusetzen.

1. Ausnutzung der vorhandenen Arbeitsmöglichkeiten

1. Herabsetzung der Maximalarbeitszeit auf 7 Stunden täglich bzw. 40 Stunden pro Woche bei Zahlung des vollen Lohnausgleichs. Für Bergarbeiter und Arbeiter in gesundheitsschädlichen Betrieben sowie für Jugendliche, die Einführung des sechsstündigen Arbeitstages. Jede Leistung von Überstunden ist verboten.

Trotz Massenerwerbslosigkeit arbeiten Tausende Arbeiter und Angestellte zur Zeit über 48 Stunden pro Woche. Eine Verkürzung der Arbeitszeit auf 7 bzw. 6 Stunden schafft freie Arbeitsplätze für viele Tausende von Arbeitslosen.

Gewaltig ist die Zahl der arbeitslosen Angestellten. Von den 18 000 Angestellten, die im Betrieb sind, arbeitet der größte Teil über 8 Stunden am Tag. Durch Verkürzung des Arbeitstages könnten zirka 4 000 erwerbslose Angestellte Arbeitsmöglichkeiten erhalten.

Etwa 15 000 Jugendliche sind zur Zeit beschäftigt. Die Verkürzung des Arbeitstages auf 6 Stunden kann für etwa 3 000 Jugendliche Arbeitsmöglichkeiten bieten.

2. Tausende alter, längst pensionsfähiger Arbeiter hindern die zur Zeit geltenden gesetzlichen Bestimmungen und die Furcht vor den Hungerrenten in der Sozialversicherung, aus dem Produktionsprozeß auszuscheiden. Die Altersgrenze in der Invaliden- und Knappschaftsversicherung ist deshalb auf 60 Jahre herabzusetzen und all den Arbeitern, die dieses Alter erreicht haben, freizustellen, aus den Betrieben auszuscheiden. In gleicher Zeit ist die jetzt geltende Invalidenrente von durchschnittlich 211,40 Frs. im Monat auf 600 Frs. zu erhöhen. Für alle zuschlagberechtigten Angehörigen ist ein monatlicher Zuschlag von 150,— Frs. zu zahlen.

Die Berufsunfähigkeitsgrenze ist von 66⅔ auf 50 Prozent herabzusetzen. Alle Arbeiter über 50 Jahre haben bei Erreichung dieser Berufsunfähigkeitsgrenze Anspruch auf Pensionierung und Pension in der Höhe der vorgenannten Sätze.

Von den 12 000 Personen, die im Produktionsprozeß tätig sind und das Alter von 50 Jahren bereits überschritten haben, würde sich bei Erhöhung der Altersgrenze die große Mehrzahl einverstanden erklären, ihre Arbeitsplätze den Arbeitslosen zur Verfügung zu stellen.

Anspruch auf Altersrente haben auch Kleinbauern und Kleinhandwerker, soweit der Besitz des Kleinbauern eine Ackernahrung nicht übersteigt und das jährliche Durchschnittseinkommen des Kleinhandwerkers dem jährlichen Durchschnittseinkommen eines qualifizierten Arbeiters der betreffenden Industriegruppe entspricht. Die notwendigen Mittel sind durch Zuschuß der Regierungskommission bereitzustellen.

3. Wiederherstellung der durch Lohnabbaumaßnahmen des Unternehmertums gekürzten Löhne.

Durch den bereits vollzogenen Lohn- und Gehaltsraub ist das Gesamteinkommen der Arbeiterklasse um 150 Millionen Franken verringert worden. Der Lohnausfall durch Kurzarbeit beträgt etwa 20 Millionen Franken. Die Wiederherstellung des vollen Lohneinkommens der Arbeiterklasse würde die Konsumkraft des Proletariats um 310 Millionen Franken erhöhen und damit zusätzliche Beschäftigung für die Arbeitslosen schaffen.

4. Anträge auf Stillegung und Einschränkung der Betriebe, die Vornahme von Entlassungen von Arbeitern und Angestellten zum Zwecke der weiteren Rationalisierung, Herabsetzung der Löhne und Verschlechterung der Arbeitsbedingungen sind untersagt. In allen Fällen, wo Betriebsstillegungen aus vorgenannten Gründen durchgeführt sind, sind diese rückgängig zu machen.

5. Alle freiwerdenden Arbeitsplätze sind den Arbeitsämtern zu melden. Die Arbeitsvermittlung erfolgt durch die Arbeitsämter unter Kontrolle der von Erwerbslosen und Betriebsarbeitern in halbjährlichem Turnus zu wählenden Vertrauensmänner.

2. Schaffung neuer Arbeitsmöglichkeiten

Zur Schaffung weiterer Arbeitsmöglichkeiten ist folgendes durchzuführen:

1. Erweiterung des Wohnungsbauprogramms um 5 000 Wohnungen jährlich. Nach den amtlichen Angaben fehlen mehr als 15 000 Wohnungen. In dem Etat der Regierungskommission ist nichts vorgesehen für Wohnungsbau. Auch in den Landgemeinden und Städten sind fast keine Mittel vorgesehen, die entsetzliche Wohnungsnot zu beheben. Um der dringenden Wohnungsnot zu steuern, müssen jährlich mindestens 5 000 Wohnungen mehr gebaut werden.

Da die Herstellung einer Arbeiterwohnung durchschnittlich 50 000 bis 60 000 Franken kostet, würde eine Summe von 275 Millionen Franken ausreichen, um die zusätzlichen Wohnungen zu erstellen. Bei Erfüllung dieses Bauplanes könnten gegen 8 000 Bauarbeiter das ganze Jahr Beschäftigung erhalten.

Die unhygienischen, oft menschenunwürdigen Wohnungen der Landarbeiter und Kleinbauern müssen bevorzugt durch Wohnungen, die den Anforderungen der Hygiene entsprechen, ersetzt werden.

Ebenfalls ist die systematische Sanierung der Elendsquartiere in den Kommunen durch Beseitigung der Altstädte, der alten Häuser und Straßen zu betreiben. Eine Neuaufschließung dieser Stadtteile durch Neubauten einwandfreier Arbeiterwohnungen, Straßen, Kanalisierung, Grünflächen, ist sofort in Angriff zu nehmen.

2. Sofortige Inangriffnahme der bisher immer wieder aufgeschobenen Erneuerungsarbeiten bei den Saarbahnen und den sonstigen öffentlichen Verkehrseinrichtungen. Durchführung der Elektrifizierung der Eisenbahn im Industriebezirk. Bau eines Kraftwerkes, das die Bahn mit genügend Elektrizität versorgt. Sofortige Inangriffnahme des Baues der Ostertalbahn.

Die Betriebssicherheit der Eisenbahn ist durch die Vernachlässigung des 500 Kilometer erneuerungsbedürftigen Oberbaues außerordentlich gefährdet. Eine Anzahl der Eisenbahnbrücken, Tunnels und ähnlicher Bauten sind aus gleichen Gründen dringend reparaturbedürftig. Außerordentliche Rückstände zeigen sich in den Reparaturarbeiten an Fahrzeugen und sonstigem rollenden Material. Trotzdem hat die Eisenbahndirektion die Hauptwerkstätte Saarbrücken geschlossen und Handwerker aus anderen Werkstätten in die Rotte versetzt.

Die Inangriffnahme dieser Arbeiten würde ermöglichen, daß die bereits abgebauten Eisenbahnarbeiter wieder eingestellt und einer Reihe von Industriezweigen große, neue Aufträge erteilt werden können. Die Ausgaben für diese Zwecke sind auf 250 bis 300 Millionen anzusetzen, die in 5 Jahren zu vollenden sind.

3. Sofortige Instandsetzung der Straßen; Ausbau des Straßennetzes; Bau besonderer großer Durchgangsstraßen für die raschere und staubfreie Abwicklung des Auto-, Güter- und Personenverkehrs.

In fast allen Teilen des Saargebietes sind die Kreisstraßen in einem außerordentlich schlechten Zustand. Für den gesteigerten Verkehr reicht das vorhandene Straßennetz bei weitem nicht aus. Zur Durchführung dieser Arbeiten müßten etwa 50 Millionen Franken bereitgestellt werden.

4. Durchführung von Arbeiten zur Eindeichung und Regulierung bzw. Kanalisierung der Saar, Blies, Oster und Prims zur Behebung der Wasserschäden.

5. Durchführung von Meliorationen:

Entwässerung oder Bewässerung zur Fruchtbarmachung brachliegender Flächen. Beseitigung des Sumpfgeländes unter finanzieller Heranziehung der Grubenverwaltung.

6. Bau von Krankenhäusern und Heimstätten, Erholungs- und Kinderheimen.

7. Bau von gemeindeeigenen Arbeitersiedlungen.

8. Errichtung von gemeindeeigenen Sport- und Spielplätzen, Turn- und Schwimmhallen, Grünflächen und Parkanlagen in den Arbeitervierteln.

Alle auf der Grundlage dieses Arbeitsbeschaffungsplanes durchzuführenden Arbeiten müssen zu den tariflichen Löhnen erfolgen. Durchführung von Zwangsarbeit für Unterstützungsempfänger aller Art ist verboten. Allen Beschäftigten ist ohne Unterschied, ob Mann, ob Frau, der gleiche Lohn für gleiche Arbeit zu zahlen.

3. Die Finanzierung der Arbeitsbeschaffung

Alle Forderungen der Kommunisten im Landesrat, den Stadt- und Gemeinderäten, auf Beschaffung neuer Arbeitsmöglichkeiten, hat die Regierungskommission, alle bürgerlichen Parteien mit Einschluß der Sozialdemokratie, stets mit der Ausrede abgelehnt, daß Geldmittel für die Durchführung nicht vorhanden seien. Die steuerliche Erfassung der großkapitalistischen Betriebe in der Schwer- und Fertigindustrie, in der Baubranche und besonders die französische Grubenverwaltung, sind fast völlig verschont und erhielten nachweislich Steuerstundungen und Rückvergütungen. Nur für Arbeitsbeschaffung ist angeblich „kein Geld da".

Wir fordern deshalb:

1. Streichung aller Ausgaben für die militarisierte Polizei. Dabei können 30 Millionen Franken frei werden.

2. Kürzung der Gehälter und Pensionen der oberen Beamten und Angestellten in öffentlichen Stellen, soweit sie den Betrag von 30 000 Franken jährlich übersteigen. Dabei können gut 100 Millionen Franken frei werden.

3. Streichung aller Staats- und Gemeindezuschüsse an die verschiedenen Kirchen, kirchlichen Unternehmungen oder Verbände. Die Gesamthöhe dieser Zuwendungen überschreitet jährlich 50 Millionen Franken.

Soweit über diese Beträge hinaus zur Finanzierung der geforderten Arbeiten noch Gelder benötigt werden, sind sie wie folgt zu beschaffen:

1. Erhebung einer Millionärsteuer, d. h. einer einmaligen Sondersteuer auf alle Vermögen von natürlichen und juristischen Personen, soweit dieses

200 000 Franken übersteigt, in Höhe von 10 Prozent. Der Ertrag beträgt rund 100 Millionen Franken.

2. Besteuerung von Dividende und Aufsichtsratstantiemen in Höhe von 20 Prozent. Damit würden 10 Millionen Franken aufgebracht werden.

3. Eine Sondersteuer auf die großen Einkommen über 50 000 Franken jährlich in Höhe von 10 Prozent, das würde 20 Millionen Franken einbringen.

4. Offenlegung der Steuerlisten. Aufhebung des Bankgeheimnisses zur Verhinderung der Steuerhinterziehung und der Kapitalflucht. Beschlagnahmung aller Vermögen der Besitzenden, die Kapital ins Ausland verschieben.

Durch diese Maßnahmen könnte der ungeheuerlichen Steuerhinterziehung der Reichen entgegengearbeitet und ein Betrag von etwa 50 Millionen Franken erbracht werden.

4. Der Kampf für unseren Arbeitsbeschaffungsplan

Gegen diesen Plan von Beschaffung von Arbeitsmöglichkeiten für viele Tausende Arbeiter an der Saar, wird die Kapitalistenklasse verzweifelt ankämpfen, weil dabei die Profite der Kapitalisten ausgeschaltet sind. In diesen Kämpfen werden die Führer der Sozialdemokratie und der reformistischen Gewerkschaften, die Führer des Zentrums und der christlichen Gewerkschaften an der Seite der Industriekapitäne und Bankfürsten stehen.

Das zehntausendfache Heer der Arbeitslosen und Betriebsarbeiter wird mit den Kommunisten einer Auffassung sein, daß dieser Plan der Arbeit der einzige ist, der das ungeheure Elend der Erwerbslosigkeit lindern kann.

Die Politik der fremdländischen Regierungskommission steigert aber das Massenelend ins Maßlose. Bei einer Erwerbslosigkeit im Januar 1928 von 4 450 nach einem Bericht des statistischen Amtes, sind heute fast 30 000 Arbeitslose vorhanden. Die Regierungskommission hat aber unter Hinzuzug ihrer Reserven nur 36 Millionen Franken für Erwerbslosenfürsorge zur Verfügung gestellt, obwohl sie selbst zugeben muß, daß die Summe von 50 Millionen Franken bei steigender Arbeitslosigkeit bei weitem nicht ausreicht. Die von uns errechneten Summen für die Arbeitsbeschaffung sind gedeckt durch unseren Finanzierungsplan, zuzüglich der 300 Millionen Franken, die auf französischen Banken zu Zwecken der imperialistischen Aufrüstung zu einem Zinsfuß von zwei Prozent liegen. Anstatt einer produktiven Erwerbslosenfürsorge zu schaffen, hat man den Arbeitslosen weitere 10 Prozent von der erbärmlichen Unterstützung gerissen. Die Kapitalistenklasse mit ihrer Völkerbundsregierung lassen kaltblütig die Opfer ihrer Profitsucht, ihres Unvermögens, ihrer Bankrottwirtschaft zu Grunde gehen.

Das Arbeitsamt, an dessen Spitze der sozialdemokratische Ministerialrat Schäfer und der Zentrumsminister Koßmann stehen, haben, anstatt den Erwerbslosen Arbeit zu verschaffen, eine durchaus faschistische Zwangsarbeit eingeführt, nach der die Arbeitslosen zur schlimmsten, unterbezahlten Sklavenarbeit gezwungen werden. Die ausgemergelten Erwerbslosen, deren Kräfte durch jahrelange Hungerkuren geschwunden sind, sollen obendrein durch die Pflichtarbeit völlig zugrunde gerichtet werden.

Die Führer aller volksfeindlichen Parteien und Gewerkschaften haben der Regierung als „Ausweg" die Aufnahme von Auslandsanleihen empfohlen, deren Tilgung und Verzinsung nochmals von den Massen getragen würden. Als einen weiteren „Ausweg" wollten diese Führer die Herabsetzung der Arbeitszeit auf 40 Stunden in der Woche ohne Lohnausgleich. Den Weg, den die Kommunisten zur Linderung der Arbeitslosigkeit zeigen, ist der Weg der Arbeitsbeschaffung und die Verringerung der Arbeitszeit auf 40 Stunden mit vollem Lohnausgleich.

Die reformistischen und christlichen Volksverderber, die in Youngdeutschland die kapitalistische Ausbeutung aggressiv unterstützen und für die Erfüllung des Youngplans auf Kosten der deutschen Werktätigen sind, aber sich wie bissige Hunde dem brüderlichen Kampfbündnis der Betriebstätigen und der Erwerbslosen, gegen das ausbeuterische Kapital widersetzen, dieselben sind an der Saar die sozialen Stützen der deutsch-französischen Kapitalisten und die Preisboxer der fremdländischen Regierungskommission.

Das aktive Kampfbündnis der Arbeitslosen und der Betriebsarbeiter ist jedoch die Voraussetzung des Sieges über das volksfeindliche System. Dieses brüderliche Bündnis wird die Hungeraktion der Volksausplünderer durch die vereinte Massenkraft des gesamten Volkes zerschlagen. Die KPD richtet daher ihren Appell an die Massen des Proletariats und alle Werktätigen in Stadt und Land, unbeschadet ihrer politischen und gewerkschaftlichen Zugehörigkeit. Kämpft gemeinsam mit uns für diesen Plan, der Tausenden darbenden Proletariern Arbeit, Frauen und Kindern Brot schafft. Die ausgebeuteten Massen an der Saar werden erkennen, daß der Kampf um diesen Plan Schulter an Schulter mit den Millionen Arbeitern und Erwerbslosen im übrigen Deutschland geführt werden muß. Keine Schranken, die von den Siegermächten nach dem imperialistischen Weltgemetzel aufgerichtet wurden, können uns hindern, in gemeinsamer Volksfront von der französischen bis zur polnischen Grenze die Volksaktion gegen den gemeinsamen Feind, die Ausbeuter, zu führen. Mit Stolz verweisen die Werktätigen auf die Sowjet-Union, das Land der siegreichen Oktoberrevolution, wo alle Schmarotzer und Kapitalisten zum Teufel gejagt wurden, wo die Arbeiter und Bauern den Staat beherrschen, dort gibt es keine Erwerbslosigkeit. Dort geht es unaufhörlich aufwärts, dort geht ein industrieller, sozialer und kultureller grandioser Aufstieg vor sich. Der

Siebenstundentag und die viertägige Arbeitswoche mit vollem Lohnausgleich ist eingeführt. Der Reallohn steigt von Monat zu Monat.

Mit dem Aufbau des Sozialismus wird eine wirklich umfassende Sozialfürsorge geschaffen, — deutlicher kann man den Triumph der sozialistischen Planwirtschaft über das bankrotte kapitalistische System nicht beleuchten. Die sozialistische Überlegenheit über den auf Ausbeutung und Entrechtung beruhenden Kapitalismus wird mit jedem Tag offensichtlicher. Der Triumphzug des Sozialismus unter der siegreichen Führung der KPSU wird die Unterdrückten der kapitalistischen Länder anfeuern, dem Vorbild der Arbeiter und Bauern der Sowjet-Union zu folgen.

Der Arbeitsbeschaffungsplan für das Saargebiet ist ein unlöslicher Bestandteil des Arbeitsbeschaffungsplanes der KPD für Youngdeutschland. In einer Front stehen die saarländischen Arbeiter in einem durch das Versailler Raubdiktat auf 15 Jahre besetzten Gebiet mit den Klassenbrüdern im übrigen Deutschland. Gemeinsame Not leiden sie! Gemeinsamer Kampfeswille beherrscht sie für ein Ziel: Sowjet-Deutschland!

Deutsche Arbeiter, Werktätige in Stadt und Land! Begreift, daß keine Parteischranke euch in diesem Kampf um Brot und Arbeit trennen darf. Wir rufen euch alle, vom Betrieb und Nachweis, von der Scholle und vom Bürosessel, zum gemeinsamen revolutionären Kampf für diesen Plan der Arbeit!

Begreift aber auch, daß ihr alle vom Kapital ausgeraubt und ausgesaugt werdet, daß nur der revolutionäre Massenkampf gegen die Bourgeoisie, gegen den Faschismus und ihre sozialdemokratischen Lakaien den darbenden Millionen deutscher Arbeiter Brot und Arbeit bringen kann. Im Verlauf dieses Kampfes werden Millionen deutscher Arbeiter erkennen, daß der Kampf um Brot zu gleicher Zeit der Kampf um Macht ist.

Sie werden ebenso erkennen, daß Kampf um Arbeit und Brot bedeutet: Kampf für Eroberung der Herrschaft des Proletariats, für den Sozialismus, für die Volksrevolution, zur Errichtung eines Sowjet-Deutschlands!

Arbeiter-Zeitung, Nr. 129 vom 3. Juli 1931

Programmerklärung zur nationalen und sozialen Befreiung des deutschen Saarvolkes — 20. September 1931

Die Bezirksleitung Saargebiet der Kommunistischen Partei Deutschlands hat einstimmig beschlossen, auf der Grundlage der Proklamation des ZK der KPD sich in einer programmatischen Erklärung zur sozialen und nationalen Befreiung an das deutsche Saarvolk zu wenden. Diese Programmerklärung hat eine weit über den Rahmen des Völkerbundsgebietes hinausgehende Bedeutung. Sie ist ein wahrhaft historisches Dokument und wegweisend für den Befreiungskampf des unterdrückten, entrechteten, von deutschen und französischen Kapitalisten ausgebeuteten Saarvolkes.

Während die Sozialdemokratie in einem Aufruf die kapitalistische Notgemeinschaft mit der eigenen und fremden Bourgeoisie, mit der fremdländischen Saarregierung fordert, zur gemeinsamen Ausplünderung der hungernden Massen an der Saar mit dem Ziel, die bestehenden Jammerzustände aufrechtzuerhalten und zu verewigen, plärren die Nazis in volksbetrügerischen Phrasen über ein nebelhaftes „Drittes Reich", das in Wirklichkeit schlimmer aussehen würde, als das gegenwärtige Elend. Im Gegensatz zu den notorischen Volksfeinden verschweigen wir Kommunisten nichts, aber versprechen auch nichts, was wir nicht unbedingt halten werden. Jeder Arbeiter, jede Arbeiterin, jeder Jungprolet, jeder Angestellte, jeder kleine Beamte, jeder notleidende Mittelständler in der Stadt, jeder werktätige Bauer auf dem Land, jeder schaffende Mensch soll sich von der Klarheit über unser Ziel überzeugen. Der einzige Ausweg aus der Katastrophe, die Rettung des werktätigen Volkes — das ist Sowjet-Deutschland!

Wir rufen die Volksmassen auf, an Stelle der von den Sozialdemokraten zur „Rettung" des bankrotten Kapitalismus geforderten kapitalistischen „Notgemeinschaft"? zur roten Selbsthilfe, zum Kampf für Arbeit, Land, Brot und Freiheit!

Proklamation der Bezirksleitung Saar der KPD

Die werktätigen Massen des Saargebietes gehörten im alten wilhelminischen Deutschland zu den am stärksten ausgebeuteten, ausgeplünderten und unterdrückten Schichten des werktätigen deutschen Volkes. Im Saargebiet diktierten uneingeschränkt die Kohlen- und Eisenmagnaten im Bunde mit dem Gewaltapparat der halbabsolutistischen Preußenregierung. Das Saargebiet war das Reich des ungekrönten Königs Stumm, ein Hort der finsteren Reaktion. Mit allen Mitteln der Korruption, der Bestechung, der gewaltsamen Unterdrückung, der kulturellen Niederhaltung, durch ein System von Spitzeln und Provokateuren, versuchte man das werktätige Volk im Saargebiet unter der Führung der reaktionären Parteien, des Zentrums und der Nationalliberalen zu halten, jede selbständige Bewegung in der Arbeiterschaft im Keime zu ersticken.

Die furchtbaren Greuel des imperialistischen Krieges, die brutale Säbeldiktatur, die auf dem Saargebiet besonders drückend lastete, führte die Arbeitermassen zur Erhebung. Sie sprengten die Fesseln, mit den im wilhelminischen Deutschland das werktätige Volk des Saargebietes geknechtet war. Im November 1918 flatterte die rote Fahne von Zechentürmen und Fabrikschloten. Aber schon nach wenigen Tagen zogen die Gendarmen des französischen Imperialismus in das Land. Mit Panzerautos, Maschinengewehren und Bajonetten ging es gegen die Proletarier des Saargebietes, um die „Ordnung" wieder herzustellen, um die Ausbeutung durch die Röchling-Stumm & Co. und durch das profitgierige französische Finanzkapital zu sichern.

Durch den Verrat und das Blutregime der Sozialdemokraten, der Ebert-Scheidemann-Noske-Severing wurde in Deutschland die Erhebung der revolutionären Arbeiterschaft gegen den verbrecherischen Kapitalismus niedergeschlagen, der Widerstand gegen den räuberischen Imperialismus der französischen Bourgeoisie, Seite an Seite mit dem siegreichen Proletariat in der Sowjetunion unmöglich gemacht und das Saargebiet der brutalen Militärdiktatur des siegreichen französischen Imperialismus ausgeliefert.

Mit blutigem Terror, mit Korruption und Bestechung, mit Drohungen und Versprechungen, mit „Zuckerbrot" und Peitsche, versuchte der französische Imperialismus das Proletariat des Saargebietes für sich zu gewinnen. Fast bis zum letzten Mann stand das werktätige Volk im Saargebiet gegen alle Lockungen und Drohungen des französischen Finanzkapitals.

Stets bereit, Seite an Seite mit dem übrigen deutschen Proletariat für die Befreiung von der mörderischen Herrschaft des Kapitalismus zu kämpfen. Im Kampfe gegen das Doppeljoch des französischen und deutschen Kapitals bildete und entwickelte sich im Saargebiet eine starke Kommunistische Partei, die immer zielbewußter und kraftvoller die besten Teile der Arbeiterschaft, der Angestellten, der ausgebeuteten Mittelschichten und Bauern um die Fahne der Revolution sammelte.

Am Widerstand des Saarproletariats scheiterte der Versuch des französischen Imperialismus, das Saargebiet loszureißen und endgültig seiner Macht einzuverleiben. Im Jahre 1920 trat an Stelle der französischen Militärdiktatur das Kolonialregime durch den „Völkerbund", der die Regierungskommission einsetzte. Nach einer kurzen Zeit des Scheinkampfes begann immer offensichtlicher und klarer das Zusammenarbeiten zwischen den deutschen und französischen Kapitalisten zur Verschärfung der Ausbeutung in den Kohlenbergwerken, Eisenhütten sowie in der gesamten Industrie. Minister und Regierungspräsidenten haben gewechselt, Engländer, Franzosen usw. lösten einander ab. Aber immer waren es solche, die als Staatsfunktionäre ihrer kapitalistischen Länder ihre Fähigkeit als Kolonialvögte bewiesen hatten.

Das Völkerbundregime wurde „demokratisiert", als die siegreichen französischen Imperialisten erkannt hatten, daß die Zentrumsführer und die sozialdemokratischen sowie die Führer der Deutsch-Saarländischen Volkspartei bereit waren, nicht nur dem einheimischen deutschen, sondern auch dem fremden ausbeuterischen Kapital Lakaiendienste zu leisten.

Sozialdemokraten wurden Regierungsräte, Zentrumsleute wurden Arbeitsminister, und das Doppeljoch wurde von Tag zu Tag drückender und brutaler. Zentrum, Sozialdemokraten und DSV versuchen, sich dem werktätigen Volk des Saargebiets als Kämpfer für die „nationale" Befreiung hinzustellen, aber Zentrum und Sozialdemokratie haben durch einen gemeinsamen blutigen Bürgerkrieg, durch das Abschlachten von Tausenden revolutionären Arbeitern die proletarische Revolution in Deutschland in den Jahren 1918, 1919 erwürgt.

Sie haben den Versailler Raubvertrag unterzeichnet, sie schlossen den Dawesvertrag und das Youngabkommen. Zentrum und Sozialdemokratie wie alle bürgerlichen Parteien waren und sind im Saargebiet die unterwürfigsten Büttel des französischen Imperialismus und des Völkerbundregimes.

Zentrum und Sozialdemokratie schlossen den Locarno-Vertrag mit dem französischen Imperialismus, sie stehen in Deutschland an der Spitze bei der Vorbereitung des Krieges gegen die Sowjet-Union unter der Führung des deutsch-französischen Imperialismus. Sozialdemokratie und Zentrum arbeiten Hand in Hand, um aus dem werktätigen Volke Deutschlands nicht nur den Profit der deutschen Kapitalisten herauszupressen, sondern dazu die Milliarden für die ausländischen imperialistischen Räuber. Sind sie für ganz Deutschland die willfährigen Lakaien der Doppelausbeutung, so sind sie es für das Saargebiet doppelt und dreifach. Zentrum und Sozialdemokraten sind heute in Deutschland zusammen mit den Nationalsozialisten die aktivsten Kräfte der faschistischen Diktatur zur Aufrechterhaltung der doppelten Ausbeutung der werktätigen Massen durch das inländische und ausländische Kapital.

In der ganzen Welt wird die kapitalistische Wirtschaft von einer furchtbaren Krise erschüttert, die den Prozeß des Niederganges und der Fäulnis des Kapitalismus außerordentlich beschleunigen, die die Klassengegensätze immer ungeheurer zuspitzt und die Aufrechterhaltung der Ausbeuterherrschaft bedroht. In allen kapitalistischen Ländern wird infolge dieses Prozesses die wirtschaftliche und politische Unterdrückung der werktätigen

Massen verschärft, geht die Bourgeoisie überall zu Methoden der faschistischen Unterdrückung über. Die Bourgeoisie schafft sich zu diesem Zweck neben ihren Parteien und Organisationen, die selbst einen faschistischen Charakter annehmen, neue nationalistische Mordorganisationen. In Deutschland spielt diese Rolle die sogenannte „Nationalsozialistische Arbeiterpartei", die mit verlogenen nationalen und sozialen Phrasen die Radikalisierung der werktätigen Massen an das Monopolkapital fesseln soll.

Auch im Saargebiet hat diese Gesellschaft des organisierten Streikbruches und des organisierten Arbeitermordes unter dem Schutz der deutschen und fremden imperialistischen Ausbeutung ihre Mordarbeit aufgenommen.

Überall betätigen sie sich als die schamlosesten Zuhälter des „raffenden" wie des „schaffenden" Kapitals. Sie sind für die Kopfsteuer, fordern immer höhere Zölle, sind Vorkämpfer des Lohn- und Gehaltsabbaues, aktive Streikbrecher; sie versuchen in den Betrieben selbst Organisationen im Auftrage der Kapitalisten zu bilden, werden von der Bourgeoisie bewaffnet und kämpfen mit Gewehr, Revolver und Dolch, geduldet und unterstützt von der Polizei, einen mörderischen Kampf gegen das revolutionäre Proletariat.

Diese Nationalsozialisten, die im Auftrage des ganzen Industriekapitals ihre Mordarbeit am werktätigen Volke verrichten, haben durch ihren Führer Adolf Hitler nach ihrem Wahlsieg vom 14. September 1930 auch dem ausländischen imperialistischen Kapital ihre Lakaiendienste angeboten.

Hitler erklärt, daß er die Raubverträge nach Übernahme der Macht durch seine Partei achten werde. Er gibt die Parole aus, über die nationale Unterdrückung der Deutschen in Südtirol durch den italienischen Faschismus zu schweigen.

Er diskutiert mit dem französischen Faschisten Herve über die Zusammenarbeit des französischen und deutschen Imperialismus gegen den Bolschewismus, gegen die Sowjet-Union und gegen das revolutionäre Proletariat. Er wird von dem faschistischen englischen Zeitungskönig Lord Rothermere gefeiert, und der Engländer Wilson gibt den Mordbanditen den besonderen polizeilichen Schutz gegen die revolutionären Arbeiter im Saargebiet.

Nicht nur die deutsche Bourgeoisie, sondern auch die Bourgeoisie der siegreichen Ententeländer sieht in den nationalfaschistischen Mörderbanden den besten Schutz zur Aufrechterhaltung der doppelten Ausbeutung des deutschen Proletariats und aller Werktätigen. Es gibt nur eine Partei, die gewillt ist, den Kampf um die nationale und soziale Befreiung des gesamten werktätigen Volkes Deutschlands einschließlich des Saargebietes, von dem Doppeljoch der Ausbeutung und Unterdrückung zu führen, das ist die Kommunistische Partei Deutschlands.

Die deutsche Bourgeoisie, von den Nationalfaschisten bis zu den Sozialfaschisten, ist auf Gedeih und Verderb mit dem ausländischen räuberischen

Imperialismus verbunden. Wie sie in den Jahren 1918, 1919 die nationale Befreiung verraten haben, aus Furcht vor dem eigenen Proletariat in seinem Befreiungskampf, so liefern sie auch heute, denn die revolutionäre Welle steigt, das deutsche Proletariat rüstet zum Entscheidungskampf, das deutsche werktätige Volk und insbesondere die werktätigen Massen des Saargebietes den ausländischen Imperialisten aus. Sie reden von der Befreiung von den Youngfesseln und des Versailler Vertrages, aber sie meinen die faschistische Unterdrückung der Werktätigen. Die deutsche Bourgeoisie versucht, den Verwesungsprozeß ihrer Ausbeuterwirtschaft mit den Methoden der faschistischen Diktatur, der Entrechtung, des furchtbaren Elends der breiten Massen des Volkes, der verschärften Ausbeutung zu verlängern.

Im Saargebiet arbeiten die Röchling, Otto Wolff (Stumm) aufs engste zuzusammen mit Schneider-Creusot, de Wendel, deutsches Schwerkapital mit dem französischen, um auch hier die Ausbeutung zu verschärfen, ihre verfaulende Wirtschaft auf Kosten der werktätigen Massen aufrecht zu erhalten.

Angesichts dieser Entwicklung erklärt die KPD, Bezirk Saargebiet, gestützt auf die programmatische Erklärung des ZK der KPD, zur nationalen und sozialen Befreiung des deutschen Volkes folgendes: Nur die Kommunistische Partei kämpft wirklich gegen den Versailler Raubvertrag, den Ausgangspunkt der deutsch-französischen Ausbeutung des Saarproletariats.

Nur die Kommunistische Partei kämpft gegen den Locarno-Vertrag, den Youngplan, die das Doppeljoch des deutschen werktätigen Volkes und insbesondere für die werktätigen Massen des Saargebietes bestehen lassen. Die Kommunistische Partei fordert, daß sofort und ohne jegliche Bedingung Schluß gemacht wird mit dem Völkerbundsregime im Saargebiet, daß das Saargebiet zurückgegliedert wird an Deutschland.

Die Rückkehr zum bürgerlich-faschistischen Youngdeutschland bedeutet nicht die Befreiung der werktätigen Massen des Saargebietes.

Die nationale und soziale Befreiung des werktätigen Volkes des Saargebietes kann nicht durch die verlogenen demagogisch-nationalen Phrasen der Nationalsozialisten erreicht werden, nicht durch die Berufung auf den Völkerbund, wie das die SPD und die anderen Parteien predigen, sondern nur im schärfsten Kampf, Seite an Seite mit dem gesamten revolutionären Proletariat Deutschlands gegen die eigenen und fremden Ausbeuter und Unterdrücker bis zum Sturz der Kapitalisten und Errichtung eines Sowjet-Deutschlands.

Als einzige Partei führt die KPD diesen Kampf um die Befreiung der Werktätigen des Saargebietes und ganz Deutschlands von dem Doppeljoch, gestützt auch auf die Macht des siegreichen Proletariats in der Sowjet-Union, das in heroischen Anstrengungen das gigantische Werk des sozialistischen Aufbaues zu Ende führt. Die Kommunistische Partei führt diesen Befreiungskampf auch gestützt auf das revolutionäre Proletariat Frankreichs, das nicht Nutznießer ist der Milliarden, die für das französische imperialistische Kapital aus den werktätigen Massen Deutschlands und des Saargebietes mit Hilfe der Bourgeoisie und ihrer Lakaien, von den Nationalfaschisten bis zu den Sozialfaschisten, herausgepreßt werden.

Auch das französische Proletariat stöhnt unter der kapitalistischen Ausbeutung und Unterdrückung, es rüstet unter Führung der Kommunistischen Partei Frankreichs zum Sturz der Ausbeuterherrschaft und zur Errichtung der Sowjetmacht Frankreichs.

Programm

Das siegreiche Proletariat Deutschlands und des Saargebietes wird sowohl die im Besitze des französischen Staates befindlichen Saargruben als auch die Hütten und Fabriken der deutschen Unternehmer und die von den internationalen Aktionären beherrschten entschädigungslos enteignen und sie ihrem rechtmäßigen Besitzer, den werktätigen Massen, zuführen. Der „raffende“ sowie der „schaffende“ Röchling, ob französische oder deutsche Bank, sie werden von uns schonungslos proletarisch nationalisiert.

Wir werden den zur Unterstützung und Knechtung der werktätigen Massen bestimmten Machtapparat zerschlagen. Mit eisernem Besen werden wir alle Schmarotzer, Großindustriellen, Bankiers, Großkaufleute, Großgrundbesitzer und Schieber aller Art hinwegfegen. Wir werden durch die Einführung des 7-Stunden-Tages, der 5-Tage-Woche, durch Steigerung der Produktion zur Befriedigung aller Bedürfnisse die Erwerbslosigkeit aus der Welt schaffen.

Wir werden die Löhne erhöhen, indem wir die Unternehmerprofite, die unproduktiven Unkosten der kapitalistischen Wirtschaftsweise, beseitigen und die Tribut- und Zinszahlungen aus allen imperialistischen Raubverträgen und Abmachungen sowie die Reparationszahlungen sofort einstellen. Mit bolschewistischer Rücksichtslosigkeit werden wir allen bürgerlichen Faulenzern gegenüber das Prinzip durchführen, wer nicht arbeiten will, soll auch nicht essen. Um dieses zu verwirklichen, ist es notwendig, daß alle Unterdrückten, Ausgebeuteten, alle Arbeiter, Angestellte, untere Beamte, die Massen der Bauern, die werktätigen Mittelständler, Männer, Frauen, Jugendliche und Erwachsene sich zusammenschließen. Alle Arbeiter, die noch mit der verräterischen SPD gehen, die der Phraseologie der anderen bürgerlichen Parteien nachhängen und auch die christlichen Arbeiter fordern wir auf, mit ihren unternehmer- und staatstreuen Führern zu brechen, die Millionenfront mit den Kommunisten zum Kampf für die proletarische Diktatur zu bilden.

Nieder mit dem Ausbeutungsregime des Völkerbundes und der Ausbeutung durch den fremden französischen und dem eigenen deutschen Imperialismus im Saargebiet!

Anschluß des Saargebietes an Deutschland, gemeinsamer revolutionärer Kampf des gesamten deutschen Proletariats gegen das Doppeljoch der Ausbeutung durch das eigene und ausländische Kapital!

Brüderliche Solidarität zur revolutionären Verteidigung der Sowjetunion! Brüderliche Solidarität des deutschen mit dem französischen Proletariat gegen die gemeinsamen imperialistischen Ausbeuter und Unterdrücker!

Nieder mit den Lakaien der deutschen und ausländischen imperialistischen Bourgeoisie, dem Sozialfaschismus und dem Nationalfaschismus!

Es lebe der revolutionäre Befreiungskampf!

Es lebe Sowjet-Deutschland!

Saarbrücken, den 20. September 1931

Bezirksleitung Saargebiet
der Kommunistischen Partei Deutschlands
(Sektion der Kommunistischen Internationale)

Arbeiter-Zeitung, Nr. 197 vom 20./21. September 1931 auch: Der Weg zur Freiheit, Saarbrücken, o. J.

Der Kommunistische Jugendverband zum 1. Freiheitskongreß gegen nationale und soziale Unterdrückung an der Saar
Von Erich Honecker, Wiebelskirchen — September 1931

Der Kommunistische Jugendverband als einzige sozialistische Jugendorganisation sieht als Hauptaufgabe seiner Tätigkeit die Politik der Kommunistischen Partei, welche auf ihrer Fahne die Befreiung aller unterdrückten Schichten stehen hat, unter die Massen der werktätigen Jugend zu bringen.

Seit Bestehen führt er einen schonungslosen Kampf gegen jegliche Unterdrückung der werktätigen Jugend. In der jetzigen Situation kommt die Richtigkeit der Methode in diesem Kampfe eine große historische Bedeutung zu. Das kapitalistische System windet sich unter den Schlägen einer sich ständig vertiefenden Weltwirtschaftskrise. Die Arbeiterschaft, die werktätige Jugend besonders, wird von den Auswirkungen der Krise betroffen. Die Arbeiterschaft Deutschlands, unter Führung der Kommunistischen Partei, schickt sich an, eine weitere historische Tat an die des Jahres 1917, durchgeführt von dem russischen Proletariat unter Führung der Bolschewiki, zu reihen.

Alle Hochverräter und Volksbetrüger an den Interessen des werktätigen Volkes werden von der Bourgeoisie in Bewegung gesetzt, um mit Anwendung von sozialer und nationaler Demagogie diese Ereignisse aufzuhalten. Ihre Absicht zerschellt an der klaren Programmerklärung der Kommunistischen Partei zur nationalen und sozialen Befreiung, auf der Grundlage des revolutionären Marxismus. Ganz richtig betont in der Programmerklärung der KPD, Bezirk Saar.

„Nur die Kommunistische Partei kämpft wirklich gegen den Versailler Raubvertrag, den Ausgangspunkt der deutsch-französischen Ausbeutung im Saargebiet."

Nur derjenige, der gegen den Kapitalismus kämpft, bis zu dessen Vernichtung und Aufbau der sozialistischen Gesellschaft, kämpft auch gegen kapitalistische Unterdrückung nationaler wie sozialer Art, da dieselben Produkte Erscheinungen des kapitalistischen Systems selbst sind.

Nur unterstreichen kann der Kommunistische Jugendverband die Richtigkeit und Bedeutung dieses Befreiungsprogramms, als Wegweiser des ausgebeuteten Volkes im großen Ringen um eine neue Welt, wo es weder Not noch Elend geben wird.

Für die Massen der werktätigen Jugend wird es keine andere Entscheidung geben. Im Kapitalismus gehört sie zu den ausgebeutetsten und entrechtesten Schichten des schaffenden Volkes. Im Betrieb die schlechteste Entlohnung, geringer oder gar kein Urlaub, Erwerbslosigkeit, Zwangsarbeit, Arbeitsdienstpflicht, Unterstützungsentzug. Alles „Geschenke" des jetzigen Systems für die werktätige Jugend. Recht zum Ausbeuten, aber kein Recht, um sich gegen diese schlechte Lage zu wehren. Verbote über Besuch von politischen Versammlungen. Kein Wahlrecht usw., nur das „Recht" als Kanonenfutter für den Profit wird ihm gegeben.

Alle bürgerlichen Jugendorganisationen, von den Nazis zu den Sozialdemokraten, theoretisieren über die schlechte Lage der werktätigen Jugend. Unter den verschiedensten Flaggen versucht man, die Jugend von der Wurzel dieser Not abzulenken und dadurch den notwendigen Klassenkampf für eine Besserstellung der Lage der arbeitenden Jugend zu verhüten. Die Nazis können nicht genug schreien über die nationale Unterdrückung als Grundlage alles Übels. Unter „Herbeiziehung" aller „Argumente" für die „Notlage" des deutschen Unternehmers als „sozialer Mensch".

Wie „wohlwollend" die deutsch-französische Bourgeoisie es versteht, in der Ausbeutung und Unterdrückung international zu sein, zeigt uns die Anwendung des Paragraphen vom wilhelminischen Reichsvereinsgesetz vom Jahre 1908 ins Völkerbundsparadies (über Verbot der Beteiligung der Jugendlichen an politischen Versammlungen). Übernahme der schönen Methode der Arbeitsdienstpflicht in Form von Zwangsarbeit zu den Erwerbslosen. Die Zusammenarbeit des deutsch-französischen Kapitals stempeln das nationale Gesicht der Bourgeoisie als einen grenzenlosen jahrelangen Hochverrat an den werktätigen Schichten und den Massen der Jungwerktätigen.

Der Freiheitskongreß an der Saar ist ein Auftakt zu größerer Massenmobilisation gegen die nationale und soziale Unterdrückung. Er wird im Zeichen des 14. Jahrestages sozialistischen Aufbaues in der Sowjet-Union stehen, als leuchtendes Beispiel, wie die Befreiung der Werktätigen erreicht wird.

Die Jungarbeiter richten ihre Blicke nach diesem Lande, wo es keinerlei Jugendunterdrückung und Entrechtung gibt, wo die Jugend den 6-Stunden-Tag, 4 Wochen Erholungsurlaub, volle Beschäftigung, keine Erwerbslosigkeit, gleichen Lohn für gleiche Arbeit, Wahlrecht von 18 Jahren an, Mitbestimmung in allen Institutionen des proletarischen Staates und keine nationale Unterdrückung mehr hat.

Der Jungarbeiter in Industrie oder Landwirtschaft ist ein neuer Mensch, kennt keinerlei kapitalistische Unterdrückung, keine Jugend von Elend und Not. Sie schaffen sich eine neue Welt, in der die Springquellen gesellschaftlichen Reichtums für die schaffende Klasse sie selbst sind. Die Jugendarbeiter, Landarbeiter, Angestellte im Saargebiet werden diesem Weg, den die proletarische Jugend in der Sowjet-Union zurückgelegt hat und geht, folgen.

Organisiert vom Kommunistischen Jugendverband, werden sie den Kampf um die Verbesserung ihrer Lage führen auf der Grundlage, daß nun die nationale Befreiung in Verbindung mit der sozialen erreicht werden kann, eröffnen sie den Kampf um die Verwirklichung ihrer Forderung auf der Grundlage des Kampfprogramms der werktätigen Jugend an der Saar.

1. Für alle Jugendlichen von 14—18 Jahren 6stündige Arbeitszeit, 34-Stunden-Woche und 44stündige Sonntagsruhe.
2. Für alle Jugendlichen von 14—18 Jahren 4 Wochen, und von 19 bis 21 Jahren 3 Wochen bezahlter Erholungsurlaub.
3. Gleicher Lohn für gleiche Arbeit. Bezahlung der Lehrlinge im ersten Jahr 30 Prozent, im zweiten 50 Prozent und im dritten Jahre 80 Prozent vom Facharbeiterlohn. Erhöhung des Arbeitslohnes der jugendlichen Landarbeiter und Landarbeiterinnen zum Niveau des durchschnittlichen Realarbeiterlohnes bei Jugendlichen in der Industrie.

4. Beseitigung aller privaten oder individuellen Lehrverträge. Ersetzung durch Kollektivverträge, Herabsetzung der Lehrlingszeit auf zwei Jahre.
5. Verbot der Entlassungen nach Beendigung der Lehrzeit. Weiterbeschäftigung mindestens 1 Jahr nach tariflicher Entlohnung. Bezahlung der Erwerbslosen- und Wohlfahrtsunterstützungen der jugendlichen Erwerbslosen ohne Unterschied des Alters. Einreihung der Erwerbslosen in den Produktionsprozeß.
6. Verlegung der Berufsschulzeit in die Arbeitszeit und Bezahlung derselben. Schaffung von Schulvertrauensleuten, gewählt in den Schülerversammlungen zur Aufstellung des Lehrplanes. Verbot der nationalistischen und militaristischen Beeinflussung durch das Lehrpersonal.
7. Verbot jeglicher Nacht- und Sonntagsarbeit.
8. Herabsetzung des Wahlalters auf 18 Jahre sowie Wählbarkeit der Jugendlichen, um in den Parlamenten die Rechte der Jugend zu vertreten.
9. Beseitigung reaktionärer Gesetze, welche die politische Betätigung der Jugend einschränken bzw. verbieten (Reichsvereinsgesetz).

In der Erkenntnis, daß dieses Programm nur in einem zähen Kampfe zu erringen ist und in seiner Enderfüllung nur unter der Diktatur des Proletariats möglich ist, schließt sich die ausgebeutete Jugend zusammen im Kampfe um diese Forderungen. Hinweg mit der fremdländischen Regierung an der Saar. Es lebe der Kampf um ein rotes Saargebiet in einem freien sozialistischen Deutschland.

Der Weg zur Freiheit, Saarbrücken, o. J. (1931)

Aufruf der Kommunistischen Partei an die sozialdemokratischen Arbeiter und alle Saarwerktätigen — 12. August 1933

Vorschlag der KP an SP und Gewerkschaften zu einheitlicher Mobilmachung gegen den Blutfaschismus

Die „Arbeiter-Zeitung" Saarbrücken, Organ der Kommunistischen Partei, brachte am 12. August einen Aufruf, dem wir folgendes entnehmen:

„Arbeiter! Sozialdemokratische Proletarier! Gewerkschaftskollegen! Werktätige Männer und Frauen der Saar!

Am 27. August will die faschistische Hunger- und Henker-Regierung Hitlers eine ‚Saarkundgebung' beim Kriegsdenkmal im Niederwald abhalten.

Sie will die Werktätigen zur Teilnahme ködern, mittels der Lüge, die Kundgebung gelte einer ,freien Saar'!

Freiheit durch Faschismus? Die Hitler und Göring, die sich ausdrücklich für das großkapitalistische Schmarotzertum erklärt haben, die Lohnraub, Steuererpressung und Zollwucher durchführen, die die kargen Nahrungsmittel der Massen verteuern, die Deutschland in die Wirtschaftskatastrophe und Inflation hineintreiben — sie sind keine Befreier, sondern Ausplünderer des werktätigen Volkes im Interesse des Kapitals. Die Hitler und Göring, die Zehntausende von Werktätigen verhaften, mißhandeln und foltern und aufrechte Arbeiter, die gegen das Kapital kämpfen, meuchlings ermorden oder auf dem Schafott hinrichten lassen — sie sind keine Befreier der Werktätigen, sondern blutbesudelte Henker im Dienste eines Häufleins von Großkapitalisten. Die Hitler und Göring, die Südtirol preisgegeben haben, die Danzig an Polen verkaufen und nun mit Frankreich um das Saargebiet schachern, die Deutschland tiefer denn je ins Versailler Netz verstrickt haben — sie sind keine Befreier, sondern kapitalistische Fronvögel, die angesichts ihres Bankrotts zu verbrecherischen Kriegsabenteuern treiben.

Hitler heißt Hunger, Hitler heißt Galgen.

Hitler heißt Knechtschaft nach innen und außen.

Hitler heißt Krieg und Katastrophe für die Werktätigen!

Auch die Agenten des fremdländischen Kapitals sind heute schon bemüht um die ,Freiheit an der Saar'. Das französische Ausbeutertum versucht mit anderen betrügerischen Methoden, mit den Lügen von der ,Zivilisation' und ,Demokratie' die Werktätigen an der Saar einzufangen. Niemals können die die Freiheit bringen, die eben in Straßburg auf die streikenden Arbeiter schießen ließen, die die Bevölkerung ihrer Kolonien grausam unterdrücken. Das ,Autonome Saargebiet', das die französischen Imperialisten schaffen wollen — es wäre nichts anderes als eine französische Kolonie, in der die Werktätigen ausgebeutet und gewaltsam niedergehalten werden ...

Die Kommunisten rufen das ganze werktätige Saarvolk auf, seine eigene Kraft und Macht entfalten und in engster Verbundenheit mit der gesamtdeutschen Arbeiterschaft und gemeinsam mit dem französischen und internationalen Proletariat für die soziale und nationale Befreiung, für ein rotes Saargebiet in einem sozialistischen Räte-Deutschland zu kämpfen!

Der 27. August, dieser Tag muß im Zeichen des revolutionären Freiheitskampfes stehen. Der 27. August — Roter Saartag gegen den bestialischen Mordfaschismus sowie gegen Separatismus! Sozialdemokratische Arbeiter! Gewerkschaftskollegen! Ihr erhaltet auf den Hütten und Gruben dieselben Hungerlöhne wie die Kommunisten, auf den Stempelstellen dieselbe Hungerunterstützung und ihr werdet gleichermaßen vom faschistischen Mordterror bedroht. Die Kommunisten bieten euch, sozialdemokratische Arbeiter und Gewerkschaftskollegen, die Bruderhand. Die Kommunisten schlagen euch vor:

Der 27. August soll zu einem gemeinsamen Roten Saartag gegen den blutigen Mordfaschismus werden!

An diesem Tage wollen wir gemeinsam das Gelöbnis ablegen zum Kampf für:

1. Gemeinsames Vorgehen für ausreichende Löhne und Unterstützung gegen die kapitalistischen Ausbeuter in den Hütten und Gruben, die die Drahtzieher der faschistischen Mörder bzw. des Separatismus sind.

2. Bildung eines gemeinsamen Massenselbstschutzes gegen den mordgierigen Blutfaschismus und gegen den Separatismus.

3. Gemeinsames Eintreten für volle proletarische Versammlungs- und Demonstrationsfreiheit.

4. Gemeinsamer Kampf gegen alle Kriegstreibereien, gegen die Kriegsproduktion und für die Verteidigung der UdSSR.

5. Gemeinsames Vorgehen für die Freilassung aller antifaschistischen Freiheitskämpfer im Reich und an der Saar.

Die Kommunistische Partei hat gleichzeitig mit diesem Aufruf ein Schreiben an die Sozialdemokratische Partei und die freien Gewerkschaften des Saargebietes gerichtet, in der sie unbeschadet der bestehenden grundsätzlichen politischen Gegensätze vorschlägt, daß die Kommunistische Partei, die Sozialdemokratische Partei, die Oppositionellen Gewerkschaften, die revolutionären Verbände und die freien Gewerkschaften in einheitlichem Vorgehen den 27. August zu einem Roten Saartag gegen den Mordfaschismus gestalten ...

Sozialdemokratische Arbeiter und Gewerkschaftskollegen! Geht mit uns Kommunisten einig und wir werden rasch mit dem bestialischen Blutfaschismus und allen Feinden der Arbeiterklasse fertig werden ...

Her zu uns, Arbeiter des Zentrums und der christlichen Gewerkschaften, mit den kommunistischen und sozialdemokratischen Arbeitern in einer Front am 27. August gegen Mordfaschismus und Separatismus.

Werktätige, die ihr bisher der NSDAP gefolgt seid! Hitler hat keine seiner Versprechungen gehalten. Er hat euch betrogen und belogen. Er schützt das Großkapital. Er kürzt die Löhne und Gehälter der Arbeiter und Angestellten. Er löst den Kampfbund für Mittelstand auf und sperrt euch in die Konzentrationslager und Kerker, wenn ihr euch gegen den Kapitalismus wendet und den Sozialismus fordert. Statt Brot zu geben, droht euch Hitler mit den schwersten Strafen. Während ihr hungert, prassen die neuen Bonzen wie die alten gepraßt haben. Statt nationaler Befreiung ist Deutschland mehr denn je an Versailles gekettet.

Arbeiter, werktätige Massen und Frauen des ganzen Saargebietes! Macht den 27. August zu einem Markstein des revolutionären Freiheitskampfes an der Saar.

Kommunistische Partei,
Revolutionäre Gewerkschaften und Verbände."

Rundschau über Politik, Wirtschaft und Arbeiterbewegung, Basel, Nr. 29, August 1933, S. 1075

Die Kommunistischen Parteien Deutschlands und Frankreichs an die Werktätigen der Saar! — 16. Juni 1934

Arbeiter, Werktätige des Saargebiets!

Über dem Saargebiet ziehen sich immer mehr die Kriegswolken zusammen. Der französische und deutsche Imperialismus, das Comité des Forges und die deutsche Schwerindustrie, Wendel und Röchling kämpfen um die Saarkohle. Französischer und deutscher Imperialismus kämpfen um dieses Aufmarschgebiet für den zukünftigen Krieg. Das Saargebiet wurde zu einem Kriegsherd, von dem aus die Kriegsbrandstifter ganz Europa, die ganze Welt in Brand stecken wollen. Hinter frechen lügnerischen Friedensbetonungen peitscht der Hitlerfaschismus eine chauvinistische Welle über das Land, um die wachsende Massengärung gegen sein Regime in die Bahn kriegerischer Abenteuer überzuleiten.

Im Saargebiet selbst organisiert die deutsche Hitlerfront des Panzerplattenpatrioten Röchling, des Lieferanten der französischen und deutschen Armee, eine Atmosphäre nationalistischen Menschenhasses und Kriegsprovokationen. Unter der Deckung des waffenstarrenden französischen Festungsgürtels konzentriert der französische Generalstab kriegsstarke Bataillone in Forbach und Saargemünd. Die Völkerbundskommission verfolgt die revolutionäre Arbeiterbewegung, beraubt die Arbeiter des Versammlungs-, Demonstrations- und Streikrechts, duldet die Bewaffnung der Hitlerbanden. Unter ihrem Regime verschärfen das französische Grubenkapital und die deutschen Rüstungspatrioten den Lohndruck, die Kapitalsoffensive gegen die hungernden Saararbeiter und den Steuerdruck gegen die darbenden armen Bauern.

Wie immer seit dem fluchwürdigen August 1914 stehen die Parteien der 2. Internationale im Lager der imperialistischen Bourgeoisie. Drei Monate nach Hitlers Machtergreifung sprach die deutsche Sozialdemokratie dem Kriegsprogramm des deutschen Faschismus im Reichstag ihr Vertrauen aus. Im Saargebiet selbst treten die sozialdemokratischen Führer offen als Handlanger des französischen Imperialismus auf. Die sozialdemokratischen Gewerkschaftsführer sabotieren den Streikkampf gegen das französische Grubenkapital und gegen die deutschen faschistischen Hüttenbarone an der Saar. Unter der Vorgabe der Verteidigung der Demokratie gegen den Hitlerfaschismus unterstützt die französische Sozialdemokratie das Comité des Forges und den französischen Generalstab. Die Führer der christlichen Gewerkschaften haben bereits den Eintritt in Leys „Arbeitsfront“ vollzogen, der die christliche Gewerkschaftsbewegung als ein Werk von Halunken, Spekulanten und Landesverräter beschimpft.

Arbeiter, Werktätige des Saargebiets!

Weil wir Kommunisten Deutschlands unsere Heimat und unser werktätiges Volk lieben, weil wir auf die Arbeiterklasse Deutschlands, die einen Marx und Engels, Wilhelm und Karl Liebknecht und Bebel hervorbrachte, stolz sind, schmerzt es uns ganz besonders, zu sehen, wie eine Horde von raffgierigen Kapitalisten ihre blutige faschistische Hitlerdiktatur über das deutsche werktätige Volk aufgerichtet hat. Wir würden uns eines Verbrechens an dem werktätigen Saarvolk schuldig machen, wenn wir nicht mit allen Mitteln des revolutionären Klassenkampfes die Unterwerfung des Saargebiets unter die Knute der faschistischen Arbeitermörder verhindern würden. Wie heute noch viele von Euch, Werktätige an der Saar, den betrügerischen Versprechungen der Hitler und Goebbels glauben, so waren es auch bei uns viele Millionen Werktätige, die ursprünglich von der Aufrichtung des Dritten Reiches die Erlösung aus kapitalistischer Knechtschaft erwarteten. Sie stehen heute nach eineinhalb Jahren Hitlerdiktatur gegen die faschistische Blut- und Hitlerherrschaft.

Bei den Vertrauensratswahlen, deren Ergebnisse die faschistische Saarpresse bis heute verschweigt, stimmten mehr als zwei Drittel der Betriebsarbeiter gegen die faschistische Kapitalsdiktatur und ihr Arbeiterversklavungsgesetz. Ein revolutionärer Umschwung geht durch das ganze Land, und Millionen von Arbeitern und Werktätigen im Reiche rufen euch heute auf Grund ihrer Erfahrungen zu: Hütet euch vor dem faschistischen Volksbetrug! Anschluß an Hitlerdeutschland, das bedeutet für euch Saararbeiter Auslieferung an die reaktionärste Unternehmerdiktatur, Zerschlagung eurer Organisationen, restlose Vernichtung der Versammlungs-, Koalitions-, Streik- und Pressefreiheit. Arbeiterversklavungsgesetz und Lohnraub. Schaut über die Grenzen, Berg- und Metallarbeiter des Saargebietes, wie es für die Ruhrkumpels und Metallarbeiter von Tag zu Tag schlechter wird, wie Feierschichten und Lohnraub sich häufen, wie die Kohlenhalden wachsen. Die Angliederung der Saarkohle an Hitlerdeutschland würde die Armee der Saar-Erwerbslosen noch vermehren.

Euch werktätigen Bauern bringt der Anschluß an das Dritte Reich noch größeren Steuerdruck, noch schlimmeren Wucher. Schaut über die Grenzen nach Hitlerdeutschland! Darben, Elend und Not waren das Schicksal der Bauern des Spessarts und Rhongebiets von jeher. Aber die Hitlerdiktatur hat ihre Lage bis zum Weißbluten verschlechtert. Erbhofgesetz und Zwangsablieferung eurer Produkte an die Monopole, Zwangsübersiedlung und gewaltsame Vertreibung Zehntausender armer Bauern sind das Ergebnis ihrer „Bauernrettung".

Das Dritte Reich bringt euch, Arbeiterinnen, die Beraubung aller errungenen Rechte, die Verjagung von euren Arbeitsplätzen; dir, werktätige Hausfrau, geschmälerten Haushalt, unaufhaltsame Teuerung; euch werktätigen Müttern den Raub eurer Söhne für den mörderischen Krieg.

Für Dich, werktätige Saarjugend, bedeutet das Dritte Reich Verjagung von den Arbeitsplätzen, Arbeitsdienstlager, Zwangsarbeit, Verschickung aufs Land für Gratisarbeit, Kasernenhofschinderei und letzten Endes Krieg im Interesse der Profithaie, der Krupp, Thyssen und Röchling.

Rückgliederung an das Reich bedeutet das Schafott für die revolutionären Arbeiter, Folter und Konzentrationslager für streikende Arbeiter und Antifaschisten, Verhöhnung der Menschenrechte, finsterste Kulturbarbarei. Auch euch katholischen Werktätigen droht die Verfolgung eurer Gewissensfreiheit, eures Glaubensbekenntnisses, drohen Gefängnis und das Bluturteil der faschistischen Volksgerichte. Hinter ihren Flaggenparaden und Festen steht der Henker auch an der Saar!

Der Blutfetzen des Dritten Reiches über der Saar würde dem werktätigen Saarvolk Hunger, Not, Korruption und blutigsten Terror bringen.

Dem Krieg und der wirtschaftlichen Katastrophe treibt Hitlerdeutschland entgegen. Wir wollen die Aufrichtung der Macht der Arbeiterklasse in einem Rätedeutschland. Dafür rufen wir euch zum revolutionären Kampfbündnis gemeinsam mit dem französischen Proletariat. Dafür laßt uns gemeinsam geloben, die Auslieferung des Saargebietes an die faschistischen Henker mit allen Mitteln des revolutionären Klassenkampfes zu verhindern.

Wir, die Kommunistische Partei Frankreichs, geloben euch, deutschen Werktätigen, alles daranzusetzen, um im Sinne des Bekenntnisses des proletarischen Internationalismus, das unser Genosse Thälmann 1932 in Paris abgelegt hat, unseren Kampf gegen Versailles fortzusetzen und mit allen Mitteln des revolutionären Klassenkampfes jeden Versuch zu unterbinden, die Werktätigen des Saargebiets dem französischen Finanzkapital auszuliefern. Wir erklären, bei eurem Kampf gegen französisches Kapital, gegen die reaktionären Zwangsmaßnahmen der Völkerbundskommission aktiv an eurer Seite zu stehen. Wir werden unsere proletarische Pflicht in der Bekämpfung von Versailles und unserer eigenen imperialistischen Regierung, wie im Ruhrkriegsjahre 1923, restlos erfüllen. Die Abstimmung für die Angliederung an Frankreich kann gar nicht in Frage kommen.

Wir, die KPD, KPF und Kommunisten an der Saar, rufen euch zu: Das Völkerbundsstatut, welches bei der Abstimmung nur drei Abstimmungsmöglichkeiten zuläßt, und zwar: ob das Saargebiet an Frankreich angegliedert, ob es zu Deutschland rückgegliedert oder der gegenwärtige Zustand beibehalten werden soll, hat nichts zu tun mit dem Selbstbestimmungsrecht.

Wir geloben, daß die revolutionären Arbeiter Deutschlands und Frankreichs den Kampf für ein rotes Saargebiet in einem Sowjet-Deutschland im Kampfe gegen die faschistische Diktatur in Deutschland, im Kampfe gegen den französischen Imperialismus in Frankreich zu Ende führen werden. Nicht die Abstimmung, sondern der revolutionäre Kampf an der Spree, an der Seine und an der Saar wird das Schicksal des Saargebiets endgültig entschieden.

Ihr, Werktätige an der Saar, könnt und dürft eure Stellungnahme in der Abstimmungsfrage nur vom Standpunkt eurer eigenen Interessen bestimmen lassen. In unserem Kampf gegen unseren grimmigsten Feind, den Hitlerfaschismus, gibt darum die Aufrechterhaltung des Status quo, des jetzigen Zustandes, gegenwärtig noch die verhältnismäßig bessere Kampfmöglichkeit.

Diese unsere Stellungnahme für den Status quo im Falle der Abstimmung wird uns nicht einen Augenblick in unserem Kampfe für das wirkliche Selbstbestimmungsrecht der Saarbevölkerung, gegen das reaktionäre Völkerbundsregime, gegen die Beschränkung der Versammlungs-, Koalitions-, Streik- und Pressefreiheit, für das unbeschränkte Asylrecht, für Amnestie aller Antifaschisten, gegen die Unterdrückung und Verfolgung der revolutionären Arbeiterbewegung abhalten.

Antifaschisten an der Saar!

Wir rufen euch zu: Schafft die Einheitsfront aller Arbeiter! Sozialdemokratische, christliche und parteilose Arbeiter, schließt die Einheitsfront mit euren kommunistischen Klassenbrüdern! Eure Einheit wird die Werktätigen in der Stadt und auf dem Lande um euch scharen! Sozialdemokratische Arbeiter! Schlagt ein in unsere Bruderhand zum gemeinsamen Kampf gegen Faschismus und imperialistischen Krieg!

Antifaschisten an der Saar!

Schafft antifaschistische Einheitsausschüsse in den Betrieben, auf den Schächten, an den Stempelstellen!

Schließt eure Reihen für eure ökonomischen Forderungen! Organisiert Streikkämpfe für höhere Löhne, bessere Arbeitsbedingungen, höhere Erwerbslosenunterstützung, tarifliche Entlohnung der Notstandsarbeiter!

Rüstet zu politischen Massenaktionen gegen den Faschismus für Arbeiterrechte, für Versammlungs-, Demonstrations- und Streikrecht!

Die Arbetierklasse Deutschlands und Frankreichs, das internationale Proletariat wird diesen euren Kampf auf das nachdrücklichste unterstützen!

Es lebe die kämpfende Einheitsfront der Arbeiter und Werktätigen gegen Faschismus und imperialistischen Krieg!

Gegen die Auslieferung des Saargebiets an das faschistische Hitlerdeutschland!

Gegen die Herrschaft des Generalrats der Wirtschaft der Hitlerdiktatur und gegen das Comité des Forges!

Für ein rotes Saargebiet im Rätedeutschland!

ZK der KPD / ZK der KPF

Bezirksleitung der KP des Saargebiets.

Arbeiter-Zeitung, Nr. 132, vom 16. Juni 1934

Kampfeinheit gegen den gemeinsamen Feind!
Appell der Kommunistischen Partei an alle sozialdemokratischen, freigewerkschaftlichen und christlichen Arbeiter! 2. Juli — Kampftag gegen Hitlers Blutgericht, für die Befreiung Thälmanns! — 23. Juni 1934

Die Kampferklärung der Kommunistischen Partei, in der die Saarwerktätigen aufgefordert werden, den entschlossenen Kampf gegen den Anschluß an Hitlerdeutschland zu führen und im Falle einer imperialistischen Zwangsabstimmung am 13. Januar für den Status quo, als den verhältnismäßig günstigsten Kampfboden, für eine rote Saar im Räte-Deutschland zu stimmen, hat einen starken Widerhall gefunden.

Stürmisch formiert sich jetzt im ganzen Saargebiet die Einheitsfront zwischen sozialdemokratischen und kommunistischen Arbeitern gegen den Anschluß an Hitlerdeutschland. In Ottweiler, in Burbach, in Landsweiler und in zahlreichen anderen Orten schmiedeten sie gemeinsam die Einheitsfront und reißen die Mauern, die zwischen ihnen aufgerichtet waren, nieder. Immer breitere Massen sozialdemokratischer Arbeiter erkennen die Notwendigkeit, sofort und unmittelbar in den Betrieben und Arbeiterquartieren sich auf der Basis konkreter Kampfforderungen für Aktionen gegen den Anschluß an Hitlerdeutschland und gegen den faschistischen Terror an der Saar zusammenzuschließen. Sie erkennen, daß jede Stunde Verlust in der Schaffung der Einheitsfront Unterstützung des Faschismus bedeuten würde, daß wir Kommunisten niemals Bruderkampf gegen unsere sozialdemokratischen Klassengenossen geführt haben, sondern daß wir das Recht der klaren, sachlichen revolutionären Kritik an der Politik der Sozialdemokratischen Partei- und Gewerkschaftsführung beanspruchen, die nicht nur nach unserer, sondern auch nach Meinung vieler sozialdemokratischer Arbeiter der ganzen Arbeiterklasse schadet.

Wer für die Mindestforderungen der Arbeiterschaft, gegen den Faschismus und Massenkampf führt, der wird von uns nicht kritisiert werden.

Wer aber die Kampfeseinheit der Arbeiter sabotiert und gemeinsame Kampfaktionen verhindert, den werden wir — im Einverständnis, dessen sind wir sicher, mit den sozialdemokratischen Arbeitern — vor der ganzen Arbeiterklasse als Spalter der proletarischen Kampfkraft, der dem Faschismus hilft, brandmarken.

Im Kampf gegen den Faschismus, in gemeinsamen Aktionen sozialdemokratischer, freigewerkschaftlicher und christlicher Arbeiter formiert sich die Front zur Erringung der von den Arbeitern aufgestellten unmittelbar zu erkämpfenden Mindestforderungen:

Volles Koalitions- und Streikrecht, Demonstrations- und Versammlungsfreiheit.

Vollamnestie für alle proletarisch-politischen Gefangenen und alle Notdelikte.

Gemeinsamer Massenselbstschutz gegen den faschistischen Terror. Freigabe der Säle und Sportplätze für die Kundgebungen der Organisationen der Arbeiter!

Der Wille aller Arbeiter, die Unterwerfung der Saar unter die Hitlerdiktatur zu verhindern, wächst in allen Lagern. Sie alle, die sozialdemokratischen, christlichen und parteilosen Arbeitermassen, vor allem die Arbeiterjugend, gilt es jetzt in den Gruben und Hütten zur Offensive für ihre gemeinsamen Lebensinteressen, gegen die kapitalistischen Volksausplünderer, in den Kampf zu führen.

Der Appell des Einheitsverbandes der Bergarbeiter, der die sozialdemokratischen, freigewerkschaftlichen und christlichen Arbeiter gemeinsam mit uns zur Erkämpfung höherer Löhne und besserer Arbeitsbedingungen ruft, muß jetzt in die Gruben getragen werden, um zu geschlossenen Aktionen zu kommen.

Die Metallarbeiter der Hütten, die unter unsäglich schlechten Lohnbedingungen und schwerster Arbeit von Hakenkreuz-Kapitalisten ausgebeutet werden, müssen sich Seite an Seite mit den Kumpels der Gruben ohne Unterschied der Partei zum Kampf um Lohn und Brot, gegen ihre gemeinsame Ausbeutung zusammenschließen.

Wir rufen zur kämpfenden Front der Arbeiterklasse die Angestellten und unteren Beamten, die werktätigen Frauen, den städtischen Mittelstand und die werktätigen Bauern! Ihnen allen rufen wir zu:

Kämpf mit uns gegen die Vernichtung eurer Existenz!

Weil wir unsere deutsche Saarheimat wahrhaft lieben, rufen wir euch zu: Duldet niemals, daß die Saar der braunen Kapitalsdiktatur ausgeliefert wird. Weil wir allein wahrhaft die Interessen aller Werktätigen an der Saar vertreten, rufen wir sie zum Kampf gegen Hitler, der sie unter das Joch grausamster kapitalistischer Ausbeutung und politischer Entrechtung zwingen will. Deutsche Arbeiter, deutsche Mittelständler, Angestellte und Kleinbauern sollen nicht zum Objekt verstärkter Ausbeutung der Krupp, Thyssen, Schmidt und Röchling, deutscher Krautjunker und deutscher Finanzkapitalisten werden.

Wir rufen zum Massenkampf gegen Hitler, weil wir nicht wollen, daß die deutsche Jugend von den faschistischen Kriegstreibern auf die Schlachtfelder eines neuen Weltkrieges für die Profitinteressen der in Deutschland herrschenden Geldsäcke, getrieben werden.

Saarwerktätige!
Am 2. Juli tritt zum erstenmal das zur legalen Ermordung Ernst Thälmanns geschaffene oberste Blutgericht zusammen, das von dem Mörder Hitler in zynischer Verlogenheit „Volksgerichtshof" genannt wird. Wir rufen euch auf, diesen Tag zu einem Tag des einheitlichen und geschlossenen Massenkampfes aller Antifaschisten gegen die braunen Arbeitermörder, für die Befreiung Ernst Thälmanns und aller eingekerkerten Antifaschisten zu machen. Tretet sofort in allen Hütten und Gruben zusammen, schafft gemeinsame Kampfkomitees für die Eroberung höherer Löhne, gegen den Anschluß an Hitlerdeutschland, vereinigt euch zum antifaschistischen Kampf für eure Lebensrechte, schafft in allen Abteilungen zur Vorbereitung eurer Kämpfe Vertrauensmänner, nehmt Fühlung miteinander von Abteilung zu Abteilung und schafft so die Voraussetzung für erfolgreiche Kämpfe!

Werktätige! Mittelständler! Kleinbauern! Schafft Kampfkomitees der Kleingewerbetreibenden und Kleinbauern gegen den Anschluß an Hitlerdeutschland, für die Verbesserung eurer Lage!

Arbeiter ohne Unterschied der Partei! Folgt dem Beispiel der Arbeiter von Ottweiler und Burbach! Vereinigt euch alle, alle und sammelt so die Kraft der Arbeiterklasse, die einzige Kraft, die imstande ist, im Gleichschritt mit der Arbeiterklasse im Reich, Hitler an der Saar eine wuchtige Niederlage zuzufügen und eine rote Saar in einem Räte-Deutschland zu schaffen.

Bezirksleitung der Kommunistischen Partei Saargebiet!

Arbeiter-Zeitung, Nr. 138 vom 23. Juni 1934

Brief der KPD/Saar an den Vorstand der SP des Saargebiets — 29. Juni 1934

Tausende sozialdemokratische und kommunistische Arbeiter demonstrierten am 25. Juni auf den Straßen Saarbrückens ihren unbeugsamen Willen zur Kampfeseinheit gegen den Faschismus. In zahlreichen Orten des Saargebiets, so in Ottweiler, St. Arnual, Burbach, Landsweiler usw. haben kommunistische und sozialdemokratische Ortsgruppen gemeinsame Kampfkomitees gebildet, Kampfkundgebungen und Demonstrationen veranstaltet, sind sozialdemokratische und kommunistische Arbeiter zum einheitlichen Massenselbstschutz zusammengetreten, um den faschistischen Terror niederzubrechen und den Faschismus an der Saar zu schlagen. Alle diese Tatsachen sind unwiderlegbare Beweise dafür, daß die Entschlossenheit der Arbeiter zum gemeinsamen antifaschistischen Kampf im ganzen Saargebiet unaufhaltsam wächst. Sie zeigen, daß Zehntausende und aber Zehntausende Arbeiter des Saargebiets von einem Willen beseelt sind: Hitler muß an der Saar geschlagen werden!

Die antifaschistisch gesinnte Arbeiterschaft muß durch die stürmische Entfaltung ihres Massenkampfes die Auslieferung des werktätigen Saarvolkes an das faschistische Blut- und Hungerregime Hitlers verhindern. Dem Anschluß an Hitlerdeutschland würde Ermordung und Einkerkerung Hunderter und Tausender Kämpfer der antifaschistischen Arbeiterschaft, Vernichtung der elementarsten politischen Rechte der Arbeiterklasse, völlige Versklavung und Knechtung aller Werktätigen, Lohnraub, Schließung der Gruben und gesteigerte Arbeitslosigkeit, Auslieferung unserer Jugend als Kanonenfutter für die wütenden faschistischen Kriegstreiber und Vernichtung Tausender Existenzen des werktätigen Mittelstandes und der Kleinbauern bedeuten.

In dem unbeugsamen Willen, alles zu tun, um die Arbeiterklasse im Kampf gegen den faschistischen Todfeind und gegen die drohende Kriegsgefahr zu einigen, richten wir an Euch den Vorschlag, in Einheitsfront den Kampf auf der Grundlage folgender Forderungen, Losungen und Aktionsmaßnahmen zu führen, die den Interessen der gesamten Arbeiterschaft entsprechen und geeignet sind, dem Hitlerfaschismus entscheidende Schläge beizubringen:

1. Sofortige Einleitung von Kampfmaßnahmen für die Befreiung Ernst Thälmanns und aller eingekerkerten Antifaschisten, Organisierung von Kundgebungen und Demonstrationen, Massenprotesten und Proteststreiks. Wir schlagen vor, für diese Forderung im Laufe des Monats Juli einen einheitlichen Kampftag zu veranstalten.

2. Organisierung eines Massenselbstschutzes in allen Orten und Betrieben

zum Schutze des Lebens, der Wohnungen und des Eigentums der Werktätigen gegen den faschistischen Terror.

3. Kampf gegen jede Beschränkung der Versammlungs-, Demonstrations-, Presse- und Koalitionsfreiheit der antifaschistischen Arbeiterschaft, gegen alle Terrorurteile, die von der Saarjustiz gegen antifaschistische Arbeiter gefällt werden, für die Entfernung aller faschistischen Elemente aus der Polizei und Justiz.

4. Gemeinsame Mobilisierung der Arbeiter zum Kampf für Erhöhung der Löhne und Unterstützungen sowie gegen den faschistischen Betriebsterror. Organisierung von Abteilungs- und Belegschaftsversammlungen in den Betrieben sowie von Erwerbslosenversammlungen. Mobilisierung der Gewerkschaftsmitglieder für die Abhaltung gemeinsamer Zahlstellenversammlungen unter Hinzuziehung christlicher Arbeiter, wo zum Kampf für diese Forderung Stellung genommen wird.

5. Bildung von gemeinsamen Kampfkomitees gegen den Anschluß an Hitlerdeutschland und im Falle einer imperialistischen Zwangsabstimmung, für die Beibehaltung des Status quo als dem verhältnismäßig günstigsten Kampfboden für die Arbeiterklasse. Gemeinsame Demonstrationen und Kundgebungen gegen den Faschismus und für die obigen Forderungen in allen Orten und Betrieben.

Durch die Aktionseinheit der sozialdemokratischen und kommunistischen Arbeiter wird es möglich sein, Tausende von christlichen Arbeitern in die Front der antifaschistischen Arbeiterschaft einzureihen und die heute noch unter dem moralischen und materiellen Druck des Faschismus stehenden, aber bereits schwankenden werktätigen Mittelschichten mitzureißen.

Zur Aussprache über unseren Vorschlag und zur Festlegung der einzelnen Maßnahmen für die Durchführung der Einheitsfront schlagen wir Euch vor, eine Besprechung am Dienstag, dem 3. Juli, herbeizuführen, an der Vertreter der Bezirksleitung der Kommunistischen Partei und des Vorstandes der Sozialdemokratischen Partei teilnehmen. Über Zeit und Ort der Besprechung können wir uns durch Rücksprache verständigen. Wir erwarten Eure umgehende Antwort auf diesen Vorschlag.

IML-ZPA: I 3/24/28

Aktionseinheit des KJV und SAJ Saarbrücken
Aufruf an die werktätige Jugend — 12. Juli 1934

Schändlich sind die Verbrechen, die der Hitlerfaschismus am werktätigen deutschen Volk und besonders an der deutschen werktätigen Jugend begangen hat und begeht.

Mit demagogischen Versprechen lockte der Faschismus weite Kreise der deutschen werktätigen Jugend hinter seine Fahne. In den 16 Monaten seiner Herrschaft entpuppte sich der Faschismus als die Henkergarde des deutschen Finanzkapitals, brachte er der Jugend statt Arbeit und Brot Zwangsarbeit, Militarisierung, Lohn- und Unterstützungsraub, faschistischen Arbeitsdienst, Landhilfe, Zerschlagung der Arbeiter-Jugendorganisationen, politische Entrechtung und Versklavung, Auslieferung der Jugend an die Kriegstreiber, die Krupp, Thyssen und Konsorten.

Ein System, aufgebaut auf Mord und Terror, wütet ganz besonders gegen die werktätige Jugend und versucht alle gegen den Faschismus gerichteten oppositionellen Bewegungen zu ersticken, verfolgt und terrorisiert die katholischen Jugendverbände in dem Bestreben, die gesamte werktätige Jugend unter einheitlichem, faschistischem Kommando für die Kriegsziele des deutschen Faschismus zu organisieren. Die in diesen Tagen verübten bestialischen Morde Hitlers an zahlreichen SU-Führern und Unterführern sowie an mehreren seiner früheren und jetzigen politischen Gegner zeigen den Faschismus in seiner wahren Henkerrolle. Bereits heute ist das System des Faschismus derartig erschüttert, daß es die demagogische Opposition der inzwischen viehisch abgeschlachteten Röhm und Strasser, eine Opposition, deren Führer durchaus nicht besser als Hitler waren, eine Opposition, die ihre Ursachen in der ständig wachsenden Empörung unter den Werktätigen in der SU hat, nur noch mit Mord beantworten kann.

Niemals darf die Saar diesen Henkersknechten ausgeliefert werden! Nur die Aktionseinheit des gesamten saarländischen Proletariats und Jungproletariats kann den Anschluß der Saar an das Hitlerregime verhindern.

Die beiden Saarbrücker klassenbewußten proletarischen Jugendverbände haben schon seit vielen Monaten engen Kontakt miteinander gehabt. Verschiedene Veranstaltungen in den Heimabenden legen davon beredtes Zeugnis ab. Sie hatten von allem Anfang an das Ziel, endlich die Aktionseinheit der proletarischen Organisationen zu erreichen. Gemeinsame Aktionen in der letzten Zeit haben diesen Willen praktisch erhärtet.

Nunmehr haben die Sozialistische Arbeiterjugend Saarbrücken und der Kommunistische Jugendverband Saarbrücken beschlossen, auf der Grundlage der von der Sozialdemokratischen und Kommunistischen Partei vereinbarten gemeinsamen Kampfforderungen in dem Aufruf „An das Saarvolk!“, darüber hinaus die werktätige Jugend für folgende Jugendforderungen zum Kampfe aufzurufen!

Wir fordern: Drei Wochen bezahlten Urlaub, Verlegung der Berufsschulzeit in die Arbeitszeit ohne Verlängerung der Lehrzeit. Gemeinsamen Kampf für die Unterstützung aller jugendlichen Erwerbslosen vom 12. Lebensjahr ab.

Kampf gegen die Verschickung von Saar-Jungwerktätigen in den deutschen faschistischen Arbeitsdienst. Gemeinsamer Kampf gegen die Errichtung des Arbeitsdienstes im Saargebiet.

Wir geloben, unsere ganze Kraft für die Niederringung des Faschismus im Saargebiet und damit für die Verhinderung des Anschlusses an Hitlerdeutschland einzusetzen!

Deshalb fordern auch die beiden Jugendverbände gemäß dem Aufruf der beiden Parteien zur sofortigen Bildung eines Selbstschutzes aller antifaschistischen jungen Werktätigen für die Sicherung von Leben, Wohnung und Eigentum gegen den Terror der Hitlerbanden auf.

Mit der Verhinderung des Anschlusses an Hitlerdeutschland wird der Arbeiterklasse in Deutschland und in Österreich die tatkräftige Unterstützung in dem schweren Ringen um ihre Freiheit zuteil. Damit zugleich aber auch gilt es, die kommende große Revolution vorbereiten zu helfen, die nur ein absolut sozialistisches Deutschland zum Ziele haben kann.

In Einheitsfrontaktion vorwärts zum Sieg!

Für den Kommunistischen Jugendverband Saarbrücken: Willi Melwig.

Für die Sozialistische Arbeiter-Jugend Saarbrücken: Walter Köhne.

Arbeiter-Zeitung, Nr. 154 vom 12. Juli 1934

Aufruf der antifaschistischen Einheitsfront „An das Saarvolk“ — Juli 1934

Das furchtbare Verbrechen der Hakenkreuz-Despotie treibt unser deutsches Volk in die Katastrophe. Mit Abscheu und tiefster Empörung blickt das Saarvolk auf die Mordbarbarei Hitlers, deren beispiellose Bestialität durch die letzten blutigen Ereignisse in ihrer grauenerregenden Scheußlichkeit vor der ganzen Welt enthüllt wurde. Niemals war es deutlicher, daß Hitler der verächtliche Knecht der Bank- und Börsenfürsten, der Schwerindustrie und der ganzen Reaktion in Deutschland ist. Hunderte der ältesten seiner Kameraden in der SA, die er noch vor kurzem als „Garanten der nationalsozialistischen Revolution“ bezeichnete, läßt er heute niederkartätschen, weil sie die Einhaltung des „unabänderlichen“ Programms, für dessen

Durchführung er mit seinem Leben einstehen wollte, forderten! Niemals darf die deutsche Saar an dieses Regime von Henkern und Abenteurern ausgeliefert werden. Weil wir unser deutsches Volk lieben, weil wir es vor neuen Kriegsschrecken bewahren und weil wir es aus der modernen Leibeigenschaft des reaktionärsten Kapitalismus unserer Tage befreien wollen, — deshalb kämpfen wir für die Niederlage und den Sturz der Hitlerdiktatur.

Stürmisch entfaltet sich die kämpfende Einheitsfront an der Saar gegen den Hitlerfaschismus. Schon marschieren sozialdemokratische und kommunistische Arbeiter Schulter an Schulter, und ihre prachtvolle Aktionseinheit übt eine tiefe Wirkung auf die bisher verführten Werktätigen der sogenannten „Deutschen Front" aus. In dem Willen, diese Einheitsfront zu einer unwiderstehlichen Flut des antifaschistischen Kampfes anschwellen zu lassen, haben die Sozialdemokratische und die Kommunistische Partei des Saargebiets beschlossen, gemeinsam den Kampf gegen den Anschluß des Saargebietes an ein Hitlerdeutschland zu führen, und im Falle einer Abstimmung für die Formel: „Beibehaltung der bestehenden Rechtsordnung" als dem verhältnismäßig günstigsten Kampfboden für die Werktätigen einzutreten und für das Selbstverwaltungs- und Selbstbestimmungsrecht der deutschen Saarbevölkerung zu kämpfen.

Um Hitler an der Saar zu schlagen, rufen die Kommunistische Partei und die Sozialdemokratische Partei die Arbeiter und das ganze Saarvolk zur Durchführung von gemeinsamen Aktionsmaßnahmen, gemeinsamen Kundgebungen, Versammlungen und Demonstrationen gegen den Faschismus, für die Befreiung aller antifaschistischen Gefangenen, insbesondere Thälmanns, Torglers, Nierendorfs, Ossietzkys, Klüß usw. auf.

Bildet im ganzen Saargebiet einheitliche Kampfkomitees gegen den Anschluß an ein Hitlerdeutschland!

Vereinigt euch zum Selbstschutz aller Antifaschisten für die Sicherung von Leben, Wohnung und Eigentum gegen den Terror der Hitlerbanden!

Kämpft für die Versammlungs-, Demonstrations-, Presse- und Koalitionsfreiheit, gegen die Faschisierung von Verwaltung, Justiz und Exekutive und deren Terror gegen die Antifaschisten, für die Entfernung aller faschistischen Elemente aus diesen Körperschaften, für die Ausmerzung aller Gleichschaltungsmaßnahmen der Hitlerfront.

Schließt euch fest und restlos zum gewerkschaftlichen Kampf zusammen, kämpft für die Erhöhung der Löhne, Renten und Unterstützungen und die Verbesserung aller sozialen Errungenschaften, gegen faschistischen Betriebsterror und für den möglichst lückenlosen Zusammenschluß aller Arbeiter, Angestellten und Beamten in den Gewerkschaften unter Bekämpfung aller Gelben.

Die Sozialdemokratische und Kommunistische Partei erklären, daß sie ungeachtet ihres Willens die Aktionseinheit der sozialdemokratischen und kommunistischen Arbeiter herzustellen, ihre prinzipielle Auffassung über das Ziel und die Taktik der sozialistischen Arbeiterbewegung und ihre organisatorische Selbständigkeit aufrechterhalten.

An das ganze Saarvolk wenden wir uns zur Aufrichtung einer wuchtigen und allumfassenden antifaschistischen Front!

Es geht um die Existenz und das Wohl unserer deutschen Saarheimat und unseres ganzen deutschen Volkes!

Deshalb vorwärts, Antifaschisten in Stadt und Land. Getragen von unserer Siegesgewißheit wollen wir Hitler schlagen!

Es lebe die kämpfende Einheitsfront der Werktätigen, es lebe die antifaschistische Front!

Für die Kommunistische Partei Saargebiet: Fritz Pfordt

Für die Sozialdemokratische Landespartei Saargebiet: Max Braun

Arbeiter-Zeitung, Nr. 147 vom 4. Juli 1934

Die Kommunistische Partei versichert den katholischen Werktätigen: Vollste Glaubens-, Religions- und Gewissensfreiheit

Jeder Katholik, der Gewissensfreiheit, Glaubens- und Religionsfreiheit will, kämpft mit uns für Status quo! — 14. August 1934

Der Vertreter des Zentralkomitees der Kommunistischen Partei Deutschlands verlas auf der Parteiarbeiterkonferenz des Saargebiets unter dem stürmischen Beifall der gesamten Konferenz folgende Erklärung an die katholischen Werktätigen:

Glaubt nicht der Lüge und Verleumdung, daß wir Kommunisten die Monstranzen rauben, die Tabernakel stehlen, die Opferstöcke plündern wollen.

So lügen die Nazis, die Priester foltern, Arbeitereigentum stehlen und die Jugend tyrannisieren.

Wir Kommunisten werden nie und niemals eure religiösen Kulthandlungen schmähen und verspotten. Wir wollen keinen Kulturkampf. Wir werden niemals Gläubige wegen ihres Glaubens und ihrer Religion verfolgen.

Wir versichern auch die vollste Glaubens-, Religions- und Gewissensfreiheit.

Wir werden eure kirchlichen Einrichtungen, die eurer Religion dienen, niemals antasten.

Wir werden niemals Katholiken an der Ausübung ihrer Religion verhindern.

Wir erklären: Katholische Werktätige, auch wenn sie noch Mitglieder der Kirche sind, können Mitglieder unserer Partei werden. Jeder Katholik, der die Gewissensfreiheit, der die Glaubens- und Relegionsfreiheit will, kämpft mit uns für den „Status quo"! Diese Erklärung stellt die unveränderliche Politik dar, die die Kommunistische Partei Deutschlands gegenüber allen katholischen Werktätigen treibt und stets treiben wird. Aber es ist von allerhöchster politischer Bedeutung, daß diese Erklärung gerade vor den Werktätigen des Saargebiets abgegeben wurde. Ist es doch hier den Faschisten von der Deutschen Front, den Parteigenossen des Millionärs Röchling mit Hilfe Kiefers und Konsorten gelungen, einen Teil der christlichen Werktätigen durch übelste Hetze an den Wagen der faschistischen Volksverderber, der Mörder Klauseners, Probsts und Winklers, zu spannen. Sie wollen es dahin bringen, daß auch an der Saar die katholischen Werktätigen vogelfrei, daß ihre Gewerkschaftsorganisationen vernichtet, daß sie zu Tausenden in die Konzentrationslager geworfen werden wie im Dritten Reich Hitlers.

Zweifellos gibt es heute noch christliche Werktätige, die nicht glauben wollen, daß in Hitlerdeutschland finsterste mittelalterliche Barbarei herrscht. Ihnen rufen wir zu: Überzeugt euch selbst, wer recht hat: Die antifaschistische Einheitsfront, eure Klassenbrüder, oder die Partei Röchlings! Entsendet christliche Arbeiter und Bauern als Delegierte — nicht zu chauvinistischen Aufmärschen wie in Ehrenbreitstein, sondern in die Rhön, den Spessart, ins Neckartal. Dort sollen sie mit eigenen Augen sehen, wie der deutsche Kumpel, der deutsche Bauer und Katholik zugrunde geht, wie die Kirchen geschändet, Gläubige gequält und tyrannisiert werden. Laßt euch von ihnen berichten, und ihr werdet mit uns einverstanden sein, wenn wir sagen: Um keinen Preis zurück ins „Dritte Reich" des Mordes und der Knechtung!

Schon sind überall an der Saar Komitees gegen den Anschluß an Hitlerdeutschland gebildet worden, in denen sozialdemokratische, kommunistische und auch christliche Arbeiter gemeinsam gegen den faschistischen Todfeind kämpfen. Jetzt, katholische Werktätige, hinein in die antifaschistische Einheitsfront. Tretet geschlossen in die Formation des Massenselbstschutzes ein, um den Terror der braunen Front zu brechen. Christliche Werktätige, schließt euch an der Einheitsfront aller Werktätigen, um Hitler eine vernichtende Niederlage zu bereiten, damit der Weg für die rasche Rückkehr in ein freies Deutschland bereitet wird. Marschiert alle im Zeichen der Kampfeseinheit gegen den Faschismus, den alle Werktätigen mit jeder Faser ihrer Herzen hassen, in Massen am 26. August in Sulzbach auf: gegen den chauvinistischen Aufmarsch der Faschisten in Ehrenbreitstein, für den Sieg des Status quo!

Arbeiter-Zeitung, Nr. 182 vom 14. August 1934

„Wenn du leben willst, stimme gegen Hitler!"
Unterredung des Redaktionsvertreters der „Arbeiter-Zeitung" mit Genossen Dimitroff

Unser Moskauer Berichterstatter hat den großen Kämpfer gegen den Faschismus, den Genossen Georgi Dimitroff, der sich durch sein heldenhaftes Auftreten im Leipziger Reichstagsbrandprozeß die Liebe des werktätigen Volkes der ganzen Welt erworben hat, um eine Aussprache über das Schicksal des Saarvolkes gebeten. Angesichts der weltpolitischen Bedeutung der Saarabstimmung hat der Genosse Dimitroff über die brennendsten Fragen, die jeden Arbeiter, jede Arbeiterfrau, jeden Angestellten, jeden Beamten, jeden Mittelständler und jeden Kleinbauern unabhängig von seiner politischen und konfessionellen Einstellung an der Saar bewegen, folgendes erklärt:

Warum Status quo?

Ich verfolge mit größter Aufmerksamkeit den Kampf des Saarvolkes. Es ist bekannt, daß wir Kommunisten den Status quo nicht für eine Endlösung für das Saargebiet halten, ebensowenig die Werktätigen des Saargebiets. Wir Kommunisten sind für eine volle Befreiung der Saarbevölkerung, auch für die Beseitigung eines jeden Regimes der Völkerbundsregierung. Es ist aber heute so, daß die Saarbevölkerung jetzt nur zwischen zwei Möglichkeiten zu wählen hat:

Entweder für den Status quo zu stimmen oder für Anschluß an das faschistische Hitlerdeutschland. Eine dritte Möglichkeit gibt es gegenwärtig nicht. Das Saargebiet ist ein deutsches Gebiet und soll deutsch bleiben. Die Saarländer werden immer für die Wiedervereinigung mit dem deutschen Volk kämpfen, aber sie werden diesen Kampf erst in dem Augenblick durchführen, in dem es im wirklichen Interesse Deutschlands und der Saar liegt. Die Saarländer können nicht um jeden Preis und unter allen Umständen für die staatliche Wiedervereinigung eintreten. Der Anschluß des Saargebiets an Deutschland bedeutet heute, daß sich die Saar der Hitlerherrschaft unterwirft. Diese Hitlerherrschaft in Deutschland ist aber in Wirklichkeit eine Herrschaft gegen das eigene deutsche Volk. Die jetzige Hitlerherrschaft in Deutschland mit dem deutschen Volke gleichzustellen, ist eine riesengroße Dummheit. Der Unterschied zwischen dem Willen des deutschen Volkes und der Hitlerherrschaft ist wie der zwischen Feuer und Wasser, zwischen Himmel und Erde. Wenn das deutsche Volk die Möglichkeit hätte, frei auszusprechen, was es innerlich denkt, was es für das Saargebiet wünscht, würde es millionenfach in die Welt rufen:

„Saarbrüder, bleibt weg von Hitlerdeutschland!"
Jeder Saarländer, der für die Freiheit des Saarvolkes, für den Frieden ein-

tritt, der die erworbenen Rechte der Werktätigen nicht preisgeben will, der wirklich sein eigenes Volk liebt, der sich die Leiden der Millionen Brüder in Deutschland zu Herzen nimmt, — der muß mit aller Kraft und aller Entschiedenheit gegen den Anschluß des Saargebietes an Hitlerdeutschland eintreten.

Ich habe viele Briefe aus dem Saargebiet und aus Deutschland erhalten. Ein Gedanke spricht aus ihnen:

Alles gegen den Hitlerfaschismus, der das deutsche Volk im Dienste der Industriekönige und der Bankherren versklavt hat. Es ist kein Wunder, wenn die Massen des Saargebiets nicht von Hitlers Banden mißhandelt, geprügelt und ins Konzentrationslager gesperrt werden wollen.

Sie wollen nicht im Interesse Röchlings, von Papen, Wolff und Co. sich entrechten lassen und ihre gewerkschaftlichen Tarifverträge zerschlagen lassen.

Sie wollen nicht, daß ihre Jugend aus den Betrieben in die Kasernen getrieben wird, daß ihre Frauen und Töchter zu Menschen zweiten Ranges gemacht werden.

Sie wollen nicht, daß der Mittelstand und die Kleinbauern durch Steuern und Zwangsspenden ausgeplündert und ruiniert werden.

Sie wollen nicht, daß das Saargebiet zur Basis für den Kriegsaufmarsch Hitlers wird.

Sie wollen nicht, daß große Werke deutscher Literatur, Wissenschaft und Kunst vernichtet und auf öffentlichen Plätzen verbrannt werden.

Sie wollen nicht, daß auch das Saargebiet, ebenso wie Hitlerdeutschland, als ein Herd faschistischer Pest und Barbarei, von allem, was ehrlich und fortschrittlich in der Welt ist, gehaßt wird.

Deswegen ist es nur zu begreiflich, wenn sie die Abstimmung für den Status quo vorziehen. Ich meine aber noch mehr:

Jede Stimme für den Anschluß an Hitlerdeutschland ist eine Stimme gegen das deutsche Volk, ist eine Stimme für die Unterdrückung der werktätigen Massen.

Denn wenn Hitler an der Saar einen Erfolg hätte, würde dies die Ermunterung zu noch unerträglicherer Knechtung und Ausbeutung des deutschen Volkes werden, würde das ein weiterer Ansporn für die faschistischen Kriegstreiber sein. Umgekehrt aber:

Eine Niederlage Hitlers an der Saar bedeutet einen wuchtigen Schlag gegen den Faschismus nicht nur in Deutschland.

Was würde aus dem Saargebiet unter Hitlers Herrschaft?

Hitler versucht, die Saarbevölkerung durch die verschiedensten Versprechungen an sich zu locken. Es ist aber altbekannt, daß Hitler auch den

Millionen deutschen Werktätigen im Deutschen Reich mit einem großen Maul schöne Versprechungen gemacht hat. Ich frage: Ist auch nur eine einzige der Versprechungen für die arbeitende Jugend, für die Frauen, für die Kleinbauern und den Mittelstand erfüllt worden?

Ist es nicht wahr,
daß die Löhne durch direkten Lohnabbau und Zwangsspenden um etwa 20 Prozent gesunken sind, während gleichzeitig die Dividenden der Großkapitalisten steigen?
daß Hitler 1933 den Erwerbslosen aus ihrer Versicherung 690 Millionen gestohlen hat?
daß Leistungen der Knappschaftsversicherung abgebaut, die Sozialversicherung zerschlagen wurde?

Ist es nicht wahr,
daß der Konsum der Werktätigen im Reich im ersten Halbjahr 1934 um 6,9 Prozent sogar gegenüber 1933 zurückgegangen ist?
daß die Arbeiterpresse, die Gewerkschaften zertrümmert wurden?
daß der gesamte Mittelstand Deutschlands durch Teuerung, Spenden, Steuern ausgeplündert wird und keine Kredite erhält, während zur selben Zeit die großkapitalistischen Bankherrn und Warenhäuser Millionen über Millionen Subventionen bekamen?

Ist es nicht wahr,
daß jedes selbständige Denken brutal unterdrückt wird und die besten Vertreter der Wissenschaft, Literatur und Kunst verfolgt, gepeinigt und aus dem Lande getrieben wurden?
daß Tausende von Katholiken und ihre Pfarrer terrorisiert, mißhandelt wurden?
daß Führer der katholischen Organisationen, Klausner, sowie Führer der katholischen Jugend, Probst, ermordet und verbrannt worden sind?

Ist es nicht wahr,
daß Hitler am 30. Juni Hunderte seiner eigenen Anhänger hinterlistig und bestialisch ermorden ließ?

Ist es nicht wahr,
daß Tausende und aber Tausende der besten Söhne des deutschen Volkes wie Hunde hinter Drahtzäunen in Konzentrationslager eingesperrt sind?
daß Frauen als Geiseln ins Gefängnis geworfen wurden?
daß Ernst Thälmann, der Führer der deutschen Arbeiterklasse, seit fast zwei Jahren im Kerker sitzt, mißhandelt wird und vor ein Blutgericht gestellt werden soll?
daß die Zahl der zum Tode Verurteilten und Hingerichteten ständig anwächst?
daß eine Reihe von Gefangenen auf der „Flucht“ erschossen wurden?

Ist es nicht wahr,
daß fast überall, wo im Reich Schlote rauchen, für den Krieg gearbeitet wird und daß die deutschen Rüstungen mit den den Arbeitern gestohlenen Geldern bezahlt werden?

Wenn das so ist — und es ist unbestreitbar so —, wer sieht dann nicht ein, daß ein Anschluß an dieses Hitlerdeutschland bedeutet: Sklavenlohn, Geisel und Zwangsarbeit, Schrecken der Konzentrationslager, Fesselung des Geisteslebens, die Herrschaft des Henkers und der Wahnsinn des Krieges.

Hitler sagt, daß diejenigen Saarländer, die für den Status quo stimmen, ihr Volk verraten. Es ist aber gerade umgekehrt: Wer nach allen Schandtaten und Verbrechen, die Hitler am deutschen Volk beging, noch für den Anschluß stimmt, begeht Verrat an den Lebensinteressen und an der Zukunft des deutschen Volkes.

Hitlers Herrschaft wird vorübergehen, das werktätige deutsche Volk aber wird leben. Diesem Volk, das sich heute schon nach Befreiung von der faschistischen Diktatur sehnt und gegen sie kämpft, dürfen die Saarländer nicht in den Rücken fallen. In den Händen des Saarvolkes selbst liegt seine Freiheit und Zukunft.

Was ist zu tun?

Wie sollen die Massen das Kommen der faschistischen Barbarei und Knechtung verhindern? Es ist begreiflich, daß unter der Saarbevölkerung politische Differenzen sind, und daß kommunistische, sozialdemokratische und katholische Arbeiter Meinungsverschiedenheiten haben. Ich bin aber der Meinung: Das Gebot der Stunde ist die einheitliche Aktion gegen die faschistische Versklavung.

Haben denn nicht die christlichen, sozialdemokratischen und kommunistischen Arbeiter die gleichen Interessen?

Haben sie deshalb nicht auch die gleiche Pflicht, zu verhindern, daß der Boden und die Bevölkerung der Saar als weiteres Werkzeug für die Kriegspläne Hitlers dienen sollen.

Mit großer Befriedigung habe ich, zusammen mit den Werktätigen der ganzen Welt die Entwicklung der Einheitsbewegung der kommunistischen, sozialdemokratischen und christlichen Werktätigen gegen den Anschluß an das Deutschland von Hitler und Göring verfolgt. Die mächtige Demonstration des Saarvolkes in Sulzbach war herrlich. Aber im Vergleich zur Rüstung des Feindes ist die Einheitsaktion weitaus nicht groß genug.

Ich begrüße diejenigen, die schon heute und nicht erst kurz vor dem 13. Januar alle Kräfte anspannen, um Schritt für Schritt und Tag für Tag Aufklärung zu schaffen, in den Betrieben, in den Gewerkschaften, an den Stempelstellen, in den Kulturorganisationen, in den Wohnungen des werktätigen Volkes in Stadt und Land, überall, die Agenten Hitlers entlarven, die Aufklärung schaffen. Aufklärung bis zum letzten Mann, bis zur letzten Frau und bis zum letzten Jugendlichen!

Aufklärung zu schaffen ist die große heilige Pflicht eines jeden Saarländers gegen sich selbst, gegenüber seiner Familie und seinem Volk, gegenüber dem internationalen Proletariat und der Menschheit. Millionen Unterdrückte in Deutschland und in der ganzen Welt blicken heute auf das Saarvolk. Die Verantwortung des Saarvolkes vor der Geschichte ist gewaltig.

Der Kampf an der Saar ist die große Schlacht zwischen Freiheit und Barbarei, zwischen Frieden und Krieg.

Arbeiter-Zeitung, Nr. 232 vom 10. Oktober 1934

Brief der KPD/Saar an den Vorstand der SP des Saargebiets — 12. Oktober 1934

Wir drücken unser Erstaunen aus, daß Eure Vertreter zu der von uns gemeinsam festgelegten heutigen Unterredung nicht erschienen sind. Auch die von Genossen Wacker angegebene Begründung, daß ein Irrtum in der Zeitangabe unterlaufen sei, erscheint uns nicht stichhaltig für die Verschiebung einer politisch so wichtigen Unterredung. Wir sind der Auffassung, daß in Zukunft Sicherungen geschaffen werden müssen, damit bei der sich täglich zuspitzenden politischen Lage, wo es oft bei einer Entscheidung auf wenige Stunden ankommt, ähnliche Verzögerungen nicht entstehen. Bei einer solchen Situation, wie sie durch das Verbot zweier antifaschistischer Zeitungen geschaffen wurde, ist es unseres Erachtens durchaus notwendig, schnell zusammen zu treten und sogar andere Tagesarbeiten entweder zu verschieben oder durch andere Funktionäre ausführren zu lassen.

Wir überreichen Euch in der Anlage 3 Entwürfe:

1. Eine Protesterklärung der Einheitsfront gegen die Zeitungsverbote.
2. Einen gemeinsamen Appell an die Bevölkerung gegen die Zeitungsverbote im Zusammenhang mit der Marseiller Kriegsprovokation.
3. Einen gemeinsamen Aufruf zur Solidarität mit den spanischen Arbeitern.

Zu 1. Wir sind der Ansicht, daß noch unbedingt morgen eine gemeinsame Delegation der Einheitsfront die Protesterklärung bei der Regierung überreichen muß. Es ist deshalb notwendig, sich morgen Vormittag telephonisch zu verständigen.

Zu 2. Es ist notwendig, eine wirklich breite Protestwelle gegen die Zeitungsverbote zu organisieren. Aus diesem Grunde schlagen wir vor, den vorliegenden Appell als gemeinsames Flugblatt in einer Massenauflage zu verbreiten.

Zu 3. Wir sind der Auffassung, daß es ein elementares Erfordernis der internationalen proletarischen Solidarität ist, alles zu tun, was in unserer Kraft steht, um den spanischen Arbeitern, die in beispielloser Aktionseinheit eine Entscheidungsschlacht gegen die faschistische Konterrevolution schlagen, zu Hilfe zu kommen. Wir schlagen zu diesem Zweck den beiliegenden Aufruf vor, der allerdings, da die Ereignisse drängen, keinen Aufschub duldet.

Ihr werdet sicher bereits von dem Kampfvorschlag, den das Exekutivkomitee der Kommunistischen Internationale an die Sozialistische Arbeiter-Internationale gerichtet hat, Kenntnis genommen haben. Wir, die wir bereits die Einheitsfront verwirklicht haben, sollten so schnell als möglich ein Beispiel internationaler Solidarität geben.

Wir hoffen, daß Ihr uns bereits morgen Eure Stellungnahme zu den überreichten drei Entwürfen mitteilen könnt. Wir sind selbstverständlich bereit, morgen zu einer Unterredung zusammenzutreten.

IML-ZPA: I 3/24/28

Winterhilfsaktion der Einheitsfront!
Aufruf der KP des Saargebiets, KJV, IAH, Sozialdemokratische Landespartei Saargebiet, SAJ, AW — 31. Oktober 1934

Saarländisches werktätiges Volk! Sozialberechtigte, Kriegs- und Arbeitsopfer, Knappschaftspensionäre, Pensionsbezieher aus öffentlichen und privatbetrieblichen Pensionskassen, Unfallrentner, Witwen und Waisen, Wohlfahrtsempfänger, Erwerbslose, Arbeiterfrauen und Jugendliche, Kleinbauern und Kleingewerbetreibende! Die unterzeichneten Organisationen rufen euch auf zum einheitlichen Kampf, damit der kommende Winter nicht noch eine weitere Steigerung des Elends, der Ausbeutung und Entmachtung bringt. Hitlers würgende Hand reicht schon jetzt über die Saargrenzen hinweg. Der von Hitler diktierte gesteigerte Renten- und Leistungsraub und alle Notverordnungen, die er restlos bestehen ließ, wurden mit voller Billigung der Organe der „Deutschen Front" auch auf die Saarländische Sozialgesetzgebung übertragen. Die gleichgeschalteten Gemeindeverwaltungen bringen die Abbaumaßnahmen und Ausbeutungsmethoden (Senkung der Richtsätze, Wegfall der Mietzuschüsse, fast völlige Beseitigung der ergänzenden Fürsorge, Einführung der Pflichtarbeit usw.), wie sie im Reich durchgeführt werden, bereits auch hier an der Saar in Anwendung.

Bei einem Anschluß des Saargebietes an Hitlerdeutschland aber wird es noch schlimmer kommen!

Das Hitlerregime hat das Elend der deutschen Sozialberechtigten, der Wohlfahrtsempfänger, der Erwerbslosen ins Unerträgliche gesteigert. „Innerhalb von 24 Stunden nach der Machtergreifung werden wir die Notverordnungen mit einem Federstrich beseitigen". — Mit diesen und anderen verlogenen Phrasen gelang es den Agenten Hitlers, Hunderttausende hungernder Rentenempfänger vor den Karren des Faschismus zu spannen. Zwanzig Monate bereits regiert Hitler. Keine, buchstäblich keine einzige der zahllosen Versprechungen, die er den Werktätigen gab, wurde gehalten. Die Löhne der Arbeiter und Angestellten, die um 40 bis 50 Prozent gesenkt wurden, übersteigen heute nur noch um ein geringes die Orts-Armenzuschläge. Gleichzeitig wurden die Preise für die lebensnotwendigsten Nahrungsmittel, den Forderungen der Großagrarier entsprechend, beträchtlich erhöht.

Fast zweieinhalb Millionen Erwerbslose wurden aus der Erwerbslosenversicherung ausgeschlossen, Männer und Frauen wurden zu Hunderttausenden den Großagrariern als moderne Sklaven ausgeliefert. Die werktätige Jugend wird aus den Betrieben verjagt und in den Arbeitsdienst geschleppt, wo sie aufs brutalste ausgebeutet und militärisch gedrillt wird. Die Erwerbslosenunterstützungssätze wurden um durchschnittlich 30 Prozent gesenkt. Die Krankenkassen raubten den Versicherten im ersten Halbjahr durch Leistungsabbau mehr als 120 Millionen Mark bei gleichzeitiger Beitragserhöhung. Die Renten der Invaliden, Witwen und Waisen wurden von Hitler um 20 bis 30 Prozent gekürzt. Die Pensionen aus der Knappschaftsversicherung wurden weiter abgebaut. Nach dem ungeheuren Rentenraub, den gerade die Kriegsopfer seit Jahren erlebt haben, erfolgte ein genereller Raubzug gegen sie in Form einer „Nachprüfung aller zu Unrecht bezogener Renten". Dieselben Maßnahmen wurden von Hitler auch gegenüber den Rentenempfängern aus der Invalidenversicherung angeordnet. Die Reichsausschüsse zur kommunalen Wohlfahrtspflege wurden im Etatsjahr 1934 von 700 auf 400 Millionen gesenkt. Noch brutaler bauten die Gemeinden die Wohlfahrtspflege ab.

Während die Hitlerdiktatur die Hungerpeitsche über den Werktätigen schwingt, betreibt sie gleichzeitig fieberhaft die Kriegsvorbereitung, wirft Milliarden dem Rüstungskapital und den Großagrariern in den nimmersatten Rachen.

Um den Widerstand der betrogenen und ausgeplünderten Volksmassen zu brechen, hat Hitler im Auftrag des Monopolkapitals die Gewerkschaften aufgelöst, den Arbeitern das Koalitionsrecht genommen, alle Kampforganisationen, auch die der Sozialberechtigten, zerschlagen, den Versicherten jedes Mitbestimmungsrecht in den Verwaltungskörperschaften geraubt. Systematisch wird die Arbeiterjugend durch die übelste chauvinistische Hetze und einen scharfen militärischen Drill geistig und körperlich auf den kommenden Krieg eingestellt.

Mit Konzentrationslager, Zuchthaus und Henkerbeil führt der Nationalsozialismus ein Blutregiment zur Niederhaltung des arbeitenden Volkes. Dies Schicksal, Saarländer, wollen auch euch die Hitleragenten und Röchlingknechte bereiten. Das könnt und müßt ihr verhindern!

Werktätige an der Saar! Setzt euch vereinigt zur Wehr! Schlagt die blutbesudelten Hände der braunen Volksverderber von der Saar zurück! Stimmt in Stadt und Land, Männer und Frauen, geschlossen für den Status quo!

Anschluß an Hitlerdeutschland bedeutet für euch vermehrte Ausplünderung und völlige Entrechtung!

Status quo sichert eure bisherigen Rechte und die Weiterzahlung der Renten für die saarländischen Kriegsopfer und die Zuschüsse für die Invaliden- und Knappschaftsversicherung. Status quo gibt euch einen günstigen Kampfboden für die Verbesserung eurer Lebensbedingungen! Diesen Kampf müßt ihr in einheitlicher Front führen!

Schluß mit Hitlers Hungerkurs! Brot für alle ist da! Es gibt genug Fleisch und Kartoffeln, genügend Milch für unsere Kinder. Kohlen sind im Überfluß da! Niemand brauchte zu hungern und zu frieren! Arbeit, Brot, gesunden Wohnraum für alle! Licht und Lebensraum für die Kinder der Werktätigen, die heute an Skrofulose und Tuberkulose zugrunde gehen.

Wir rufen die Werktätigen, alle freiheitlichgesinnten und insbesondere die christlichen Arbeiter, die Kleingewerbetreibenden, die Kleinbauern und die Geistesarbeiter auf zur Durchführung der Winterhilfsaktion der Einheitsfront gegen Hunger und Kälte! Die ausgeplünderten Massen brauchen eine wirkliche, ausreichende, allen Notleidenden ohne Rücksicht auf ihre politische und weltanschauliche Einstellung zugute, saubere, das heißt unter der Kontrolle der Werktätigen selber, zur Verteilung kommende Hilfe.

Wie im Vorjahr organisieren die Organe der Deutschen Front ihren korrupten Winterhilfsschwindel unter anderer Flagge. Bis heute ist noch keine Abrechnung vom vorigen Winter erfolgt.

Wie im Reich, so haben sich auch hier an der Saar Nazibonzen an den aufgebrachten Geldern bereichert. Erinnert Euch der Pfeilstücker, Roth und anderer Nazigrößen, die die Gelder des Volkes verpraßt haben!

Daher kein Gramm und keinen Groschen weder aus öffentlichen Mitteln noch aus privater Hand für den Nazi-Winterhilfsschwindel! Gegen die erbärmlichen Betrugsmanöver der Deutschen Front zur machtvollen Entfaltung der Winterhilfsaktion der Einheitsfront, zur höchsten Steigerung unseres Kampfes gegen Hitler, rufen wir auf zum Saarländischen Kampfkongreß am 25. November für Arbeit, Lohnerhöhung, Sicherung und Aufbesserung der Renten und Pensionen, der Wohlfahrts- und Erwerbslosenbezüge! Für den Sieg des Status quo!

Alle Betriebsarbeiter, die Erwerbslosen, alle Renten-, Pensions- und Wohlfahrtsempfänger, die notleidenden Bauern und Kreise der Mittelständler, alle ihre Organisationen, alle gewerkschaftlichen und sozialpolitischen Verbände müssen diesen Kampfkongreß beschicken. Haltet Versammlungen ab und wählt Eure Delegierten! Das ist unser Kampfprogramm:

Schluß mit dem Lohnabbau, den Massenentlassungen und der Pflichtarbeit! Schluß mit dem von Hitler diktierten Rentenraub und Leistungsabbau!

Sofortige Erhöhung der Löhne, der Rentenbezüge, der Pensions-, der Wohlfahrtsleistungen und der Erwerbslosenunterstützung!

Gegen jede Form von Arbeitsdienst für die Jugendlichen!

Arbeitsbeschaffung durch die Regierung und die Kommunen zu Tariflöhnen!

Ausreichende Winter-Sonderhilfe seitens der Regierung und der Kommunen! Barunterstützung zur Sicherung einer ausreichenden Ernährung und Bekleidung aller Sozialberechtigten, der Erwerbslosen und Wohlfahrtsempfänger!

Schulspeisung für alle Kinder der Werktätigen!

Eröffnung von Küchen und Wärmehallen durch die Gemeinden unter Verwaltung der Ortskomitees der Winterhilfsaktion gegen Hunger und Kälte! Übernahme der Kosten für die bereits bestehenden und noch zu schaffenden Einrichtungen durch die Gemeinden!

Beseitigung der massenbelastenden Steuern und Abgaben. Die Reichen sollen zahlen!

Unterstützung der verarmten Mittelständler und Kleinbauern aus öffentlichen Mitteln!

Schafft überall Ortskomitees zur Vorbereitung des Kampfkongresses und zur Führung der Winterhilfsaktion der Einheitsfront!

Die Betriebe, die Erwerbslosenausschüsse, Frauenkomitees, die Jugendorganisationen, die Komitees der Kleinbauern und die Vereinigungen des Mittelstandes vereinigten sich mit den Ortskomitees zum Kampf für unsere Forderungen.

Organisiert die Solidarität auf breitester Grundlage für die antifaschistische Winterhilfsaktion der Einheitsfront!

Mobil gemacht in Hütte und Schacht, in den Quartieren der Armut und den Dörfern zum Kampfkongreß am 25. November!

Vorwärts zum Kampf und machtvoller Aktionseinheit aller Werktätigen! Gegen den braunen Hungerkurs! Für ausreichende Löhne und Aufbesserung aller Sozialleistungen!
Für den Sieg des Status quo!

Kommunistische Partei
des Saargebiets
Fritz Pfordt
Kommunistischer Jugendverband
Internationale Arbeiter-Hilfe

Sozialdemokratische Landespartei
Saargebiet
Max Braun
Sozialistische Arbeiter-Jugend
Arbeiter-Wohlfahrt

Arbeiter-Zeitung, Nr. 239 vom 31. Oktober 1934

Das ist internationale Solidarität!
Gennevilliers übernimmt Patenschaft für Völklingen
Bericht vom 15. November 1934

Uns geht folgende Entschließung von den Gemeinderäten der antifaschistischen Volksfront in Gennevilliers zu:

Heute, am 26. Oktober, tritt zum erstenmal unser Gemeinderat zusammen, der alle Schichten der werktätigen Bevölkerung von Gennevilliers vertritt.

Die 27 Gemeinderäte, gewählt im Zeichen der Aktionseinheit gegen Elend, Faschismus und Krieg, versichern den Kameraden an der Saar ihre tatkräftige Solidarität.

Hitler will euch unter sein Joch spannen. Doumerque ist für uns der französische von Papen.

Eure Röchlings heißen bei uns Schneider, Citroen, Chenard ... für ihre Arbeiter sind sie die gleichen grausamen Herren.

Um euch saarländische Genossen in eurem Kampf, der auch der unsere ist, zu helfen, verpflichten wir uns, die Patenschaft über die Werktätigen der Stadt Völklingen zu übernehmen, die uns von dem gewaltigen internationalen Saartreffen am 5. August her bekannt ist.

Stellen wir eine enge Verbindung zwischen den werktätigen Massen von Völklingen und Gennevilliers her, unterstützen wir uns gegenseitig!

Wir wollen ein lebendes Beispiel dafür werden, wie man die proletarische

Solidarität in internationalem Maßstabe in die Tat umsetzt.

Nieder mit Hunger, Krieg und Faschismus!

Es lebe der Zusammenschluß der Werktätigen in der ganzen Welt!

Für den Gemeinderat: Der Bürgermeister: gez. J. Grandel.

Arbeiter-Zeitung, Nr. 251 vom 15. November 1934

Volksfront gegen Hitler!
Für Status quo und späteren Anschluß an ein freies Deutschland —
28. November 1934

Einige Wochen trennen uns noch von der Abstimmung am 13. Januar 1935, in der über die nächste Zukunft des Saargebietes entschieden werden soll.

Die Entscheidung, die am 13. Januar gefällt wird, ist die Entscheidung: Gegen Hitler, gegen die Hunger- und Kriegspolitik des „Dritten Reiches“, gegen die vollständige Entrechtung der Volksmassen, gegen Konzentrationslager und Mord, gegen den Untergang Deutschlands für Freiheit, Frieden und Sozialismus!

Wir wollen ein Deutschland, das frei ist, ein Deutschland der Wohlfahrt der werktätigen Massen, ein Deutschland der Kultur, des Aufstiegs. Wir wollen ein Deutschland, für das die heroischen Freiheitskämpfer im Reich ihr Leben einsetzen, ein Deutschland, für das all die Tapferen gekämpft haben, die von Görings Kumpanen hingerichtet, totgeschlagen, in Konzentrationslager und Gefängnisse gesperrt worden sind.

Indem wir für den Status quo stimmen, stimmen wir für ein solches Deutschland, für ein Deutschland der Freiheit, des Wohlstandes der werktätigen Massen, für ein Deutschland des Friedens und des kulturellen Aufbaus.

Wir dürfen nicht zulassen, daß auch noch das Saargebiet zur Beute des blutigen Nationalsozialismus wird.

Das ganze werktätige Volk an der Saar muß zusammenstehen, um seine Errungenschaften zu verteidigen, um das Wenige, was es noch besitzt, nicht zum Raub der Hitlerdiktatur werden zu lassen. Das Saargebiet muß als Brückenkopf für den Freiheitskampf um Deutschland erhalten und ausgebaut werden. Mit diesem höchsten allgemeinen Interesse stimmen die verschiedenen Interessen der Berufe, der Weltanschauungen usw. überein. Alle müssen zusammenstehen, um im Kampf für das gemeinsame Ziel auch ihre besonderen Interessen zu vertreten. Die Einheitsfront an der Saar, ein Teil der großen deutschen Arbeiterklasse, wendet sich deshalb in dieser Stunde, in der der Tag der Abstimmung des 13. Januar immer näher rückt, an die gesamte Bevölkerung der Saar mit der Aufforderung, die große Volksfront gegen die Hitlersklaverei, für die Rettung der Saar vor den braunen Barbaren und für die Befreiung des deutschen Volkes aufzurichten.

Wir wenden uns an alle Schichten der Bevölkerung des Saargebietes, an jeden einzelnen, an alle Gruppen und Organisationen, die Gegner der Hitlerbarbarei sind! Wir wenden uns an alle Arbeiter, Angestellten, Beamten, Mittelständler, Bauern, freie Berufe, an Katholiken, Protestanten und Juden und an die ganze Jugend mit dem Ruf: Laßt uns in der Volksfront für Status quo, für späteren Anschluß an ein freies Deutschland die Schutz- und Trutzgemeinschaft zur Verteidigung und zum Ausbau unserer Lebensrechte und Lebensbedingungen schließen! Laßt uns alle zusammenstehen gegen die Bedrohung, die für uns alle in dem Anschluß an das Regime der braunen Henker und Volksverderber liegt.

Volksfront für Status quo!

Status quo bedeutet Niederlage Hitlers und Beschleunigung unserer Vereinigung mit einem freien Deutschland, das sich von der braunen Tyrannei befreit hat.

Volksfront für eine freie, geheime und unverfälschte Abstimmung, für amtliche Listenkontrolle und paritätische Zusammensetzung der Kommissionen.

Volksfront für ein freies Deutschland. Wir an der Saar sind ein Teil des großen deutschen Volkes. Wir wollen zurück zum Reich, wenn es unseren gemeinsamen Anstrengungen im Reich und an der Saar gelungen ist, die Herrschaft des Nationalsozialismus zu stürzen. Deshalb fordern wir die ausdrückliche Bestätigung unseres Rechtes auf spätere Neuentscheidung.

Volksfront für das volle Selbstbestimmungsrecht des Saarvolkes nach dem Sieg des Status quo. Wir fordern eine Volksvertretung, die in allgemeiner gleicher, freier und geheimer Wahl gewählt wird. Vorwärts in der Volksfront für den Sieg des Status quo und einem Deutschland der Freiheit entgegen!

Die Einheitsfront des Saargebietes

Kommunistische Partei	Sozialdemokratische Partei
Fritz Pfordt	Max Braun

Arbeiter-Zeitung, Nr. 261 vom 28. November 1934

Volksfront der Saarjugend
Bündnisangebot des KJV an die katholischen Jugendverbände — 8. Dezember 1934

Die Saarjugend wird in Kundgebungen, Stubenversammlungen und Besprechungen mobil gemacht. Die ständigen Meldungen von Delegierten aus allen Jugendorganisationen, insbesondere auch der katholischen Jugend, die Verbreitung des Aufrufes zu dem Saarjugendkongreß ist der Deutschen Front mächtig in die Knochen gefahren. Sie erhebt ein wildes Geschrei. Wir aber freuen uns, weil sie unseren Vormarsch nicht verschweigen können, und zu dem Kongreß der Saarjugend in ihrer Presse Stellung nehmen müssen.

„Es ist unerhört, in welch frivoler Weise die roten Genossen aller Schattierungen sich zu Sprechern der katholischen Jugend aufwerfen."

So schrieb die „Junge Saarfront" in ihrer letzten Nummer. Denn der Kongreß richtet sich gegen die jugendfeindliche Politik der „Deutschen Front". Sie, die es noch nie mit der Wahrheit genau genommen haben, versuchen sich in dem sogenannten „Deutschen Katholik" als Vertreter der Interessen der katholischen Jugend hinzustellen. Lug und Trug und Schurkerei ist es, wenn gerade die Presse der Hitlerjugend sich so groß aufspielt.

Den Führer der DJK hat man erschossen, Hunderte von Katholiken, und darunter auch Geistliche, wurden verhaftet und ins Gefängnis und Konzentrationslager geworfen. Im Konzentrationslager Dachau waren viele Katholiken, unter ihnen ein junger Katholik.

16 Jahre war er alt, 3 Monate saß er im dunklen Arrestkeller, an einer Eisenkette angeschlossen, jeden vierten Tag etwas Warmes zu essen. Mit dem Ochsenziemer schlug man ihn in der Zelle blutig. Aus dem Arrest entlassen, teilt man ihn in das Strafkommando ein, bei der Arbeit schlugen die Wachtmeister mit dem Karabiner auf ihn ein. Das war das Los eines jungen Katholiken, der seinem Glauben treu blieb.

So wird die katholische Jugend im Dritten Reich mißhandelt, verfolgt, unterdrückt, versklavt. Die gesamte deutsche Jugend wird verelendet. Arbeitsdienst und Landhilfe, diese beiden Worte sind kennzeichnend für das furchtbare Los der Jugend in der Hölle des Dritten Reiches.

Um das abzuwenden, um unseren Brüdern im Reiche zu helfen, die braune Tyrannei zu brechen, wenden wir uns an die Saarjugend, ganz gleich, wo sie heute steht, und rufen sie zum Kongreß. Von dem einen Willen beseelt, Leben, Freiheit und Eigentum der deutschen Jugend zu schützen, eine frohe und glückliche Zukunft für die deutsche Jugend zu erkämpfen, haben wir ein Bündnisangebot an die katholischen Jugendverbände gerichtet, um gemeinsam den Kampf für die Sicherung der Zukunft der Jugend zu führen. Die gesamte Jugend, also auch die katholische Jugend, hat einen gemeinsamen Feind, der sie vernichten will, der Hitlerfaschismus, und den kann man nur gemeinsam schlagen.

Die gesamte Saarjugend muß sich finden. Am 13. Januar wird im Saargebiet eine Schlacht geschlagen. Eine Schlacht für Deutschland, gegen Hitler. Wir als junge Kämpfer für die Freiheit der Jugend, wollen in dieser Schlacht in den ersten Kampfreihen stehen und unsere ganze Kraft für den Sieg des Status quo einsetzen.

Der Kongreß der Saarjugend soll und muß dazu beitragen, die Jugend des schaffenden Saarvolkes zum Kampf und somit zum Siege zu führen. Alle Jungkommunisten müssen in kameradschaftlicher Weise mit den Jungkatholiken und allen anderen Schichten der Saarjugend sprechen, um sie für den Kongreß und für den Kampf an der Saar zu gewinnen. Nichts soll und darf unterlassen werden, um die Jugend in der Volksfront gegen Hitler zu formieren.

Arbeiter-Zeitung, Nr. 270 vom 8. Dezember 1934

Unser Programm nach dem Siege! Am 6. Januar Riesen-Heerschau der Volksfront für den Sieg des Status quo! — 15. Dezember 1934

Der Entscheidungstag, an dem das Saarvolk über seine Freiheit und Zukunft zu bestimmen hat, naht heran. Die Agenten Hitlers wichen jeder Lebensfrage des Saarvolks, welcher Art sie auch immer sein mag, beharrlich aus. Ihre Politik verträgt kein helles Licht, kein ehrliches offenes Wort über die Zukunft des Saarvolks. Sie fürchten die Fragen, die unsere Zukunft betreffen. Und wenn das Volk sie erhebt, so antworten sie durch den Mund des hakenkreuzgeschmückten Großkapitalisten Karcher: „Es wird versucht, die Debatte über die kommende Saarabstimmung auf ein Gleis zu schieben, das uns nicht gefällt, auf das Gleis der materiellen Fragen.“ Warum gefällt es ihnen nicht, wenn das Volk von ihnen verlangt, aus dem Nebel des Betrugs, der chauvinistischen Phrase und der Rassenverhetzung hinunterzusteigen auf den realen Boden der ideellen und materiellen Lebensfragen des Saarvolks?

Weil unter Hitler die Saar nicht weniger als heute schon Deutschland der Katastrophe entgegentreiben würde!

Weil das Dritte Reich den schaffenden Deutschen an der Saar keine andere Zukunft bieten kann als die des Millionenraubs und der Inflation, der Grubenstillegung und der schrankenlosen Unternehmerwillkür, der Vernichtung des Handels und die des bürgerlichen Ruins, der Jugendversklavung und der Glaubensverfolgung, des Konzentrationslagers und des Schafotts.

Wenn schon die braunen Ausverkäufer des Saargebiets die Vermessenheit besitzen, die römische Vereinbarung über die Verschacherung des Warndt und die Beschlagnahme der Devisen als einen Erfolg hinzustellen, wie werden dann erst die „Erfolge" aussehen, wenn der Gleichschaltungsstiefel das Saargebiet zertritt!

Wir Kämpfer für ein freies Deutschland haben nichts zu verbergen! Wir verkünden klar und eindeutig, warum wir das Saarvolk am 13. Januar für den Sieg des Status quo zur Entscheidung rufen. Mögen die braunen Falschmünzer das Blaue vom Himmel herunterlügen, — kein Feind des Saarvolks, kein Bedrücker des deutschen Volkes kann die unwiderlegbare Tatsache aus der Welt schaffen, daß durch die Entscheidung in Genf mit dem Sieg des Status quo das Selbstbestimmungsrecht des Saarvolks und die zweite Abstimmung gesichert ist.

Damit sind die entscheidenden Zukunftsfragen des Saarvolks entsprechend seinen Forderungen beantwortet.

Das Saarvolk hat das unveräußerliche Recht einer zweiten Volksbefragung über den Anschluß an Deutschland, nach dem Sturz des braunen Gewaltregiments.

Das Saarvolk hat die Möglichkeit, im Rahmen des ihm verbürgten Selbstbestimmungsrechts über sein Schicksal mitzubestimmen. Es erstrebt zu diesem Zweck eine aus allgemeinen, freien, gleichen und geheimen Wahlen hervorgehende Volksvertretung.

Die mächtige Volksfront, die imstande ist, gegen den Gewalt- und Betrugsapparat einer skrupellosen Diktatur den Sieg des Status quo zu erkämpfen, ist die Bürgschaft dafür, daß auch alle weiteren Lebensforderungen der Schaffenden an der Saar durch den Kampfeinsatz des Volkes ihre Verwirklichung finden werden. Nicht nur das bleibt uns erhalten, was Hitler uns rauben würde, wir werden darüber hinaus imstande sein, unsere politischen, wirtschaftlichen, sozialen und kulturellen Rechte und Freiheiten zu erweitern und auszubauen.

Die Röchling, Pirro und Bürckel verbinden dem Saarvolk die Augen, damit es die Wahrheit nicht sieht und blindlings in den Abgrund stürzt. Die Einheitsfront aber will dem Saarvolk die Möglichkeit geben, mit klarem Blick zu sehen, was der Sieg des Status quo für seine Zukunft bedeutet, bis zu dem Tag, an dem wir uns mit einem freien Deutschland vereinigen. Feierlich erklärt deshalb die Einheitsfront vor dem ganzen Saarvolk, daß das folgende Programm die Grundlage und Richtschnur ihres Handelns für den Ausbau des Selbstbestimmungsrechts der Saarbevölkerung nach dem Sieg des Status quo darstellen wird:

1. Das Saargebiet ist deutsch und wird auch während der Übergangszeit bis zum Anschluß an ein freies Deutschland deutsch bleiben. Darum Erhal-

tung und Pflege deutscher Sprache und deutscher Kultur und Ausschaltung der nationalistischen Kriegs-, Völker- und Rassenverhetzung.

2. Uneingeschränkte Versammlungs-, Presse-, Koalitions- und Streikfreiheit. Freiheit der politischen, gewerkschaftlichen und gewerblichen Organisationen der Arbeiter, Beamten, Bauern, des Handwerks und des Kleinhandels.

3. Freiheit der religiösen und weltanschaulichen Bekenntnisse. Unverletzlichkeit der kirchlichen Einrichtungen, der konfessionellen Organisationen und Vereine.

4. Säuberung der Justiz, der Polizei und des Landjägerkorps, des Schulwesens, des gesamten übrigen Staatsapparates und der Selbstverwaltungskörperschaften von aktiven Agenten der Bürckel und Pirro. Gewährung einer umfassenden Amnestie.

5. Erhöhung der Reallöhne und der kleinen Gehälter. Erhöhung der durch die Genfer Beschlüsse bereits garantierten Renten und aller sonstigen Sozialbezüge. Ausreichende Unterstützung für alle Erwerbslosen und Wohlfahrtsempfänger einschließlich der Jugendlichen und der Frauen. Allgemein verbindliche Tarife, Verkürzung der Arbeitszeit bei vollem Lohnausgleich. Beseitigung des Krümpersystems. Von den Belegschaften gewählte und von den Unternehmern unabhängige Betriebsräte. Entlassungsschutz durch Mitbestimmung der Betriebsräte. Ausbau des Arbeitsrechts und der Sozialversicherung.

6. Verbot des militarisierten Arbeitsdienstes und jeder Form von Zwangsarbeit. Großzügige Arbeitsbeschaffungsmaßnahmen zu tariflichen Bedingungen unter besonderer Berücksichtigung der Jugend. Sicherstellung der Berufsausbildung der Jugend.

7. Staatliche Selbstverwaltung derjenigen Gruben, deren Rückgabe von der französischen Regierung bereits zugesichert wurde, und Verbot ihrer Auslieferung an das Privatkapital. Ausschaltung wucherischer Monopolgewinne bei der Strombelieferung und Aufhebung volksschädigender Verträge der Gemeinden mit Privatkapitalisten. Bereitstellung von Hypotheken und Krediten zu verbilligten Zinssätzen für die kleineren und mittleren Betriebe in Landwirtschaft, Handel und Gewerbe. Förderung der klein- und mittelbäuerlichen Produktion unter schärfster Ablehnung des Erbhofgesetzes und des im Dritten Reich bestehenden Ablieferungszwanges. Sicherung des bäuerlichen Absatzes zu ausreichenden Preisen. Herabsetzung der massenbelastenden Steuern und Abgaben auch für den Mittelstand, für die Bauern, Kleinhändler, Handwerker usw. Besonderer Schutz dem klein- und mittelbäuerlichen Besitztum.

8. Beibehaltung der stabilen Währung und Schutz gegen Inflationsverluste durch den bereits begonnenen Marksturz. Sicherung aller saarländischen Rechte auf Reichsmarkforderungen.

9. Einführung scharfer Besitzsteuern unter gleichzeitiger Erhöhung des steuerfreien Existenzminimums der Minderbemittelten. Kürzung der überhöhten Gehälter bei den Behörden; Sonderbesteuerung der hohen Einkommen, der Dividenden und Aufsichtsratstantiemen in den Privatbetrieben.

10. Neuorganisation des Bildungswesens einschließlich der wissenschaftlichen und künstlerischen Fortbildung. Schaffung eines Hochschulwesens. Unterdrückung jeder Kulturreaktion. Unentgeltliche Zulassung der Kinder der Minderbemittelten zu sämtlichen Bildungsanstalten.

Die Einheitsfront erklärt, daß dieses Programm ein unveräußerlicher Bestandteil ihres Kampfes um die Rechte und Freiheiten des Volkes darstellt.

Jede einzelne dieser selbstverständlichen Lebensforderungen eines freiheitliebenden Volkes wird im Reich der braunen Volksbetrüger und Kulturzerstörer mit Füßen getreten, mit Konzentrationslager verfolgt, und der Kampf für sie mit Kerker und Schafott geahndet. Schon die bloße Erwähnung solcher Forderungen, jede Erinnerung der Deutsch-Front-Werktätigen an die früher gemachten Versprechungen würden in einem gleichgeschalteten braunen Saargebiet als Miesmachertum, als Hoch- und Landesverrat bestraft werden. Um Freiheit und Zukunft des Saarvolks zu sichern, um dem deutschen Volk bei der Niederwerfung der Knechtschaft zu helfen, müssen alle Schichten des schaffenden Volkes, ob Kommunisten und Sozialdemokraten, ob Katholiken oder Werktätige in der „Deutschen Front“ sich in die Volksfront gegen Hitler vereinigen und den Sieg des Status quo erkämpfen!

Deshalb rufen wir das ganze schaffende Volk an der Saar zur Riesen-Heerschau der Volksfront gegen Hitler am 6. Januar in Saarbrücken auf. Sulzbach — das war der Aufmarsch des Durchbruchs! Der 6. Januar — das wird der Aufmarsch des Sieges sein! Keiner, der die Freiheit des Volkes liebt, keiner, dem die Zukunft des Saarvolks, die Zukunft Deutschlands am Herzen liegt, darf in den Reihen der gigantischen Armee fehlen, die am 6. Januar in Saarbrücken den Sieg des Status quo verkündet!

Für die Freiheit — gegen die Knechtschaft!

Für den Frieden — gegen den Krieg!

Für Deutschland — gegen Hitler!

Alles am 6. Januar nach Saarbrücken!

Die Einheitsfront:

Kommunistische Partei	Sozialdemokratische Partei
Fritz Pfordt	Max Braun

Arbeiter-Zeitung, Nr. 276 vom 15. Dezember 1934

Botschaft des Kongresses der Saarjugend an die gesamte Jugend der Saar — 20. Dezember 1934

663 Delegierte der Jugend aller Schichten im Saargebiet sind dem Rufe des vorbereitenden Komitees zum Kongreß der Jugend gefolgt. Jungarbeiter aus Schächten und Hütten, Mitglieder und Unterführer der Hitlerjugend, Mitglieder der christlichen Jugendorganisationen, Arbeitsdienstler, junge Sozialisten und Kommunisten vereinigten sich zu einer großen kameradschaftlichen Aussprache. Der erhebende und würdige Verlauf der Beratungen hat die ketzerischen und provokatorischen Prophezeiungen der gleichgeschalteten Presse Lügen gestraft.

Ein Gedanke beherrschte den Kongreß.
Wir helfen Deutschland befreien, damit es unser Deutschland ist! Von dem heißen Willen erfüllt, Schulter an Schulter mit Deutschlands unterdrückter Jugend, im Saargebiet den Kampf um Deutschlands Befreiung zu führen, wenden sich die Delegierten des Kongresses an die gesamte Jugend des Saargebietes:
Deutschland ist vom Feind besetzt

Unter Ausnutzung des begeisterten Dranges der Jugend, aus dem grauen Elend, das die Wirtschaftskrise verursachte, herauszukommen, hat die „Nationalsozialistische" Partei in Deutschland 1933 die Macht ergriffen. Sie gab vor, die Partei der Jugend zu sein. Sie versprach, die Ideale der Jugend zur Tat werden zu lassen. Heute ist es klar, daß diese Jugend schmachvoll betrogen wurde. Denn noch nie wurde die Jugend so geknechtet, noch nie wurde ihr Freiheitsdrang so brutal unterdrückt wie unter der Diktaturregierung Hitlers.

Die Nationalsozialisten haben Deutschland zu einem Konzentrationslager und Zuchthaus für die Jugend gemacht.

Die Nationalsozialisten verbannen die Jugend, der sie erst das Blaue vom Himmel versprochen haben, aus den Betrieben und zwingen sie zur Knechtsarbeit.

Die Nationalsozialisten vertreiben die Jungbauern von den Höfen, denen sie erst Land versprochen haben.

Die Nationalsozialisten haben die Schulhöfe zu Exerzierplätzen umgebaut und peinigen die Jugend durch militärischen Drill.

Die Nationalsozialisten verfolgen und hetzen die christliche Jugend, üben den brutalsten und gemeinsten Gewissenszwang aus.

Die Nationalsozialisten verfolgen die Organisationen der Jugend, die sich nicht ihrem Diktat beugen. Sie zwingen die Jugend, in Kellern und Katakomben zusammenzukommen, während die Organisationen der „feinen

Herren“ die Einrichtungen mißbrauchen können, die einst mit den Groschen der Arbeiter und Werktätigen errichtet wurden.

Die Nationalsozialisten morden die besten Kämpfer der werktätigen Jugend, Tesch, Reitinger, Schrieser, Probst und viele, viele andere sind Blutzeugen gegen dieses mörderische Regime.

Weil die Nationalsozialisten, weil Hitler der Jugend die Existenz zerschlagen haben und ihr auch noch die Zukunft rauben wollen, rufen wir zum Kampf.

Weil wir nicht das Elend der Landstraße, die furchtbarste Schmach der Prostitution, den menschenunwürdigen Drill der Arbeitslager und Landhilfe freiwillig auf uns nehmen wollen, weil wir im Gegenteil unseren Brüdern und Schwestern in Deutschland helfen wollen, diese Ketten zu sprengen, fordern wir die Jugend des Saargebiets auf, ihre Kräfte vorbehaltlos einzusetzen zur Befreiung Deutschlands von seinen Peinigern und Bedrückern. Die Politik der Nationalsozialisten richtet sich gegen die Lebensinteressen des deutschen Volkes. Soeben haben sie durch die Kaltstellung des Vaters ihres Programms — Feder — auch öffentlich gezeigt, daß ihr Programm mit seinen angeblich unabänderlichen 25 Punkten nur ein Lockmittel dazu war, die Volksmassen unter ihre Führung zu bringen. Für die Zukunft des Saargebiets hat die deutsche Regierung in den letzten Tagen einige Abkommen getroffen, die klar und deutlich beweisen, daß die Versprechungen, die dem Saarvolk gemacht werden, nur dem Stimmenfang dienen. Für mehrere Jahre hat die deutsche Regierung die Warndt-Schächte dem französischen Grubenkapital zur Ausbeutung überlassen, wenn das Saargebiet dem Dritten Reich angeschlossen würde. 1 000 Millionen Franken sollen die Werktätigen des Saargebiets aufbringen, um den deutschen Grubenkapitalisten im Falle des Anschlusses die Saargruben zurückzukaufen. Und wenn in den nächsten Tagen fremde Truppen in das Saargebiet einmarschieren, so denkt daran: Die Regierung Hitlers hat dazu ihre Unterschrift gegeben.

Zwischen den Lebensinteressen des deutschen Volkes und der Politik Hitlers klafft ein unüberbrückbarer Abgrund. Hitlers Politik ist Politik der „feinen Herren“, der Röchling, Wolff, Krupp, Thyssen und Co.

Weil wir Deutschland lieben, weil wir ein unabtrennbarer Teil des werktätigen deutschen Volkes sind, hassen wir die braunen Unterdrücker.

Deshalb kennen wir nur eine Pflicht: Mit jedem Atemzug dafür zu kämpfen, daß die Leidenszeit unserer Kameraden im Reich verkürzt und beendet wird. Deshalb können wir nie und nimmer der sogenannten Deutschen Front folgen, sondern rufen die Jugend des Saargebiets auf, sich ohne Unterschied der Partei und der Konfession, am 13. Januar, dem Schicksalstag der werktätigen Jugend des Saargebiets, für den Sieg des Status quo einzusetzen. Das ist der beste Schlag gegen die braunen Barbaren. Das hilft unseren Kameraden im Reich, die Ketten zu sprengen. Wer für das werktätige deutsche Volk ist, wer die deutsche Jugend nicht verkümmern und verblühen, sondern glücklich sehen will, der muß alles für den Sieg des Status quo einsetzen. Durch den Sieg des Status quo wird das Saargebiet zum Brückenkopf des Freiheitskampfes in Deutschland. Schlagen wir Hitler im Saargebiet, so werden wir ihn auch bald in Berlin zu Boden werfen.

Unmittelbar nach Hitlers Sturz wird sich das Saargebiet in einer zweiten Abstimmung, die von der letzten Völkerbundstagung zugesichert wurde, für den Anschluß an ein freies Deutschland entscheiden.

Durch den Sieg des Status quo schaffen wir uns im Saargebiet gleichzeitig die Möglichkeit, das volle Selbstbestimmungsrecht zu erringen und politisch und wirtschaftlich die Forderungen der werktätigen Jugend durchzusetzen.

Wir verkünden feierlich der gesamten Saarjugend:

Das Saargebiet ist deutsch und wird auch während der Übergangszeit bis zum Anschluß an ein freies Deutschland deutsch bleiben. Darum Erhaltung und Pflege deutscher Sprache und deutscher Kultur und Ausschaltung der nationalistischen Kriegs-, Völker- und Rassenverhetzung.

Uneingeschränkte Versammlungs-, Presse-, Vereinigungs- und Streikfreiheit für alle Jugendlichen einschließlich der Lehrlinge. Freiheit der politischen Gesinnung und Betätigung der religiösen und weltanschaulichen Bekenntnisse; Unverletzlichkeit der politischen, gewerkschaftlichen und konfessionellen Organisationen der Arbeiter und Werktätigen unter Nichtanerkennung der gelben Verbände. Das Recht aller Jugendlichen, mit dem 20. Lebensjahr zu wählen und gewählt zu werden.

Ausbau und Erweiterung — Jugendschutz — Jugendrecht

Verbot der Nacht- und Untertagearbeit für alle Jugendlichen unter 18 Jahren sowie Verbot der Beschäftigung aller Jugendlichen unter 18 Jahren in den gesundheitsschädlichen Betrieben.

Einführung des Sechsstundentages für alle Jugendlichen unter 18 Jahren bei vollem Lohnausgleich.

14 Tage bezahlten Erholungsurlaub.

Ausreichende Unterstützung für alle Jugendlichen vom 14. Lebensjahr ab, einschließlich der früher im Haushalt Beschäftigten sowie der erwerbslosen Landarbeiter- und Bauernjugend.

Verbot des militarisierten Arbeitsdienstes und jeder Form von Zwangsarbeit. Großzügige Arbeitsbeschaffungsmaßnahmen zu tariflichen Bedingungen, unter besonderer Berücksichtigung der Jugend. Sicherstellung der Berufsausbildung der Jugend.

Neuorganisation des Bildungswesens einschließlich der wissenschaftlichen und künstlerischen Fortbildung. Schaffung eines Hochschulwesens. Unterdrückung jeder Kulturreaktion. Unentgeltliche Zulassung der Kinder der Minderbemittelten zu sämtlichen Bildungsanstalten.

Für die Forderungen marschieren wir alle am 6. Januar in Saarbrücken auf!

Jugend der Saar!

Unsere Botschaft mahnt alle, alle: Her zur großen, mächtigen Volksfront! Unsere Botschaft weist den Weg zur freien, glücklichen Zukunft. Sie kündet das große Ziel, für das wir leuchtenden Auges gemeinsam kämpfen:

Anschluß unserer Saarheimat an ein von der braunen Tyrannei befreites Deutschland!

Deshalb:

Brüder, in eins nun die Hände — zum großen Sturm ins Feld!

Arbeiter-Zeitung, Nr. 280 vom 20. Dezember 1934

Statistisches Material

1. Ergebnisse der Landesratswahlen im Saargebiet

I. Landesratswahl, 22. Juni 1922

Wahlbeteiligung: 54,47%

Parteien/Wahlvereinigung	Stimmen (absolut)	Mandate (absolut)
Zentrum	92 252	16
SPD	29 207	5
KPD	14 532	2
Liberale Volkspartei	24 829	4
DDP	7 539	1
Vereinigung von Hausbesitz u. Landwirtschaft	16 063	2
Mieterschutzliste	4 137	—
USPD	2 715	—
Kriegsopferliste	2 030	—
	193 304	30

II. Landesratswahl, 27. Januar 1924

Wahlbeteiligung: 67,55%

Zentrum	108 211	14
SPD	46 627	6
KPD	40 235	5
DSVP	37 571	4
Deutsche Wirtschaftspartei	10 390	1
DNVP	2 822	—
Saarbund	6 592	—
	252 448	30

III. Landesratswahl, 24. März 1928

Wahlbeteiligung: 61%

Zentrum	129 162	14
SPD	43 557	5
KPD	46 541	5
DSVP	26 230	3
Deutsche Wirtschaftspartei	9 154	1
DNVP	10 536	1
Christlich-soziale Partei	9 321	1
DDP	3 923	—
	278 424	30

Quelle: Bericht des Statistischen Amtes des Saargebietes, Heft 8, 1930, Saarbrücken 1930, S. 388/389.

IV. Landesratswahl, 16. Februar 1932

Parteien/Wahlvereinigungen	Wahlbeteiligung: Stimmenzahl	Mandate
Zentrum	156 615	14
SPD	35 968	3
KPD	84 112	8
DSVP	24 152	2
Deutsche Wirtschaftspartei des Mittelstandes	11 591	1
DNVP	5 776	—
DSP	2 100	—
Arbeiter- und Bauern-Partei Deutschlands	6 491	—
NSDAP	24 455	2
KPO	5 353	—
Soziald. Arbeiterpartei Deutschlands	2 584	—
		30

Quelle: Ebd., 11. Heft, 1933

2. Ergebnisse der Kommunalwahlen im Saargebiet

a) Kreistagswahlen

Parteien/Wahlvereinigungen	Stimmen/ Mandate 1926	Stimmen/ Mandate 1929	Stimmen/ Mandate 1932
Zentrum	85 285 : 77	126 593 : 108	124 048 : 97
SPD	44 967 : 39	42 619 : 35	32 424 : 21
KPD	31 380 : 20	33 935 : 21	72 198 : 49
DSVP	25 018 : 19	23 899 : 15	16 229 : 8
Deutsche Wirtschaftspartei 1932 = Deut. Bürgerl. Mitte	10 209 : 7	9 890 : 5	8 845 : 4
DNVP	4 088 : 3	8 349 : 6	4 487 : 2
DDP	3 139 : 1	3 483 : 2	./.
Christlich-soziale Partei	1 821 : 1	6 728 : 2	./.
Christliche Volkspartei	10 722 : 16	./.	./.
Versch. andere Parteien und Wahlvorschläge ohne Kennzeichnung	8 713 : 13	5 826 : 3	12 520 : 8
NSDAP	./.		23 195 : 15
Bürgerl. Vereinigung	./.	3 400 : 5	./.
Christl. Arbeiter- und Bürgerpartei	./.	1 276 : 2	./.
Vereinigte Volkspartei	./.	./.	3 006 : 1
Christl. sozialer Volksdienst			1 873 : 1

Quelle: Bericht des Statistischen Amtes des Saargebietes, Heft 8, 1930, S. 390/391 und 11. Heft 1933, S. 390/391

b) Gemeinderäte

Parteien/Wahlvereinigungen	Stimmen/ Mandate 1926	Stimmen/ Mandate 1929	Stimmen/ Mandate 1932
Zentrum	77 226 : 1 106	109 100 : 1 450	115 443 : 1 408
SPD	40 048 : 339	42 815 : 331	34 965 : 257
KPD	28 648 : 215	32 050 : 199	70 522 : 497
DSVP	14 856 : 80	18 706 : 94	12 024 : 44
Deutsche Wirtschaftspartei	8 201 : 62	6 323 : 11	./.
DNVP	3 581 : 7	3 473 : 7	2 116 : 5
DDP/Deutsche Bürgerl. Mitte (1932)	3 272 : 9	1 646 : 6	6 096 : 12
Unpolit. Arbeiter- u. Bürgervereinigung	2 312 : 12	1 349 : 5	./.
Versch. andere Parteien u. Wahlvorschläge ohne Kennzeichnung	88 452 : 2 365	98 387 : 2 198	86 350 : 1 916
NSDAP	./.	./.	23 190 : 117
Deutsche Staatspartei	./.	./.	1 161 : 5

Quelle: Bericht des Statistischen Amtes des Saargebietes, 11. Heft, 1933, Saarbrücken 1933, S. 391/392.

3. Streiks im Saargebiet

Jahr	Streiks	Aus-sperrungen	betroffene Beschäf-tigte	Streikende	Dauer bzw. verlorene Tage
1926	32	2	24 439	15 740	268
1927	24	1	95 343	53 588	160
1928	22	—	27 160	3 502	300
1929	14	—	19 045	4 233	45
1930	3	—	1 251	431	3
1931	3	—	868	791	13
1932	9	—	8 370	2 915	13
1933	4	—	11 941	444	12,5

Berichte des Statistischen Amtes des Saargebietes, 4. Heft (1926) bis 12. Heft (1934), Saarbrücken

4. Beschäftigte/Arbeitslose/Konkurse im Saargebiet

Konkurse		Zahl der Beschäftigten	darin Saarbergbau	Arbeitslose	%
1921 =	?	175 080	75 350	2 771	1,58
1922 =	9	184 324	75 809	2 262	1,22
1923 =	1	188 241	77 183	4 115	2,22
1924 =	48	195 068	78 065	1 878	0,97
1925 =	74	199 825	75 746	1 933	1,02
1926 =	107	198 943	77 472	2 393	1,21
1927 =	92	199 109	70 994	2 976	1,50
1928 =	106	190 527	63 332	3 871	2,04
1929 =	93	184 431	64 176	6 591	3,53
1930 =	61	177 387	60 559	9 286	5,24
1931 =	?	159 848	56 107	20 963	13,11
1932 =	?	137 359	49 171	41 441	30,17
1933 =	84	144 282	47 820	38 749	26,86
1934 =	46	145 870*	46 962*	35 636*	24,43*

Berichte des Statistischen Amtes des Saargebietes, 4. Heft (1926) bis 12. Heft (1934), Saarbrücken und Dezember 1934

Bildanhang

Deutsche Volks-Zeitung

Bela Kun: Über den Eintritt der Sowjetunion in den Völkerbund

Einziges unabhängiges Wochenblatt aller Werktätigen

Berlin-Zürich-Saarbrücken-Prag-Paris-Amsterdam-Kopenhagen

Thälmann

Unsere Antwort an die „Deutsche Freiheit" und S. Aufhäuser

Wir halten die Saar!

Die AZ Arbeiterzeitung

Sonderausgabe der A-Z

Wir schlagen Hitler an der Saar

WIR SAARLÄNDER

schwören:

Die Arbeiterzeitung stand besonders in den Jahren 1933–1935 im Zeichen des antifaschistischen Kampfes. Es ging darum, die Auslieferung des Saargebietes an das faschistische Deutschland zu verhindern. Hitler sollte eine Niederlage bereitet werden.

Mit diesen Grafiken sollte verdeutlicht werden, daß die vereinigte Kraft der Arbeiterklasse den faschistischen Zugriff abwehren und daß diese Kraft aus den Hütten und Gruben – wo die Arbeiter konzentriert sind – erwachsen kann.

Arbeiter-Zeitung

Organ der kommunistischen Partei für Saargebiet u. Pfalz

Montag, den 2. Januar 1922. Saarbrücken 1. Jahrgang.

Abwürgung des Eisenbahner-Streiks?

Die Berliner Verhandlungen.

An die werktätige Bevölkerung im Saargebiet!

Die Arbeiter-Zeitung „ist der Todfeind der kapitalistischen Gesellschaftsordnung". Sie versteht sich als Wegweiser, Waffe und Rüstzeug der Arbeiterklasse, wie sie in ihrer Nr. 1 am 2. Januar 1922 schrieb.

Arbeiter Zeitung

Organ der K.P.D. Bezirk Saar

Arbeitsbeschaffungsplan der KPD für das Saargebiet

Wir kämpfen für Brot und Arbeit für alle Werktätigen — Schließt euch zusammen gegen die Hunger- und Katastrophenpolitik des bankrotten kapitalistischen Systems

Die Kommunisten zeigen den Hungernden den Weg!

1. Ausnutzung der vorhandenen Arbeitsmöglichkeiten

3. Die Finanzierung der Arbeitsbeschaffung

Mit ihrem Arbeitsbeschaffungsplan orientierte die KPD auf Kampfmaßnahmen zur Durchsetzung alternativer Vorstellungen gegenüber den Plänen zur Regulierung des Krisenelends und zur Abwälzung der Krisenlasten auf das arbeitende Volk, die von Regierungskommission und den bürgerlichen Parteien ausgeheckt worden waren.

Im Mai 1934 gelang es einer Bergarbeiterdelegation aus dem Saargebiet, zu Ernst Thälmann, dem von den Faschisten inhaftierten KPD-Vorsitzenden, vorzudringen. In den Maßnahmen der KPD zum Schutze des Lebens von E. Thälmann und zu der Befreiungskampagne nahm diese Delegation einen bedeutenden Platz ein.

EVdB

Der Grubenarbeiter

Organ der revolutionären Bergarbeiter

Publikationsorgan des Einheitsverbandes der Bergarbeiter des Saargebietes

Herausgeber: Einheitsverband der Bergarbeiter - Saar / Für den Inhalt verantwortlich: Fritz Wilhelm, Dudweiler-Saar Saarbrücker Straße / Anschrift der Redaktion und Expedition: Julius Rieth, Saarbrücken 2, Lauenburgstraße 9

Wir müssen Thälmann wie eine Schlacht gewinnen!

Einheitsfront auf allen Saarschächten gegen Anschluß an Hitler-Deutschland für Status quo!

Unter der Hitler-Diktatur die Löhne der Ruhrkumpels um zwei Drittel gekürzt

So sieht Hitlers Volksgemeinschaft aus!

Aktionseinheit der Bergarbeiter über alle Hindernisse hinweg!

Wie die Kommunisten um die Schaffung der Aktionseinheit auch der Bergarbeiter bemüht waren, zeigt diese Ausgabe des „Grubenarbeiter". Der von ihnen geleitete Einheitsverband der Bergarbeiter unternahm immer wieder Anstrengungen, unterbreitete immer wieder Einheitsfront-Angebote. Schließlich gelang es im Dezember 1934 auch, die Bergarbeiterverbände zur Einheitsfront zu führen.

Der Kommunistische Jugendverband zum 1. Freiheitskongreß gegen nationale und soziale Unterdrückung an der Saar

Von Erich Honecker, Wiebelskirchen.

Der Kommunistische Jugendverband als einzige sozialistische Jugendorganisation sieht als Hauptaufgabe seiner Tätigkeit die Politik der Kommunistischen Partei, welche auf ihrer Fahne die Befreiung aller unterdrückten Schichten stehen hat, unter die Massen der werktätigen Jugend zu bringen.

Seit Bestehen führt er einen schonungslosen Kampf gegen jegliche Unterdrückung der werktätigen Jugend. In der jetzigen Situation kommt die Richtigkeit der Methode in diesem Kampfe eine große historische Bedeutung zu. Das kapitalistische System windet sich unter den Schlägen einer sich ständig vertiefenden Weltwirtschaftskrise. Die Arbeiterschaft, die werktätige Jugend besonders, wird von den Auswirkungen der Krise betroffen. Die Arbeiterschaft Deutschlands, unter Führung der Kommunistischen Partei, schickt sich an, eine weitere historische Tat an die des Jahres 1917, durchgeführt von dem russischen Proletariat, unter Führung der Bolschewiki, zu reihen.

Alle Hochverräter und Volksbetrüger an den Interessen des werktätigen Volkes werden von der Bourgeoisie in Bewegung gesetzt, um mit Anwendung von sozialer und nationaler Demagogie diese Ereignisse aufzuhalten. Ihre Absicht zerschellt an der klaren Programmerklärung der Kommunistischen Partei zur nationalen und sozialen Befreiung, auf der Grundlage des revolutionären Marxismus. Ganz richtig betont in der Programmerklärung der KPD., Bezirk Saar.

„Nur die Kommunistische Partei kämpft wirklich gegen den Versailler Raubvertrag, den Ausgangspunkt der deutsch-französischen Ausbeutung im Saargebiet."

Nur derjenige, der gegen den Kapitalismus kämpft, bis zu dessen Vernichtung und Aufbau der sozialistischen Gesellschaft, kämpft auch gegen kapitalistische Unterdrückung, nationaler, wie sozialer Art, da dieselben Produkte. Erscheinungen des kapitalistischen Systems selbst sind.

Im September 1931 unterbreitet Erich Honecker, der damalige Pol-Leiter des KJVD, Forderungen, in denen er sichtbar macht, daß die „nationale Befreiung (nur) in Verbindung mit der sozialen erreicht werden kann".

Der RFB (Roter Frontkämpfer-Bund), die antifaschistische Massenorganisation, veranstaltet hier an Pfingsten 1930 sein großes Treffen in Neunkirchen.

Auf dem Foto der Rot-Jung-Front der Gruppe Wiebelskirchen – etwa 1926/27 – sehen wir in der obersten Reihe links: Fritz Bäsel, den späteren Landtags-Abgeordneten und 1. Sekretär des KP-Landesverbandes Saar.

Demonstration des KJVD in St. Ingbert (wahrscheinlich 1929). Hinter der roten Fahne: Erich Honecker in seiner Wiebelskircher KJVD-Gruppe.

30. Juni 1934: Die Geburtsstunde der antifaschistischen Einheitsfront. In Saarbrücken-Burbach fand die große gemeinsame Kundgebung von SPD und KPD statt, von der ein bedeutender Aufschwung im Kampf gegen den Faschismus ausging.

Volks-Echo

Nr. 44
Sonntag, 30. Oktober 1932

Wochen-Zeitung der Werktätigen

Herausgeber und Verantwortlicher: A. Christmann, Saarbrücken 3, Herbertstr. 6. / Preis der Zeitung 1 Frs. / Anzeigenpreis: Einspaltige Millimeterhöhe 70 Cts. / Amtliche Anzeigen: Millimeterhöhe 1 Frs. / Reklame: Millimeterhöhe 4 Frs. Druck: Saar-Nahe-Druck A. G., Saarbrücken

Wir sind die Sturmfahne des Saarproletariats

**Werktätige des Saar- und Saargrenzgebiets, her zur Einheitsfrontaktion!
Entfacht den Massensturm gegen die bürgerlich-faschistische Hetz- und Lügenpresse!**

Heute im Innern:
Her mit den Rüstungsmilliarden für das hungernde Volk.
Unter der roten Freiheitsfahne.
Vorwärts im Bündnis der Arbeiter und Bauern!
Fort mit Versailles!
Genosse Thälmanns Kampfruf.
Von Hermann Müller über Brüning zu Papen.

Zum 2. Kampfkongreß

der kommunistischen Presse des Saar- und Saargrenzgebietes

Wer hält sie in der Hand?

Wer finanziert und dirigiert ihre Presse?

Das Kapital!

Die KPD gab im Saarland zeitweilig auch eine Wochenzeitung heraus, das „Volks-Echo". Mit ihr und der „Arbeiterzeitung" wurde von Haus zu Haus geworben, standen die Kommunisten vor den Betrieben und gingen auf die Dörfer zu sogenannten Landeinsätzen.

Dieses Titelblatt der AIZ (Arbeiter-Illustrierten-Zeitung) schuf John Heartfield für den Saarkampf: „Deutsches Land haltet frei von der braunen Barbarei. Schützt die Saar vor des Henkers Beil. Alles für den Status quo.“

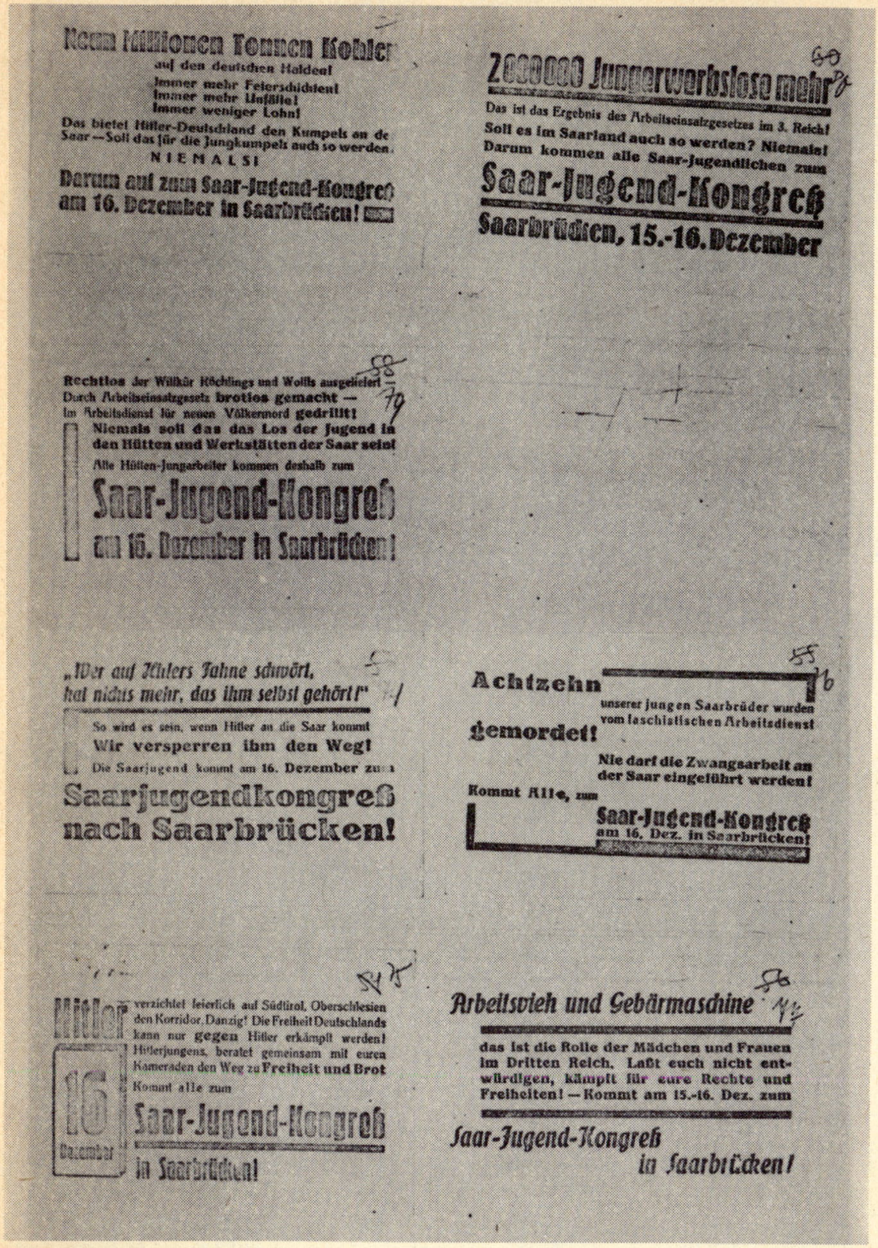

Neun Millionen Tonnen Kohlen
auf den deutschen Halden!
Immer mehr Feierschichten!
Immer mehr Unfälle!
Immer weniger Lohn!
Das bietet Hitler-Deutschland den Kumpels an de
Saar — Soll das für die Jungkumpels auch so werden
NIEMALS!
Darum auf zum Saar-Jugend-Kongreß
am 16. Dezember in Saarbrücken!

2000000 Jungerwerbslose mehr
Das ist das Ergebnis des Arbeitseinsatzgesetzes im 3. Reich!
Soll es im Saarland auch so werden? Niemals!
Darum kommen alle Saar-Jugendlichen zum
Saar-Jugend-Kongreß
Saarbrücken, 15.-16. Dezember

Rechtlos der Willkür Röchlings und Wolfs ausgeliefert
Durch Arbeitseinsatzgesetz brotlos gemacht —
Im Arbeitsdienst für neuen Völkermord gedrillt!
Niemals soll das das Los der Jugend in
den Hütten und Werkstätten der Saar sein!
Alle Hütten-Jungarbeiter kommen deshalb zum
Saar-Jugend-Kongreß
am 16. Dezember in Saarbrücken!

„Wer auf Hitlers Fahne schwört,
hat nichts mehr, das ihm selbst gehört!"
So wird es sein, wenn Hitler an die Saar kommt
Wir versperren ihm den Weg!
Die Saarjugend kommt am 16. Dezember zum
Saarjugendkongreß
nach Saarbrücken!

Achtzehn
unserer jungen Saarbrüder wurden
vom faschistischen Arbeitsdienst
gemordet!
Nie darf die Zwangsarbeit an
der Saar eingeführt werden!
Kommt Alle, zum
Saar-Jugend-Kongreß
am 16. Dez. in Saarbrücken!

Hitler
verzichtet feierlich auf Südtirol, Oberschlesien
den Korridor, Danzig! Die Freiheit Deutschlands
kann nur gegen Hitler erkämpft werden!
Hitlerjungens, beratet gemeinsam mit euren
Kameraden den Weg zu Freiheit und Brot
Kommt alle zum
16 Dezember
Saar-Jugend-Kongreß
in Saarbrücken!

Arbeitsvieh und Gebärmaschine
das ist die Rolle der Mädchen und Frauen
im Dritten Reich. Laßt euch nicht entwürdigen, kämpft für eure Rechte und
Freiheiten! — Kommt am 15.-16. Dez. zum
Saar-Jugend-Kongreß
in Saarbrücken!

Mit diesen Streuzetteln (siehe Foto), mit Flugblättern und der antifaschistischen Presse wurde der Saar-Jugend-Kongreß vorbereitet, auf dem Erich Honecker das Hauptreferat hielt. Fritz Nikolay und Arthur Manbar (KJVD), Ernst Braun (SJ), Gewerkschafter, ein Jungkatholik und weitere Jugendvertreter saßen gemeinsam im Präsidium.

ROTES BANNER

Mitteilungsblatt für alle Parteiarbeiter des Saargebietes

3. Jahrg., Nr. 1. Saarbrücken, Januar 1928. Preis 50 cts

Inhaltsverzeichnis: 1. Bezirksparteitag. - 2. Entschliessungen zur Vorbereitung des Bezirksparteitages. - 3. Entschliessung zur politischen Lage und den Aufgaben der Partei. - 4. Entschliessung zum Bericht der Bezirksleitung. - 5. Resolution zur innerparteilichen Lage. - 6. Terminkalender für Monat Januar 1928.

Die. Bezirksleitung Saargebiet der K. P. D.

beruft den

BEZIRKSPARTEITAG

auf Sonnabend, den 4. und Sonntag, den 5. Februar 1928 nach Saarbrücken, Deutschherrnsaal ein.

Tagungsbeginn: Sonnabend abend 19 (7) Uhr

Nummer
Eing.: 28. DEZ. 1927
Beantw. durch
am

TAGESORDNUNG:

1. **Bericht der Bezirksleitung.**
2. **Die wirtschaftliche und politische Lage und die Aufgaben der Partei.**
3. **Die Landesratswahlen.**
4. **Anträge und Wahlen.**

Anträge der Ortsgruppen u. Zellen müssen bis spätestens den 20. Januar 1928 bei der Bezirksleitung sein.

Jede Betriebszelle und Ortsgruppe muss auf dem Parteitag vertreten sein.

Auf Betriebszellen oder Strassenzellen bez. Ortsgruppen bis 20 Mitglieder kommt 1 Delegierter. In grösseren Betriebszellen und Ortsgruppen auf jede 20 weitere Mitglieder, sowie auf eine Restmitgliederzahl von über 5 je ein weiterer Delegierter.

Jeder Delegierte muss mindestens 1 Jahr Mitglied der KPD. (Ausnahmen werden nur für neu gebildete Ortsgruppen zugelassen) und Mitglied einer freien Gewerkschaft sein. (Ausnahmen sind nur zulässig bei nicht Organisationsfähigen und solchen, die wegen ihrer Arbeit als Kommunisten aus den Gewerkschaften ausgeschlossen sind). Jeder Delegierte muss sein Partei- und Gewerkschaftsmitgliedsbuch sowie ein von der Bezirksleitung ausgestelltes und abgestempeltes Mandat als Ausweis mitbringen.

Mit beratender Stimme nehmen am Bezirksparteitag teil: Die Mitglieder der Bezirksleitung, die Redaktion, die Mitglieder des Landesrates, sämtliche Bezirksabteilungsleiter und die Arbeitsgebietsleitungen.

Stimmberechtigt sind nur die gewählten Delegierten, denen eine rote Stimmkarte bei Betreten des Tagungslokales ausgehändigt wird.

Gäste haben nur Zutritt mit einem von der B. L. ausgestellten Ausweis.

Diese werden auf Anforderungen durch die Betriebszellen und Ortsgruppen von der B. L. ausgestellt.

Geschäftsordnung:

Sonnabend, den 4. Februar:

7 Uhr abends pünktlich, Eröffnung, Wahl des Buros und der Kommission.
7,30 Uhr bis 8,30 Uhr Bericht der Bezirksleitung.
8,30 Uhr bis 10 Uhr Diskussion.
10 Uhr bis 10,30 Uhr Schlusswort.

„Rotes Banner" war das „KPD-Mitteilungsblatt für alle Parteiarbeiter des Saargebietes". Später wurde ein Funktionärsorgan herausgegeben, das den Namen „Bolschewik" trug.